中外经典文库

卢 梭 文 选

李瑜青　主编

上海大学出版社
·上海·

图书在版编目(CIP)数据

卢梭文选 / 李瑜青主编. —上海：上海大学出版社，2023.2

(中外经典文库)

ISBN 978-7-5671-4558-0

Ⅰ.①卢… Ⅱ.①李… Ⅲ.①卢梭(Rousseau, Jean Jacques 1712-1778)—文集 Ⅳ.①B565.26-53

中国国家版本馆CIP数据核字(2023)第023904号

统　　筹　刘　强
责任编辑　陈　强
助理编辑　夏　安
封面设计　柯国富
技术编辑　金　鑫　钱宇坤

中外经典文库
卢梭文选
李瑜青　主编

上海大学出版社出版发行
(上海市上大路99号　邮政编码200444)
(https://www.shupress.cn　发行热线021-66135112)
出版人　戴骏豪

*

南京展望文化发展有限公司排版
上海华教印务有限公司印刷　各地新华书店经销
开本890mm×1240mm　1/32　印张10　字数232千
2023年2月第1版　2023年2月第1次印刷
ISBN 978-7-5671-4558-0/B·138　定价48.00元

版权所有　侵权必究
如发现本书有印装质量问题请与印刷厂质量科联系
联系电话：021-36393676

目录
CONTENTS

生活哲学 …… 001
朋友与友谊 …… 011
婚姻与情爱 …… 014
刚柔相济的男人和
　女人 …… 020
幸福之源 …… 032
爱护纯真 …… 046
痛苦与幸福 …… 053
论真理 …… 060
谎言 …… 064
欲念与自爱 …… 073
善行的视点 …… 079

去爱人类 …… 083
晚年的反省 …… 093

科学与艺术的复兴是否有
　助于敦风化俗 …… 100
领悟人类的使命 …… 132
不平等的三个阶段 …… 142
论社会公约 …… 151
社会公约与财产权 …… 154
社会公约与生死权 …… 158
主权权力的界限 …… 161
主权不可分割 …… 166
论法律 …… 172

论教育 …… 176
论人民 …… 177
公意不可摧毁 …… 185
论自由 …… 188
治国与治家 …… 192

论文学 …… 195
论舞蹈艺术 …… 201
关于芭蕾 …… 204
论歌剧院 …… 206
于丽的画像 …… 214
谈小说《朱丽》…… 218
我写《忏悔录》…… 223
我喜爱音乐 …… 226
歌剧《新世界的发现》…… 229

歌剧《乡村卜师》演出 …… 231
歌剧《风流诗人》的创演 …… 241
上流社会 …… 249
生活在大自然的怀抱里 …… 255
圣皮埃尔岛 …… 258
回"尚贝里" …… 268
快乐的一天 …… 272
蒙莫朗西园林 …… 278
露天过夜 …… 281
华伦夫人 …… 283
巴西勒太太 …… 292
维尔塞里斯夫人 …… 301
乌德托夫人 …… 305

生活哲学

一

（致日内瓦罗米利）：

人不可能爱其父而不及其亲爱的孩子，因此我虽然与你不相识却也喜欢你，而且你可以相信，我从你那儿得到的均不会削弱我对你的感情。我读了你的颂歌，我发现它具有活力，含有一些很好的比喻，有时，有几行诗的用词很巧妙；但我总感到你的诗有些晦涩，有些矫揉造作，未臻完善。有时韵律还好，却少有优雅之句，用词也不恰当。我亲爱的罗米利，当我以讲真话的方式向你致谢时，我所回报你的要比你给我的要好些。

你有才能，而且毫无疑问，你会在你从事的事业中做出成绩。然而为你的幸福着想，如果你能像他一样地扬名于世，你还是从事你可尊敬的父亲的职业吧。适量的工作，简朴而有规律的生活，平静的心情以及健康的体魄都是幸福生活的果实，比之知识与荣誉更有价值。你如确愿培育文人的才能而不沾染他们的偏见，即尊重你认为有价值的，那你就会获益匪浅。

我要明确地告诉你，我不喜欢你信中的结尾，我认为你对富人苛求。你没考虑到这一点；既然他们从孩童时期就形成了许多我们所没有的生活上的需要，一旦他们沦落为穷人时，他们比原来就贫苦的人更感到愁苦。我们必须对世上所有的人都公正,即使是对那些对我们不公正的人也不应例外。先生,假如我们具有美德而没有他们所有并备受我们指责的邪恶,我们可以视这些人不存在于世上,那么他们很快就会有求于我们而不是我们去求他们。再说一句,为了有权鄙视富人,我们自己必须节约,审慎,以至从不寻求财富。

再见了,亲爱的罗米利,热情拥抱你。

二

(致某青年):

先生,你不知道你是在给一个满是烦恼的可怜人写信,更有甚者,一个非常忙的人,他很少可能给你复信,而且更少有可能与你建立你所期待的那种关系。你是尊敬我的,你认为我对你是有用的,而且由于那促使你渴望与我交往的动机,你还应受到赞扬。但就这一目的本身来讲,我看不出你有什么来到蒙莫朗西居住的必要。你没有必要为了寻求道德规范而跑这么远。与你自己的心灵交流,你就能寻到这些规范。在这个问题上我无话可对你说,如果你不和心灵交流,你的良心也就不可能告诉你更多的东西。先生,美德不是通过任何东西来学会的。只要下决心做的话,就可成为品德高尚的人,如果你真有此大志,并做了必须做的一切,你肯定是会幸福的。假如我能给你提出什么忠告的话,我首先要给你的忠告就是不要屈服于你所说的爱好忏悔祈祷的生活,因为这只是精神的怠惰,而这一点正是各种年龄的人,尤其是你这个年龄的人所应摒弃的。人活着不是为了思索,而是为了行动。上帝所加给我们的劳动生活只不过是使想要尽责而献身于劳动的真正善良的人感到心胸愉快;他赋予我们青年人的充沛精力不应该消磨在懒散的思考中。因此，先生，就在你父母、上苍所赐予你的地方工作吧，这是你所要追求美德的第一准则。假如你蛰居巴黎，从事你所进行的工作，对你来说难以很好地结合的话；先生，你应更好地去做，生活在家庭怀抱中，照顾并为你品德高尚的父母工作，这样你就真正地完成了道德所赋予你的职责。

……

你不应因为会像你父亲一样地生活而感到不幸，只要人们尽全力去完成自己的职责，那么世上任何命运都会因工作积极的乐趣、清白以及自足而变得可以忍受。先生，以上就是我所能提供给你的忠告，可能它们并不合你的心意，而且我还担心你并不会听从这些，但是我能肯定今后你会为此而悔恨的。祝你前途光明，希望今后不会有任何情况迫使你想起我今天所讲的这些话。

……

三

（致布夫莱埃伯爵夫人）：

夫人，请接受我合理的抱怨。我收到了康帝亲王大人的礼物——一件猎物，你肯定参与了此事，虽然你知道在收了第一份礼物后我就决定不再收受礼物。不过殿下在信中附带说明这是他亲手猎得的猎物，因而我感到我不可能拒绝这份表示敬意的礼物。前两次我都是考虑到亲王的情况，因而这次考虑我自己的权益是无可非议的。

殿下对我表示的敬意以及仁爱之心令我十分感动，尤其是因为我无理由指望从亲王那儿得到这些。我知道应如何尊重他人的优点，甚至尊重亲王的优点，这是因为，要是他们有优点的话，必定比他人要多得多。除了亲王的头衔以外，我在他身上看到了那些我所喜欢的东西,但与其说他的头衔令人讨厌,不如说他的为人更能吸引人。尽管如此,夫人,我不愿(即便是为了他)再违背我的原则。可能我之所以赢得亲王的尊敬,部分是因为我尊重原则,而这也正是我异常尊重那些原则的原因;如果我也像其他人一样,亲王他会屈尊来看望我吗?礼物与和与他交谈相比,我更喜爱后者。

　　当然,我承认这些礼物不过是猎物而已,但什么样的礼品是无关重要的。正因为是猎物,反倒变得更有价值,但我却更清楚地看到我是迫不得已才接受这些礼物的。在我看来,人所接受的礼物不会是没有后果的。人们一旦开始接受某样礼物,以后他就不会拒收任何东西了;人们一旦收受各种礼品,他就会索要东西,任何向他人索要东西的人,就会尽全力获取他所要的东西,这是事物发展的必然趋势。但是,夫人,不管会发生什么,我绝不愿事物发展到这种地步。

四

(致阿姆斯特丹出版商扬·内亚尔姆先生[①]):

　　你因出版"信仰的表白"而遭到了麻烦,我感到抱歉,但我再一次声明,世上没有任何谴责、危险、暴力或权力使我收回哪怕是一个音节。既然你在联系出版该书时从未就我手稿的内容与我商量过,因此在你遇到障碍而不能出书时,你也无权责怪,更不能因为我在所有书中所阐述的大胆的真理使你假设书中如果没有这些真理,这本书也就不成其为书而责怪我。我并非突然攻击你,更非欺骗你,我倒愿施恩惠于你,但这在你求我所做的事中是不可能得到的。而我也深感震惊,你竟可能相信,一个千方百计避免在他死后

---

① 内亚尔姆是荷兰承印《爱弥尔》的出版商。

有人改动他的作品的人，竟会在他活着的时候允许他人来删除他的作品。

……

在使荣耀归于上帝，并为人类真正的好处说话时，我已尽了责，至于人们是否从中得益，他们是谴责或赞同我，那是他们自己的事，我则不会给他们以任何东西，从而变他们的谴责为赞扬。我谅他们不敢做最坏的事，因为不用他们自己动手，自然规律以及我本人的病痛也会完成他们想干的事。他们不会付我报酬，也无法从我这儿拿走任何报酬，因为这不取决于人的权力。先生，你清楚地看到，不管会发生什么，我的决定已作出。因此我劝你别再就此事发表什么意见了，因为它是毫无用处的。你曾要我发表声明，以使你摆脱责任，这种要求是绝对公正的，你只要起草一份表白书，与你的最后几页书一并寄来，我会亲手抄写并签名，然后再寄回给你。

……我想你一定已知道我的书《社会契约论》的出版以及对其删节的问题，因而我不想再对你谈及此事。他们说最高法庭建议法办作者，但我却不相信这样聪明及开明的法庭竟会如此愚蠢，衷心拥抱你。

五

（致昂里埃特小姐）：

昂里埃特，你来信的目的我很清楚，就像我对你的信从巴黎发出的日期一样清楚。你不是要征求我对你必须做出的决定提意见，而是要我同意你已经做出的决定。你信中的每一行都在说：让我们看看你是否有脸来谴责有这种想法并写出来的人不要再这样想和写！这样来解释你的信并不是责怪你，你将我列入那些他们的判断对你会有影响的人中，我感到很荣幸。但是，在你这样表扬我时，我认为，你并不是要我也奉承你，而在我的意见与你一生的幸福有关时，不向你提出这意见就是辜负了你对我的好意。

我们且不去管那些无用的问题。现在不再存在要你去刺绣缝纫的问题了。昂里埃特，人的脑袋是不能像帽子那样随便脱下来的，一个人是不可能回复到婴儿时期的单纯状态。一旦人脑发达了，就永远发达；任何人有了某种想法，终生也不会改变。这是思考的不幸之处：人越是感到某些邪恶，就越是扩展这邪恶，我们做一切努力想从这邪恶中解脱出来，却越是深深地陷入邪恶之中。

我们且不说改变处境，我们只说你从现在所处的境地可能得到什么好处。你的处境是不幸的——并会永远如此。你悲愤异常而又无法可施，你感到了并为之不平，为能承受这忧伤，你寻求暂时解脱。你制定的读书与活动计划的目的不就是这样么？

从另一个角度看，你想到的方法可能是好的，但是，欺骗你的是你的目的，因为你看不到你忧伤的真正原因，却在使你忧伤的原因中寻找安慰。你在你的处境中寻找你所遭受的困难的原因，但你的处境正是你自己所作所为的结果。多少有功之人，生于富贵却陷于贫困，他们远不像你那样成功地承受着这命运，但是他们没有一个人像你那样忧伤而痛苦地理解你尽力描绘的可怕的处境。这是为什么呢？无疑，你会说，他们没有你那样敏感。我在一生中还没有见到不这样说的人。但是，这值得夸耀的敏感究竟是什么呢？你想知道吗，昂里埃特？分析到底，这是一种自爱之心，它使人进行比较。我已经找到了你的苦恼的原因了。

你的一切苦恼都来自并且将继续来自你想要在公众面前出头露面。用这种办法是不可能找到幸福的。一个人永远不可能在别人眼里得到他自认为应该得到的地位。如果他们在某些方面给予我们这种地位，他们会在其他千百个方面拒绝给予我们，而一次拒绝给我们带来的痛苦要超过成百次感谢给我们带来的欢快。对一个想使自己成为一个男人，从而马上使所有女性都反对她，而男性又不把她当作她想成为的男人看的女人来说，情况就更糟了，不论给予或拒绝给予她以荣誉，都使她的自尊心受到伤害。她永远得不到她所要的东西，因为她所要的是矛盾的东西，她想占有一种性别的权利而又不愿放弃另一种性别的权利，结果，她哪一个性别的权利也掌握不全。

但是谋求在公众面前出头露面的女人的大不幸是她只吸引了，也只看到与她同样的人，而没有看到那些不自我标榜，不在群众中显现出来的实实在在的、谦逊的功绩。对人类的判断没有比那些极为自负的人所作的判断更加错误和虚假的了，因为他们只从自己或类似自己的人出发来判断，这样当然不能正确地看待人类。你对你的周围都不满意，我完全相信这点，因为你生活在其中的人们是最不能使你幸福的了，在他们当中，你找不到一个可以信任的人，而信任能给人以慰藉。在那些只关心他们自己的人中，你怎么可能找到这种人呢？你要求他们首先想到你，而他们却连第二个想到你也做不到。你想要出人头地，处处占先，为人爱戴，而这些都是不能相容的事。一个人必须进行选择。没有平等，就没有友谊，而在自负之人之中，平等是不被承认的。为了需要朋友而去寻找朋友是不够的，我们必须有东西可以奉献来满足别人的需要。在你提供的一切东西中，你忘却了这一点。

你获得知识的途径既不能证明你的目的，也不能证明你对知识的使用是正确的。你想要成为哲学家，而这样想就是不想成为一个哲学家，一个找丈夫的女子的外表比一个谋求别人供奉他的圣人的外表要有价值得多。你只为了外表而尽力去寻求的结果，远不是幸福,而是外表是善、实际是恶的东西。你陷入的沉思状态使你不断地回想到不幸的自我,然而,你想用使你产生这些想法的同样活动来排除这些想法。

你看到了你采取的途径的错误,你相信你能用你的计划来改变这途径,但你是在走另一个途径来达到你原来的目标。你不是自己想要回到读书上去,你是想给人以读书的印象。你是想在你年老的时候以丰富的学识来取代你的美貌的地位,以学识的王国来取代妩媚的王国。

你不愿奉承任何别的女人,但是你自己却想要得到别人的奉承。你想要有朋友,也就是说,你想要奉承者,因为不论是年轻或年老的妇人的朋友从来都是她的奉承者,她们侍候她或者离她而去,你事先采取了一些预防措施将他们都留在你的身边,你始终是大大小小的圈子的中心。除了这些考虑之外,我认为你想要采取的措施对达到你天真地为自己设想的目的会是最不起作用的。你说,你想使自己理解别人。为此,你需要新的权力吗?我确实不知道你对你自己的实际智慧有什么评价,但是,如果俄狄浦斯是你的朋友,我很难相信你会想去理解你今天不能理解的人。那么,为什么花那么大的气力去获得你已经占有的东西呢?不,昂里埃特,你不是为了这个,如果你成为女预言家,你就会发布预言了,你的真正计划不是想倾听别人的意见,而是要找到倾听你的意见的人。你借口为独立而工作,但仍在为统治别人而工作。因此,你不是在减轻使你不愉快的舆论的负担,你使这枷锁更为沉重了。这个办法能为你自己获得宁静的晨思。你认为唯一能减轻折磨你的痛感的办法是远离自己,而我的意见正相反,你应该在内心更接近自己。

你的全部来信都证明到目前为止你的一切行为的唯一目的就

是使你自己在别人面前处于有利的地位。你在公众面前像其他人一样获得了成功，为什么内心却得不到满足？你感觉不到你必需的幸福就在那里，现在是改变你的计划的时候了！你的计划对获得荣誉是个好计划，但对获得幸福是个坏计划。一个人不应该谋求逃离自我，因为这是不可能的，无论我们做什么事，一切都会将我们带回去。你承认在给我写或谈到你自己时曾有过幸福甜蜜的时刻。很奇怪，这种经历虽然并没有使你走上正确的道路，但至少教会你应该怎样寻求平静（如果不是你的幸福的话）。

虽然我在这些问题上的意见与你的意见很不一致，然而，在你应该做什么的问题上，意见却大致相同。从现在开始，读书对你来说就是阿基里斯的剑，将医治它所造成的创伤。但是你只愿丢弃伤痛，而我却愿你丢弃邪恶的来源。你想要以哲学来分散你的痛苦，而我却要哲学使你与一切事物分开，并使你回复到你自己那里去。可以肯定，你永远不会对别人感到满意，除非你不再需求他们，而只有当社会不再成为必需的时候，你才能对它感到惬意。永远不要对那些你不能从他身上得到好处的人感到不满意，你自己倒是应该成为他们所必需的人，如果他们感到你无求于他们，他们会感到高兴，因为你承认别人的价值是与你的价值相同的。他们不再会认为他们在给你好处，因为他们一直在接受你给他们的好处。生活的快乐会找到你，因为你不在寻找它们，这时，也就是你自我满足而又不对别人不满意时，你就可以睡一个安稳的觉，而醒来时就会感到美好。

的确，如果读书的目的截然相反，这两种读书就很少有相似之处，装饰思想的文化与滋养灵魂的文化是很不相同的。如果你有勇气来制定一个计划，而在开始执行这个计划时会很痛苦，你就该改变你行为的道路。这就要求在开始以前必须慎重考虑。我有病,又忙;我的思想不敏捷;要超出我所熟悉的小圈子,对我说来,是要做痛苦的努力的,而你的情况与这些都大不一样。要我竭尽全力却一无所获是不公平的,因为我很难相信你会改建(打个譬喻)你整个道德的结构。你的哲学太多了,要这样去做是不会不感到担心的。如果你轻率地就开始这样做,我会对你感到失望的。目前,让我们就谈到此为止,你的主要问题已经得到了答复,这就够了。按照来信去做,你没有其他的事可做。

  以上都是我匆匆写出的,因为我心神不宁并且在生病,这些都不是真正应该说的话,但是匆忙中可能出的错不是不可弥补的。最重要的是要你感到我对你很关心,我认为你在读这封信时是不会怀疑这点的。到目前为止,我把你看成是个可爱、颖慧的妇女,她竭力抑制她的本性,在外衣下掩饰这本性,就像一件铜铸的精品,人们赞赏它的外表,但是它的内里却是空的。但是,如果你还知道为你的状态而哭泣,那你还不是不可救药的。只要你心中还留有一点真心,就不需绝望。

(何祚康 曹丽隆 译)

朋友与友谊

一

（致日内瓦福音堂牧师穆尔土先生）：

你已与韦尔纳不来往了，我认为这很好。虚假的人作为朋友比作为敌人更危险。此外，这对你来说一点也没有损失，我一直认为他毫无灵气却矫揉造作得厉害，但是我爱他，认为他是一个好人。请想，如果他只是一个流氓式的坏蛋，我今天会怎样看他呢？亲爱的朋友，不要再说到他吧，让我们不要将不愉快的想法加在我们痛苦的感情上吧。我现在能做到的就是让灵魂安静，这是我能享受的最宝贵的东西了，我要抓住它不放。我希望在我临终时，心灵的探索者在我的心里只找到公正与友谊。

……

二

（致勒马尔基先生）：

遭受痛苦的人是值得"人类之友"安慰的。你给我写的信，写信的时机，写信的崇高动机，高贵的写信人和不幸的收信人，这些因素合在一起使我感受到了它的价值。我读着你的著作，因而热爱你，我经常希望让你知道我的情况并且为你所爱。但是我没有想到来信的人竟然是你,而且恰恰是在人们普遍遗忘我的时候。慷慨的行为不会半途而废,你的信充满着慷慨之情。人类之友给予平等之友以庇护之所,这是多么动人的一幕啊!你的提议深深感动了我,我认为你的意图对我们来说是光荣的,但是另一方面,你又可能使我不愉快。由于我不能从你的提议中受惠而感到遗憾,因为对我来说,做你的客人不论是多么美好的事,但是我认为这事的希望不大:我的年龄比你大,路程太遥远,我的病痛使旅行成为痛苦的事,我对休息和独处的热爱,我希望被人遗忘以便我能在平静中死去。这些都使我害怕靠近大城市,因为我到了那里,就会重新引人注意,而这对我是一种折磨……,虽然我肯定巴黎的国会不会危及我的安全,但是我的确向国会承诺不在它的管辖范围内批评它,使它默认它的不公正。……阁下,为了使我不处于新的风暴之中,我坚持能保证我余生安静的方针。我爱法国,我将终生为法国感到遗憾,如果我的命运取决于我自己,我就会到你那里去了却我的余生,而你就会成为我的主人,因为你不希望我有一个庇护人——但是,显然,我的希望和我的心将登上旅程,而我的身体则将在这里安息。

……

你会反复对我说:"一个只对自己有用的人是没有任何用的。"但是一个不在某些方面对别人有用的人可能真正对自己有用吗?此外,请考虑每一个人类之友不是都像你(你是他们事实上的恩人)一样。请考虑我既无不动产,又无银钱,我正在成为老人,我身体虚弱,被人遗忘,受人迫害,遭人讨厌,在我想做好事时,却不由自主地做了坏事。我收到了解雇书,这显然是天意和人意,我收下了,并想从中得到好处。我不再去思考这样做是好是坏,因为我已经做出决定,没有什么能使我改变这决定了。但愿公众将我遗忘,就像我将他们遗忘一样！如果他们不愿将我忘却，他们是崇敬我还是将我撕为碎片，这与我都毫无关系，我对一切都漠不关心，我尽量不去知道这些事，如果我知道了一些，我也一点都不关心了。如果一个朴实简单的生活的例子对人类还有用处的话，我倒还能起这个用处，但是这是唯一的用处，我已决心在今后只为自己和我很少数久经考验的朋友活着，这对我来说就已经够了。我甚至能不需要朋友，但我生就一副柔软心肠，它确实需要朋友，但这种需要总是使我付出沉重的代价，因此，我已学会满足于自己生活，并且也已有足够健全的思想能这样做。我的心里从来没有仇恨、妒忌、报复。对朋友的怀念使我神往，这是对敌人的记忆不能干扰的。我完全存在于我所在的地方，而不是迫害我的人的地方。他们的仇恨，在不深的时候，只困扰着怀有这种仇恨的人，而我对他们的报复方法就是将这仇恨留给他们。我不是完全幸福的，因为没有什么是完全的，幸福尤其如此。但是在放逐中，我竭力使自己幸福。有一点幸福就能满足我的希望：身体的疾病少些，气候温和些，天空晴朗些，空气宁静些，特别是心情开朗些。在我的心自我解脱的时候，我感到幸福，别人也感到幸福。目前我就有这样的幸福感，你可以看到我从中得到了好处，但我也是花了代价才有这种幸福的：你的信给我留下了难以磨灭的回忆，有时会使我的心不那么平静。……

（何祚康　曹丽隆　译）

婚姻与情爱

一

(致维也纳法国大使什瓦泽尔伯爵秘书德莱尔):

我亲爱的德莱尔先生,你真是疯了,看了你上封信后,我对此毫不怀疑。幸运的是这些蠢事终于结束了,人们一旦摆脱了它们,留下的只是一点羞愧之感,同时无人有权拒绝原谅他们。你对我的判断完全正确,我真心实意地原谅了你,只希望你今后别再做蠢事。

你在热恋中,很明显,你钟情于完美无缺的人,而我也不愿与你争论这个问题,但你必须原谅我言语的冒犯。我没说你心中的偶像,而是说你心中的崇拜者。首先,我以为在你离开时,一切都算结束了,而且除了嘲笑你自己和朴实外,你不会想起有关你的旧的崇拜者的,当然你同意这种意见不是没有道理,而且在巴黎这种爱情很少能持久下去。所以我就采用了你也会采用的语调,或者说,至少是你听了以后不会感到生气的语调,然而相反,你们仍处于无所畏惧的热恋中。好吧,既然如此,我将改变语调,当然我无意触犯你,我也同意这种说法,即一个男人容忍他人说他所钟爱的女人的坏话,他不是不爱她,就是一个恶棍。

那么我究竟有什么地方侮辱了她,以致使你陷入绝望之中?

我诋毁了她的美德或是忠诚吗？因为正是在这一点上你竭尽全力为她辩护，其实你又何必为此抗议呢，既然那是不可能的。亲爱的德莱尔先生，战争的格言是，人总是要从防卫最坚固的地方出击。我曾说她是个爱管闲事的人。的确，我错了。假如今天在得知你仍迷恋于她的时候，再用这一不够尊敬的形容词，那我将犯更大的错误。但设身处地地替我想一下，我认为爱管闲事的人是讨厌的，好奇而又多嘴多舌，为了满足其无足轻重的好奇心，竟至影响他人休息。我认为一个真正谨慎谦虚的人（你就是这样向我描述她的，而我并未强求你把她介绍给我），劝阻你时会说（我想象）："你为什么要打扰那位可怜的爱好独居的人呢？既然他要呆在那儿，就随他的心愿吧，我可不愿牺牲别人以满足我的奇想。"事实又是怎样的呢？她来到我处，窥探我，搜寻我，而且竟不惜将我逐出房子，讯问我的管家——这一切是为了什么？她乐于让我出洋相，（别生气）也出足了你的洋相。请原谅我，亲爱的德莱尔，我就说这是好管闲事，类似的词语今后不会再出于我口，但允许我最后一次告诉你，尽管我和他人一样易动感情，但我绝对不会爱上这种妇人或姑娘。

……

你热恋着一位温柔善良的姑娘；这并不奇怪，所有的情人都会这样。你是在巴黎看上她的？在巴黎找到温柔善良的情人并非不幸，你答应她要和她结婚，那么亲爱的德莱尔，你就做了一件蠢事。因为假如你继续爱着她，这一承诺有何意义？如果你不再爱她，它又有何用？只会给你带来许多麻烦。可能她也做了同样的允诺，这样我就不必再讲了。你是用血在签署这张契约吧？那真是可悲了。但我不知道用血或用哪种墨水签字有什么区别。我清楚地看到爱情会使学者以及我们所有的人变成孩子。亲爱的德莱尔，虽说我不是你的朋友,但我还是对你友好的,我为你的处境感到担忧。请认真思考一下,爱情只不过是幻觉,人在热恋时就看不清事物的真相,假如你还有理智的话,那么在你作出任何决定前,与你的亲友好好商量一下吧。

二

(致伯尔尼基希伯格先生):

这么年轻就结婚了!阁下,你很早就担负起重大的责任了。我知道成熟的思想可以弥补年龄的不足,对我说来,你似乎可能就是这样的。此外,你是很擅长发现别人的优点的,我相信你所选择的妻子是不错的。亲爱的基希伯格,没有比使这一早熟的结合成为幸福的结合更为重要的了。你的年轻使我不安,其他的我都放心。我总认为生活的真正幸福在于一对佳偶,我也相信婚姻生活的成功取决于它开始的方式。你第一年的职业、兴趣、举止和家庭感情决定着其他一切。现在是"你生活的命运由你自己掌握"的时候,以后则取决于你生活的习惯。年轻的夫妇,如果你们只是一对情人,你们就会感到失落,及早成为伴侣吧,这样就可以永远成为伴侣。要相互信任,这比爱情更有价值、更长久而且能取代爱情。如果你们知道如何在你们之间建立起信任,对你们说来,自己的家就会比别人的家更有乐趣,而一旦你们感到在家比在其他地方更幸福,我保证你们以后的一生都将是幸福的。但是你们不要想到别处去寻求幸福,不论是在名声、欢乐、还是在成功中。真正的幸福在外面是找不到的,你们自己的家就足够了,任何其他东西都不能给你们幸福。

我认为按照上述原则,目前还不是你考虑执行你向我提到的计划的时候。你参加你妻子的交往的时间应该多于参加赫尔维提克协会的时间,在出版该协会的年鉴以前,你应该为该年鉴提供最好的篇幅。在你报道别人的活动时,你应该能像科里基奥那样说:"我,也是个人。"

亲爱的基希伯格,我认为我看到瑞士青年身上有许多优点,但你们也都全染上了普遍的歪风。你想要让全世界都知道你的优点,我很害怕,在像你这样的一群人中有这样的癖好,总有一天领导我们共和国的不是伟大的人物而是一群小作家。不是每个人都能成为霍勒的。

……

再见,善良可爱的基希伯格。请代我向你的妻子问候,请告诉她,她完全有权接受我的感谢,因为她使我很关心并认为应该获得幸福的人得到了幸福。

三

(致德拉夏佩尔先生):

你一定对自己的口才评价很高,而对我(你说你对我很热情)的分辨能力评价很低,因为你以为我看了占来信的一半篇幅的捏造的故事和其后的一小段故事,就会对你有好感。从这封信中,我非常明确地了解到你还不成熟,而且你以为我也是不成熟的。

阁下,在信中,你谈到你故事中的泽利,他像你的教会的圣徒们一样,据说,他们虔诚地与女孩子们睡在一起,燃起情欲之火,以便在与获得满足的欲望的斗争中抑制自己。我不知道你大胆地向我讲述这些猥亵的细节是什么意思,但是读了你的信,很难不认为你在说谎或无能。

我知道爱情能净化情欲,一个真正的情夫比其他人能活得好一百倍。尊重自己对象的爱情,珍惜它的纯洁性,这是爱情在爱的对象中找到的又一个完美性,而且害怕丢失它。情夫的自爱使他的对象变得更值得他钟爱,从而弥补了他对自己的克制;如果他的情人一旦受到他的爱抚,就失去了一切端庄,如果她的肉体成了他淫欲的俘虏,如果她的心因受到爱抚而燃烧起欲火,如果她那本已腐化的意志使她自己听命于他,那么,我很想知道,她身上还有什么值得他尊敬的。

让我们假设,在这样玷污了你的情人的身体以后,你获得了你吹嘘的那种神奇的胜利,这的确是值得夸耀的,但是,你赢得了她的心,她的愿望,甚至她的情欲了么?你吹嘘说你使她高兴得晕倒在你的怀抱中,那么,你曾设法单独看到她这样么?你这是可怜她么?不,这是降低她的身份。你喜欢这样从别人怀抱里走出来的女人么?然而,你把这些东西都称之为道德作出的牺牲!你对你所说的道德一定有着与众不同的理解,它使你无所顾忌地糟蹋现在供养你的人的女儿。你不是在实行赫卢瓦斯的准则,而是以违反这准则为骄傲:在你看来,一个人在特殊情况下不放纵情欲,因而就根本不应放纵情欲是虚伪的。你放纵能使你犯罪的一切情欲,但却拒绝能使你不犯罪的情感。你的例子如果是真的,并不证明我的原则是错的,相反,它肯定了我的原则是对的。

紧接着上述捏造的故事之后的是一个可能性较大的故事,但是上述捏造的故事使我对这故事也相当怀疑。你想以你这个年龄的狡猾来利用我的自爱之心并迫使我(哪怕仅仅是出于礼貌)注意你。阁下,这是人们为我安排的圈套中我最不会上当的一个,因为这个圈套安排得毫无技巧。你说你坚持了我的原则。如果我因为你所使用的方式而谴责你,我就过于急躁了,如果我因此而对你不客气,那甚至就是不领情了。然而,阁下,既然你们的国会已谴责了我的书,你对该书的辩护不可能是非常有节制和全面的,你不应该因为你对真理,或者对你认为的真理作出过公正的评价而要求我个人对你表示感激。如果我肯定事情是像你所写的那样,我会认为我应该补偿你因我所受的伤害(如果我能补偿的话),但这并不使我有义务在不了解你的情况下推荐你,而不推荐那些我了解但又不能为他们服务的好人。我要注意,在不能保证学生们能受到比你告诉我有关你自己的事和你送给我的诗更好的教育以前,不为你招收学生(特别是如果他们有姐妹的话)。你向之投稿的出版商那样粗暴地回答了你是错误的,你的著作在结构上不是像他认为的那样糟。你的诗写得很熟练,有几首写得很好,其他的则较弱而且不合格律。在其他方面,你的诗慷慨有余而热情不足。扎蒙像悲剧里的角色那样自杀了,这种死法既没有说服力,也不能感动人。诗中所有感情都是来自《新赫卢瓦斯》的,看不出有什么东西是你自己的,这说明你没有很多的灵感,也不符合历史事实。此外,如果说,出版商在某一方面有错误的话,在另一方面却是对的,但他可能没有想到这一点。一个自认为有道德的人,怎么可能出版一本宣传腐败的道德、充满放荡形象、教导年轻人、情人之间的不正当的性关系是无所谓的书呢?这书所宣传的准则是捏造的,危险的,旨在摧毁两性之间一切纯洁、忠诚和克制的感情。阁下,除非你是道德败坏的人、无原则的人,你不会不对书加以修改,以防止它的坏影响,虽然这些诗写得还可以。

毫无疑问,你还是有些才能的,但是你没有好好使用它们。但愿你以后会更好地使用它们,这样既不会让你自己后悔,也不会遭到正直人的谴责。

(何祚康　曹丽隆　译)

刚柔相济的男人和女人

就一切跟性没有关系的东西来看,女人和男人完全是一样的:她也有同样的器官、同样的需要和同样的能力;身体的结构也是一样的,身上的各个部分和它们的作用也是相同的,面貌也是相像的;不管你从哪一方面看,女人和男人之间的差别只不过是大小的差别罢了。

就一切涉及到性的东西来看,女人和男人处处都有关系,而处处也都不同,要把他们加以比较,是很困难的,因为在男女的体格方面很难确定哪些东西是属于性的,哪些东西不是属于性的。通过比较解剖学,甚至单单凭肉眼的观察,我们也觉得他们之间的一般的区别好像是不在于性,然而它们跟性是确有关系的,只不过是我们看不出它们跟性发生关系的脉络罢了;关于这些脉络,我们还不知道它们散布的范围有多么大。我们确切知道的唯一的一件事情是:男人和女人共同的地方在于他们都具有人类的特点,不同的地方在于他们的性。从这两个观点来看,我们发现他们之间既有那样多相同的地方,也有那样多相异的地方,以至于我们可以说,大自然把两个人既做得这样相像,又做得这样不同,确实是奇迹之一。

所有这些相同和相异的地方,对人的精神道德是有影响的;这种影响是很显著的,而且大家都是亲身经验得到的,所以我们用不着争论到底是男性优于女性,还是女性优于男性,或者两种性别的人是相等的,因为每一种性别的人在按照他或她特有的方向奔赴大自然的目的时,要是同另一种性别的人再相像一点的话,那反而不能像现在这样完善了！就他们共同的地方来说,他们是相等的;就他们相异的地方来说,是无法比较的。说一个成熟的女人和一个成熟的男人相似,是说他们的外貌相似,而不是说他们的精神相似;如果说要完全相似的话,那就连大小的差别也不许有了。

在两性的结合中,每一种性别的人都同样为共同的目的而贡献其力量,不过贡献的方式是不同的。由于方式不同,所以在两性的精神上也就产生了一个显而易见的差别。一个是积极主动和身强力壮的,而另一个则是消极被动和身体柔弱的,前者必须具有意志和力量,而后者只要稍微有一点抵抗的能力就行了。

如果承认这个原理的话,我们就可以说,女人是特地为了使男人感到喜悦而生成这个样子的。如果倒过来说,男子也应该使女人喜欢的话,那也只是一种不太直接的需要,因为,他的长处是在于他的体力,只要他身强力壮,就可以使她感到欢喜。我同意有些人所说的：这样的欢喜不是爱情的法则在起作用,但是,这是比爱情的法则更由来久远的自然的法则在起作用。

如果说女人生来是为了取悦于和从属于男人的话,她就应当使自己在男人看来觉得可爱,而不能使他感到不快。他对她之所以那样凶猛,正是由于她有动人的魅力;她应当利用她的魅力迫使他发现和运用他的力量。刺激这种力量的最可靠的办法是对他采取抵抗,使他不能不使用他的力量。当自尊心和欲望一结合起来的时候,就可使双方互相在对方的胜利中取得自己的成功。所以,一方是进行进攻,另一方是采取防御;男性显得勇敢,女性显得胆怯,直到最后拿出大自然赋予弱者制服强者的武器——娇媚害羞的样子。

谁敢这样说:大自然是毫无差别地要两性的色欲都是同样的亢进,而且要性欲最先冲动的一方首先向对方作出要求满足色欲的表示?这种看法真是怪糟糕的!既然性行为对两性产生的结果是这样不同,那么,如果双方都同样大胆地去作这种行为,是不是合乎自然的道理呢?在共同的行为中,双方的负担既然是这样的不平等,那么,如果一方不受羞耻心的制约,另一方不受自然的克制,则不久以后双方都要同归于尽,而人类也将被本来是用来保存自己的手段所毁灭,这一点,难道还不明白吗?

……

至高的上帝在任何事情上都希望人类具有荣誉心,他在把无限的欲望赐予人类的同时,又赐予调节欲望的法则,以便使人类既能自由,又能自己控制自己;他使男人既有旺盛的色欲,又使他具有克制色欲的理智;他使女人既有无限的春情,也使她具有节制春情的羞耻心。此外,在人类正当地运用其性能力的时候,他还使人类获得一种当时即能享受到的赏赐,那就是,如果人类按照他的法则而诚实地从事的话,就会得到乐趣。在我看来,所有这些是可以起到动物的本能所起的作用的。

不论女人是不是像男人那样产生了性欲,也不论她是不是愿意满足他的欲望,她总是要表示推辞和进行防卫的,不过推辞和防卫的程度是不一样的,也不是始终都是那样坚决和同样成功的。攻者要取得胜利,被攻者就要允许或指挥他进行进攻,有多少巧妙的办法刺激进攻者拼命进攻啊!最自由和最温柔的动作是绝不容许真正的暴力的,大自然和人的理性都是反对使用暴力的。大自然之反对使用暴力,表现在它使较弱的一方具有足够的力量,想抵抗就能够抵抗；理性之反对暴力，在于真正的暴力不仅是最粗野的兽行，而且是违反性行为的目的的，因为一则是由于这样做，男人就等于是向他的伴侣宣战，从而使她有权把侵害者置于死地，以保卫她的人身和自由，再则是由于只有妇女才能独自地判断她自己的处境，同时，如果任何一个男人都可窃夺做父亲的权利的话，则一个孩子便无法辨认哪一个人是他的父亲了。

这样，我们可以根据两性体质的差异而得出第三个结论，那就是：较强的一方在表面上好像是居于主动，而实际上是要受较弱的一方的支配的；其所以如此，并不是由于男子惯于向妇女献小殷勤，也不是由于他以保护人自居，表现得宽宏大量不拘细节，而是由于一种不可变易的自然的法则，因为这种法则使妇女可以很轻易地刺激男人的性欲，而男人要满足这种性欲，就比较困难，从而使他要依对方的兴致为转移，并且不得不尽力地取悦对方，以便使她承认他为强者。对男人来说，在他取得胜利的时候，他最感到甜蜜的是他不知道究竟是弱者向他的强力让步，还是她心甘情愿地投降；而妇女又往往很狡猾地故意使他和她之间存在着这种疑团。在这一点上，妇女的心眼和她们的体质完全是一致的：她们不仅不以她们的柔弱为可羞，反而以之为荣；她们柔嫩的肌肉是没有抵抗力的，她们承认连最轻便的东西也负担不起；要是她们长得粗壮的话，也许反而觉得不好意思啊。为什么呢？这不仅是为了显得窈窕，而且是为了更好地进行防卫，她们要事先给自己找个借口，以便在必要的时候取得弱者的权利。

……

由于人们的看法有了改变，因此对风俗也产生了显著的影响。现今的男子个个都向妇女献殷勤，就是这种影响的结果。男子们发现，他们要得到快乐，便要依靠妇女性的自愿，而且依靠的程度比他们所想象的还大得多,他们必须采取体贴对方的做法,才能满足自己的愿望。

所以,我们可以看出,我们是怎样在不知不觉中由肉欲而达到道德观的,是怎样由粗俗的两性结合中逐渐产生温柔的爱情的法则的。女子之所以能够驾驭男人,并不是因为男人愿意受她们的驾驭,而是因为大自然要这样做:她们在表面上还没有制服男子以前,就已经在驾驭男子了。海格立斯想凌辱塞士庇斯的50个女儿,但是却不得不在奥姆伐尔的脚边去纺纱;参孙的力量虽大,也大不过德利拉。妇女们是有这种威力的,而且谁也不能剥夺,即使她们滥用这种威力,我们也没有办法;如果她们有失去这种威力的可能的话,她们早就失去了。

至于说到性行为对两性的影响,那是完全不平等的。男性只不过在某些时候才起男性的作用,而女性终身都要起女性的作用,至少她在整个的青年时期要起女性的作用;任何事情都可以使她想起她的性别……

两性之间相互的义务不是、也不可能是绝对相等的。如果妇女们在这个问题上抱怨男子做得不公平的话,那是不对的;这种不平等的现象绝不是人为的,或者说,至少不是由于人们的偏见造成的。它是合理的,在两性当中,大自然既然是委她以生男育女的责任,她就应当向对方负责抚育孩子。毫无疑问,任何人都是不容许背信弃义的,任何一个不忠实的丈夫,如果在他的妻子尽到了女性的艰巨的责任之后,竟剥夺了她应当享受的唯一的报酬的话,他便可以说是一个不正直的野蛮人;但是,如果妻子不忠实,则后果就更糟糕了,她将拆散一个家庭,打破自然的一切联系;……

……

当我们论证了男人和女人在体格和性情上不是而且也不应当

是完全相同之后，我们便可由此得出结论说：他们所受的教育也必须有所不同。他们固然应当遵循自然的教训，在行动上互相配合，但是他们不应当两者都做同样的事情；他们工作的目的是相同的，但是他们工作的内容却不一样，因此促使他们进行工作的情趣也有所差异。

如果你想永远按照正确的道路前进，你就要始终遵循大自然的指导。所有一切男女两性的特征，都应当看作是由于自然的安排而加以尊重。你一再说："妇女们有好些这样或那样的缺点，而这些缺点我们是没有的。"你这种骄傲的看法将使你造成错误；你所说的缺点，正是她们的优点，如果她们没有这些优点，事情就不可能有目前这样好。你可以防止这些所谓的缺点退化成恶劣的品行，但是你千万不能去消灭它们。

妇女们也不断在那里发牢骚，说我们把她们培养成徒具外表的撒娇献媚的人，说我们老是拿一些微不足道的小玩意去取悦她们的心，以便使她们容易受我们的控制；她们说我们责备她们的那些缺点是由我们造成的。……好吧，你就像培养男子那样培养她们好了，男人们一定是衷心赞成的。因为她们愈是想学男人的样子，她们便愈不能驾驭男人；这样一来，他们才会真正地成为她们的主人哩。

所有一切男女两性同样具有的能力，并不是双方具有的程度都是相等的；但从总的方面说来，他们和她们的能力是互相补充的。妇女以妇女的身份做事，效果就比较好，如果以男人的身份去做，效果就比较差；无论在什么地方，只要她们善于利用她们的权利，她们就可以占据优势；但如果她们要窃取我们的权利，她们就必然会不如我们的。这是一个普遍的真理，我们不能像偏袒女性的风流男子那样，单单用一些例外的情形把这个真理驳倒。

如果在妇女们的身上去培养男人的品质,而不去培养她们本来应该具备的品质,这显然是在害她们。狡黠的女人把这一点看得很清楚,所以是不会受这种做法的欺骗的;她们在企图窃取我们的权利的同时,一点也不放弃她们的权利;然而这样做的后果是,由于这两种权利是互不相容的,所以这两种权利她们都得不到,她们不但不能达到我们的地位,反而达不到她们本来应该达到的地位,使她们的价值损失了一半。贤明的母亲,请你相信我所说的这一番话,不要违反自然规律把你的女儿造就成一个好男子;你应当把她培养成一个好女人,这样,对她自己和对我们都有更大的好处。

……

妇女和男子是彼此为了双方的利益而生的,但是他们和她们互相依赖的程度是不相等的:男子是由于他们的欲望而依赖女人的,而女人则不仅是由于她们的欲望,而且还由于她们的需要而依赖于男人;男人没有女人也能够生存,而女人没有男人便不能够生存。她们想要获得生活的必需品,就必须要我们愿意保持她们的地位,就必须要我们认为她们配享受这些东西;她们要依赖于我们的情感,依赖于我们对她们的功绩的估计和对她们的品貌的尊重。由于自然法则的作用,妇女们无论是就她们本身或就她们的孩子来说,都是要听凭男子来评价的。她们不仅应当值得尊重,而且还必须有人尊重;她们不仅是要长得美丽,而且还必须使人喜欢;她们不仅是要生得聪明,而且还必须别人看出她们的聪明;她们的荣耀不仅在于她们的行为,而且还在于她们的名声;一个被人家看作是声名狼藉的女人,其行为不可能是诚实的。一个男人只要行为端正,他就能够以他自己的意愿为意愿,就能够把别人的评论不放在眼里;可是一个女人,即使行为端正,她的工作也只是完成了一半；别人对她的看法，和她实际的行为一样，都必须是很好的。由此可见，在这方面对她们施行的教育，应当同我们的教育完全相反：世人的议论是葬送男人的美德的坟墓，然而却是荣耀女人的皇冠。

首先要母亲的身体好，孩子的身体才能好；首先要女人关心，男子才能受到幼年时期的教育；而且，他将来有怎样的脾气、欲念、爱好，甚至幸福还是不幸福，都有赖于妇女。所以妇女们所受的种种教育，和男人都是有关系的。使男人感到喜悦，对他们有所帮助，得到他们的爱和尊重，在幼年时期抚养他们，在壮年时期关心他们，对他们进谏忠言和给予安慰，使他们的生活很有乐趣，所有这些，在任何时候都是妇女们的天职，我们应当从她们小时候起就教育她们。只要我们不根据这个原理去做，我们就会远离我们的目标，而我们教她们的种种训条，既无助于她们的幸福，也无助于我们的幸福。

不过，尽管所有的妇女们都希望而且也应当使男子们感到喜悦，然而怎样使有才德的人和真正可爱的人感到喜悦，和怎样使那些有辱男性和处处模仿女性的花花公子感到喜悦，在做法上是迥然不同的。无论天性或理性都不可能使一个妇女爱男人身上跟她相同的地方，反过来说，她也不应该为了取得男人的爱就学男人的样子。

所以，如果妇女们抛弃了淑静的态度，而去学那些傻头傻脑的男人样子，则她们不是在遵循而是在违背她们的天职；她们在自己剥夺自己应享的权利。她们说："如果我们不这样做，我们就不会讨得男子的欢心。"这简直是在胡说。只有糊涂的女人才喜欢胡闹的男人；如果她们想吸引这样的男人，那就表明她们是非常愚蠢。如果世界上没有轻薄的男子的话，糊涂的女人也许还巴不得制造几个轻薄的男子咧；妇女使男子产生的轻薄行为，远远多于男子使妇女产生的轻薄行为。一个妇女如果爱真正的男子和想讨取他们的欢心，她就应当采取一些适合于她的意图的手段。

……

既然是身体先精神而生，则我们就应当首先培养身体，这个次序对男人和女人来说都是一样的。但是，培养的目的是不同的：在男人是培养它长得壮而有力，在女人则是培养它长得灵巧；这并不是说男性只能独一无二地具有男性的品质，女性只能独一无二地具有女性的品质，这只是说这些品质在每一种性别的人的身上应当有主有次；女子也必须有足够的体力，做起活来才感到轻松；男子也必须相当灵巧，做起活来才觉得容易。

……

不管那些爱说风凉话的人怎样说，男女两性都是具有同样的良知的。女孩子一般都是比男孩子更温顺一些的，而且，正如我在后面即将谈到的，我们可以把她们管得严一点；但是，不能因此就得出结论说我们可以强迫她们做她们不明白其用处的事情；做母亲的要善于向她们指出我们叫她们做的事情有什么用处，由于女孩子智力比男孩子的智力成熟得早，所以要做到这一点是比较容易的。

……

你必须把你叫女孩子去做的事情的意义给她们讲清楚，但是一定要她们把那些事情做好。懒惰和桀骜不驯是女孩子的两个最危险的缺点，而且，一旦有了这两个缺点，以后就很难纠正。女孩子们应当作事细心并热爱劳动；这还不够，她们从小还应当受到管束。如果这样做对她们是一种苦楚的话，这种苦楚也是同她们的性别分不开的；而且，要是不受这种苦楚，她们将来一定会遭受更大的痛苦的。她们一生都将继续不断地受到最严格的约束：种种礼教和规矩。必须首先使她们习惯于这种约束，她们才不会感到这种约束的痛苦；必须使她们习惯于控制她们种种胡乱的想法，以便她们能使自己顺从他人的意志。

……

由于养成了受约束的习惯，结果就会使一个妇女形成一种她终生都必须具备的品质：温顺；她之所以必须具备这种品质，是由于她始终要听从一个男人或许多男人的评判，而自己又没有办法不受他们的评判的影响。一个女人具备的第一个重要的品质应当是温柔，因为她既然是生成要服从有那样多恶习和缺点的男人，则她从小就要知道她应当毫无怨言地忍受一个丈夫不公正的行为和错误。她之所以要这样温柔，不是为了他，而是为了她自己。做妻子的人如果泼辣和顽强的话，其结果只会增加她的痛苦和丈夫的错误行为；如果她们要想征服他们，就不能使用这种武器。天老爷并不是为了使她们变成爱吵闹的人才长得那么巧言令色善于说话的；也不是为了使她们能够颐指气使地横蛮行事才长得那样柔弱的；也不是为了叫她们骂人才长有那样一副好听的嗓子的；也不是为了使她们能够横眉怒目地大发脾气才长有那样俊秀的面孔的。当她们怒容满面的时候，她们就失去了本来的样子了；尽管她们常常有发牢骚的理由，但如果她们大发雷霆地骂人，那就不对了。男性应当保持男性的态度，女性也应当保持女性的态度；一个丈夫如果太懦弱，就会使他的妻子变得很跋扈；不过，除非男人是一个怪物，否则一个女人的温柔的性情迟早是会使他俯首帖耳甘拜下风的。

……

凡是自然存在的东西都是好的，没有哪一个普遍的法则对人类是有害的。上帝使女性长得那样机灵,从而就极其公平地补偿了她在体力方面的不足;没有这种机灵,女人就不是男人的伴侣,而是他的奴隶。正由于她的才智优越,所以她才能保持她的平等的地位,才能在表面上服从而实际上是在管理他。女人有许多不利的地方,例如男人的缺点,她本身的羞怯和柔弱;对她有利的,只是她的才能和美丽的容貌。她培养她的才能和修饰她的容貌,不是很应该的吗?不过,美丽的容貌并不是每一个女人都有的,而且这种容貌由于许多意外的事情将遭到毁伤,由于年龄的增长而日益消逝,由于风俗习惯的不同将损害它的美的效果。所以只有机智才能作为女性所有的真正的资本;不过,我们所说的机智,并不是社交场合中所赞赏的那种无助于幸福生活的机智,而是善于适应其地位的机智,是利用我们的地位并通过我们的优点来驾驭我们的艺术。一般人都不知道妇女们的这种机智对我们有多大的用处,不知道它使男女两性的交际多么地富于魅力,不知道多么能遏制孩子们的乖戾和约束粗野的丈夫,不知道它多么能使一个家庭管理得井井有条,要是没有它,一个家庭便会弄得混乱不堪。

……

一般地说,在人和人的交往中,男人的礼貌表现在予人以帮助,而女人的礼貌则表现在对人体贴。之所以有这种区别,绝不是因为社会的习惯使然,而是自然而然产生的。男人好像处处都想为你效劳,而女人则处处都想使你感到喜欢。因此,我们可以说,不论我们对女人的性情怎样看,她们的礼貌总是比我们的礼貌更为真挚,这种礼貌是产生于她们的原始的本能的;当一个男人伪称把我的利益看得比他的利益还重的时候,不管他用什么样的花言巧语来掩饰这种假话,我也看得出他是在撒谎的。所以,要妇女们做到彬彬有礼,要教育女孩子们学会礼貌,是用不着费多大的力气的。最先教她们对人要有礼貌的,是她们的天性,我们所能做的,只不过是顺着天性的发展,继续对她们进行教育,使她们按照我们的习惯而表现其对人的礼貌。

……
如果说男孩子们没有树立任何一种真正的宗教观念的能力的话,则女孩子们更是不能理解任何一种真正的宗教观念了,这一点,我们大家都是知道得很清楚的;正是由于这个缘故,我才主张趁早把宗教的观念灌输给她们,因为,如果说要等到她们能够有条有理地谈论这些深奥的问题的时候才告诉的话,则我们也许就永远也不能够告诉她们了。女人的理性是一种实践的理性,这种理性虽然可以使她们能够很巧妙地找出达到既定的目的的手段,然而却不能够使她们发现那个目的。两性的社会关系是很美妙的,由于有了这种关系,结果就产生了一种道德的行为者,女人便是这个道德的行为者的眼睛,而男人则是它的胳臂,但是,由于他们两者是那样的互相依赖,所以女人必须向男人学习她应该看的事情,而男人则必须向女人学习他应该做的事情,如果女人能够像男人那样穷究种种原理,而男人能够像女人那样具备细致的头脑,则他们彼此将互不依赖、争执不休,从而使他们的结合也不可能继续存在。但是,当他们彼此和谐的时候,他们就会一起奔向共同的目的;我们不知道他们当中哪一个人出的气力多一些,每一个人都受对方的驱使,两个人互相服从,两个人都同样是主人。

(何祚康　曹丽隆　译)

幸福之源

我在思考我生平各种境遇中的内心情感时，颇为震惊地发现，我一生中那几番不同的命运，与它们使我经常产生的欢乐或不快的感觉并不和谐一致。我也曾有过一些短暂的幸福时辰，这几个不同的时期几乎没给我留下任何叫人感到亲切永恒的美好记忆；相反，我一生的各种不幸倒使我充满甜蜜、感人、柔美的情感。这些情感在我这悲伤的心灵的创伤上涂上了一种镇痛的香膏，似乎将痛苦变成了欢乐。因此，我只记得那些美好的往事，而把同时感到的痛苦忘却了。我觉得我对人生的甘美感受得最多，我真正觉得自己在生活过的时期，是命运在迫使我将自己的感情压缩在我心里，使它们在还没有扩散到人们顶礼膜拜的那些事情上去的时候。这些事情本身并不值得人们顶礼膜拜，但那些被认为是幸福的人却偏偏唯一醉心于此。

当我周围的一切还很正常，当我对周围的一切和我生活的那个空间尚感到满意时，我将自己全部的挚爱填满了这个空间，我这颗坦诚的心便投向了别的事物上。那时由于我被各式各样的爱好、被不断占据心的那些可爱的恋情弄得神魂颠倒，我就忘掉了我自己，完全陷入了于我不相干的事情中。我的心灵在连续的骚动中，历尽了人世沧桑。这种纷乱生活使我内心不得安宁，也使我的周围不得清静。我表面上倒也幸福,但没有一种感情能够经得起思考的考验,可我在这种情感中又确实感到满意。我对人对己都不十分满意。社交界的喧嚣使我昏乱,寂静又使我腻烦,我常常需要变换环境,可是无论到哪里,都觉得不尽如人意。我到处受到热情欢迎、盛情接待和亲切关怀;我没有碰上一个仇敌、一个坏蛋、一个嫉妒者。由于人们总是设法为我效劳,我也常常乐于为许多人尽义务。虽然我没有财产、职业、保护人,虽有点才能,却又不为人知或不能得以充分发展,但我却享受了与这一切分不开的好处。我还没有见过有哪个人的命运比我的更好。因此,就幸福而言,我还缺少什么呢?我不得而知,但我知道我并不幸福。

如今,我还要怎样才算是人类最不幸的人呢?那些人为了使我不幸,要做的都做绝了。即使是处于这种可悲的境地,我也不会拿我自身的命运去和他们中的最幸运者交换。我宁愿是不幸的我,也不愿是那些鸿运亨通的人中的一个,当我孤单一人的时候,我就靠自身的养料生存,这养料是不会涸竭的;尽管可以说我是空腹反刍,尽管我的想象力已经枯竭,思想已经泯灭,再不能滋养我的心灵,但我仍可以用自身来满足自己。我的心灵受我的身体的阻碍,日渐衰竭了,在这沉重的压力下,再也没有力量像从前那样冲出我这副苍老的躯壳。

逆境促使我们去作这种自我反省。也许正因为如此才使大多数人忍受不了逆境。至于我,我能引以自咎的只有一些小过失。我把它们归因于我的软弱,并聊以自慰,因为我从来不曾起念去做任何蓄谋的坏事。

然而,如果不是麻木至极,怎么会在作了一番反省后竟看不出我的处境正像那些人所希望的那样变得十分可怕呢?怎么会不因此悲痛欲绝呢?我这个最敏感的人却根本不是这样。我注意到了我的处境,但并没有为此不安。我没有抗拒,也没有挣扎,几乎是无动于衷地望着自己陷入一种谁见了都会害怕的境况。

我是怎么落到这一步的呢?因为当初我对长久以来纠缠我而我却从未有所察觉的阴谋刚刚起了疑心时,我的心里也不是那么平静的。那时,这个新发现使我大为惊慌。无耻的行径和背信弃义是我始料未及的。哪有一个正直的人会对这种痛苦事先有思想准备呢?只有应该受这种痛苦的人才能预见得到。我掉进了别人在我脚下掘好的陷阱。我控制不了我的愤懑、忿怒和疯狂,我没了主意,昏了头脑。我在这骇人的黑暗中越陷越深,看不见一丝引路的光亮,看不出有任何依托能够叫我坚强起来以抗拒那种无时不有的绝望心情。

在这可怕的状况中,怎么能生活得幸福宁静呢?然而我还是在这种状态中(甚至比任何时候都陷得更深了)重新恢复了平静和安宁,并且泰然自若地过着幸福的生活。我一直嘲笑那些迫害我的人不断施加于我的难以置信的折磨,同时又心平气和地忙于我的花卉、花蕊和各种小孩子干的活儿,我甚至想都没去想那些人。

这个过程是怎样形成的呢?那是自然地、不知不觉地、轻而易举地就形成了的。最初的惊讶是令人可怕的。我自认为应该受人爱戴和尊敬,我也自信受到了应该受到的敬爱。可是忽然间我发现自己被歪曲成一个可怖得纯属子虚乌有的怪物。我看见整整一代人也随声附和而不替我作任何解释,不置任何怀疑,毫无羞愧之色。我拼命想弄清这种奇怪的变故原因何在。我挣扎,结果反而被束缚得更紧了。我想迫使那些迫害我的人同我辩论辩论,他们却压根儿不加理会。经过长期而徒劳的痛苦煎熬之后,我也太应该将息将息了,然而我却始终抱有希望,自忖道:"绝不会是所有的人都这样愚蠢地盲从,都去接受这般荒谬的偏见,总会有一些通达的人，总会有一些正义之士痛恨奸诈和背信弃义。让我去觅访吧，说不定终于会找到一位知音。只要我找到了这样一个人，那些人就一定会寝食不安、无地自容的。"

可是我的觅访全归于徒劳，这个人始终未能找着。原来这个同盟竟是万众一心，无一例外，简直是无可挽回的。我怕是会要在这可怕的孤立中了此一生了，而始终不知道这究竟是为什么。

在这可悲的状况中，经过漫长的焦虑之后，我非但没有陷入那似乎是我命中注定了的绝望之中，反而恢复了安谧、平静，甚至于幸福，因为我生命的每一天都使我愉快地回忆着过去的某一天。第二天也一样，我别无他求。

这两种截然相反的境况是怎样转化的呢？其诀窍在于：我学会了毫无怨言地面对现实，力图一如既往地热爱那万千的事物，而当它们相继把我抛弃，直到我成了孤零零的一个人，举目无亲时，我最后又恢复了自身的平衡。因为，既然我不再依恋任何别的东西，我就依靠我自己。

当我满怀激情地与舆论抗争时，我还受制于舆论，但我并未察觉。人们总是希望受自己尊敬的人的尊敬，因而，我曾经能够对一些人或至少几个人做出过好评，那么，他们对我的评价如何，我就绝不会漠不关心。我看得出来。公众的评价常常是公正无私的，但我并未发现，这种公正本身只是偶然的结果；他们的观点所基于的原则仅仅出于他们由之而产生的激情和偏见；即令他们做出好评，这些好评也往往源出于坏的准则，就像当他们并非公正而貌似公正，来佯装赞誉某人在某一方面的功绩，好在别的方面更加随心所欲地去诽谤这个人一样。

我做了长久的但却是徒劳无益的探索之后，发现他们无一例外地全都守着一个最不公正、最怪诞荒谬的学说体系，只有恶魔一般的人才想得出来。我发现,在对待我的问题上,所有的人都丧失了理性,我发现这一代人全都发了疯,统统盲目地加入他们的那些引导者的那一股无名火中,去攻击一个从来不曾、也未曾设想去伤害任何人的不幸者。当我白花了十年时间去寻觅一个知音,而终于不得不熄灭我手中提着的灯笼,高声叫道"这样的人已经绝迹了"时,我这才发现在这个世界上我是茕茕孑立、形影相吊的一个孤家寡人了。我懂得了,我同时代的人之于我,只是一些单凭冲动行事的机械人。他们的行动唯有用运动的法则去衡量。无论我怎样设想他们内心的意图和激情,也无法解释他们对我的所作所为,因为他们的心理状况对我是毫无意义的。我认为,他们只不过是一些脱毛期迟早不一、在我看来根本没有道德观念的动物。

在降临到我们头上的一切灾祸中,我们更注重看动机,而不光是看效果。一块瓦片从房顶上落下,是有可能伤着我们的,但不及坏人蓄意投掷过来的石头那样伤及人的心。这种打击有时会落空,但蓄谋的意图却百发百中。在命运造成的伤害中,肉体的痛苦最容易忍受。当不幸的人不知道该向谁抱怨他们所受的痛苦时,他们便去找命运,把命运拟人化,把它当作不缺眼睛、不少思想的活物来折磨解恨。一个输了钱的赌徒也正是这样,他恼羞成怒,可又不知道找谁去发泄,便想象出一种奔他而来的、蓄意要虐待他的命运。由于他给自己的忿怒找到了一种理由,他便发作起来,扑向这个自己创造出来的仇敌,而理智的人则不然,他知道自己的不幸是六亲不认的客观必然所致,所以他不会丧失理智。在痛苦中,他也叫喊,但他没有任何冲动,没有丝毫愤怒,因为他在自己的不幸之中充其量不过感到一点皮肉之苦,这种打击尽管会伤及他的筋骨,但却不能伤及他的心灵。

做到这一步已经很不错,但停留在此却是不够的。因为祸害确实被除掉了,但祸根仍然残存着。这个祸根并不在局外的哪一个人身上,而是在我们自身。因此,这就需要我们努力把它连根拔除。当我开始自我反省时,我就完全意识到了这一点。我力图解释我所遇到的事情,但我的理智告诉我,我所力图解释的尽皆荒谬至极。我明白了,既然这一切的原因、方式、方法都是不为人所知而又无法解释的,那么它们对于我也就根本不存在。我应该把我命运中的每一个具体内容看成无非是厄运的结果,我不必去猜想什么方向、意图和动机之类的东西了,我只须服从就行了,既不作辩解,也不作反抗,因为那俱皆徒劳。我在世上还应该做的事,只是把自己看成是一个十足的被动物,根本不必徒劳无益地反抗这个命运,而应该用我剩下的气力去忍受命运。我就是这样告诫自己的。我的理智和心灵也都赞同。但是,我觉着这颗心灵仍在抱怨。这又是为什么呢?我寻思着并且找出了原因:它产生于自尊心——它对那些人感到愤慨之后,便继而起来反对理性了。

这并不像人们可能会认为的那样容易被发现。因为一个无辜的受迫害者,长久以来把自己的清高当成一种对正义的纯洁的爱忱。但是,同样,这个真正的源泉一旦公之于众,便很容易涸竭,或者起码会改变流向。自重不是那些高洁的灵魂的最大动力。充满各种幻想的自尊心常常以假象出现,看起来好像是自重,可是,当假象一剥去,自尊心就暴露出来了[①],其迷惑作用也就没那么大

[①] 照卢梭看来,"不应把自尊心(l'ameur propre)和自爱心(l'estime de soimeme)混为一谈。这两种感情,无论就其性质或效果来说,都是迥然不同的,自爱心是一种自然感情,它使所有的动物都注意自我保存,在人类中,由于自爱心又加上理性的指导,为怜悯之心所节制,从而产生了人道与美德。自尊心则只是一种虚假的、人为的,而且是只有在社会活动中才会形成的感情,它使每一个人都重视自己的为人,它促使人类在复杂的关系中作出种种的恶,它是虚荣心的真正根源。"(引自《论人类不平等的起源和基础》中作者原注)

了,尽管很难把它摒除,但至少容易将它揭露些了。

我从来都不过分迁就自尊心,可是自从我进入上流社会,尤其是当了作家以后,这种矫揉造作的情绪便在我身上膨胀起来了。我的自尊心也许比别人要少,但也是够惊人的。我接受的惨痛教训很快就使我把这种自尊心囿于最小的范围内。它开始是对不公正作出反抗,最后则是对不公正不屑一顾。当这种自尊心叫我的灵魂自行反省,并切断那使它膨胀起来的一切联系,放弃比较,摆脱偏爱时,它又重新净化为自爱自重之心,从而恢复了它的本来面目,把我从舆论的枷锁中解放了出来。

从此,我又恢复了心灵的平静,几乎达到极乐的境地。在任何境遇中,人们都只有通过心灵才能经常地感觉到痛苦。而在心灵缄然下来,理智发言的时候,理智会减轻我们的一切痛苦的,至于我们自己则是无法避免这些痛苦的。只有理智可以为我们减轻痛苦甚至使之完全消失,就好像痛苦并没有直接在我们身上发生作用一样。因为人们相信,最令人难堪的不幸,只要不去想它,就可以免受其害。对于想都不去想它们的人来说,它们是不存在的。一个人在承受的痛苦中光看到恶本身而没看出行恶者的动机,那么,他的自爱心便会叫他认为他的地位并不取决于别人如何评定,别人对他的冒犯、报复、亏待、轻侮和不公正,统统可以视同不存在。所以不论人们愿意以何种方式看待我,都不能改变我的存在。纵然他们有权有势,纵然他们玩尽诡计阴谋,但是不管他们甘心与否,我将依然故我。

……

真正需要的东西并不多,是预感和想象把这个需要量扩大了。不正是由于不断地有这些感觉,人们才忧心忡忡,觉其不幸么?至于我,虽然就是知道我明天即将受皮肉之苦也无妨的,只要我今天没受苦,我今天就可以保持心绪宁静,根本不去为所预见到的痛苦感到不安,而最多只是为现在感觉到的痛苦而烦恼。这样,痛苦就休想张牙舞爪吓唬人了。

我孤零零一个人,卧病床榻,很可能因贫困、饥饿和寒冷在病榻上一命呜呼,而且没有一个人会对此感到哀伤,但是,倘若我自己对此也不感到哀伤,倘若我也和别人一样对自己的命运(不管是哪一种命运)无动于衷,一生了却了又有什么要紧呢?当你学会了同样无动于衷地去看待生与死、疾病与健康、富贵与贫穷、荣誉与诽谤,这一切的确也就没有什么了。特别是到了我这种年纪。老年人事无巨细总不免牵肠挂肚,我却一无所虑。无论将来发生什么事,我都不在乎。这种淡泊并非出自我的明智,而是我的敌人使然,因此,让我利用这些好处来补偿他们给我造成的痛苦吧。他们使我对逆境变得无动于衷,这么一来,倒是他们给我带来了更多的好处,比他们不给我造成困境还要好。在我尚未察觉到厄运的时候,我还总是为它提心吊胆,可是,当我能够制服住它时,我就不再惧怕它了。

在我一生所遭受的种种挫折中,这种心境简直就跟我在那些幸运时刻一样,使我完全沉湎在自然状态的天性中。当然,那些由于触景生情而勾引起的最难以忍受的忧虑的短促时刻除外。在其余的时间里,我的心受天性的支配,总是沉浸在吸引着我的情爱之中,始终受着感情的滋养,因为它就是为此而生的,我跟我想象中的生灵一起分享这种感情,就像他们真的存在似的。他们能产生这种情感并分享这种情感。他们只为我而存在,因为他们是我按自己的意愿而创造的,既不担心他们会背叛我,也不担心他们会抛弃我。他们和我的痛苦同在,并帮助我把痛苦忘掉。

这一切把我带回到幸福而甜蜜的生活中。我就是为这种生活而生的。在我生命的四分之三的时间里，我或是全身心地投入那些充满乐趣、有教益、令人愉快的事情里去，或是跟我按自己的意愿创造的幻象中的生灵一起度过（我在和这后者的交往中进一步培养了自己的感情），或是我一个人独处，这时我对自己更加感到心满意足，并且充满了我自认为应该得到的幸福。这一特定时刻，是我的自爱心主宰着一切的时刻，一点也不和自尊心沾边。

我在那伙人当中度过的可悲的时期则不是这样。他们以阴险的关怀、矫饰的恭维、口蜜腹剑的用心，把我当成了愚弄的对象。这时我无论采取什么方式，自尊心都在作怪。他们心中蕴藏的仇恨和恶意，被我透过表象看出来了。这使我的心肠寸断。想到自己曾愚不可及地被人家欺骗，真是既痛心又恼恨。这就是那种愚蠢的自尊心使然。我觉得这真是愚蠢之至，但又无法遏制。

我也曾做过令人难以置信的努力以便经受住那些凌辱和嘲弄的目光。我曾多少次从公共散步场所和熙来攘往的闹市区招摇过市，唯一的用意不言而喻就是为了故意使自己在别人眼里看来似乎人家的恶毒诽谤没奈何我，我还是我。可是，我不仅没能做到这一点，更可以说是事与愿违。我所有的艰苦努力都没有奏效，我还是像从前一样易于波动、易于悲伤和易于发怒。

由于我受感官的支配，无论我做什么，都从不抗拒感官的印象。只要事物触及我的感官，我的心灵就会不断地激动。不过这种激动所持续的时间仅仅和引起这种激动的感觉一样，都像过眼烟云般的短暂。我每每看到令人憎恨的人，就会强烈地感到痛苦，但他刚在视线中消失，这种感觉也就马上没有了。我看不见他，也就立刻不再去想他了。我知道他会想到我，但这没用，反正我不会去想他。眼前没有感觉到的痛苦是无论如何也不会使我痛苦的。我看不见的那些迫害我的人对于我也就根本不存在。我意识到这种感受给左右我的命运的人所带来的好处,因此,就让他们随心所欲地去左右我的命运吧。我宁愿让他们竭尽所能地折磨我,也不愿意为了事先防备他们的中伤而迫使自己无端地去想他们。

　　我的感官对我的心灵的这种影响,造成了我一生的唯一痛苦。我在看不见人踪的那些日子里,我不再思虑我的命运,因此也就感觉不到命运如何的问题,感觉不到痛苦。我幸福、满足、不受制于人,无羁无碍。然而我很少能够摆脱显而易见的坑害。只要我稍微去想一想,我察觉的每一道凶恶目光、听见的每一句污言浊语,我遇见的每一个恶人都会震撼我的身心。在这种情况下,我所能够做到的,就是尽快地忘却和溜之大吉。我内心的骚动与引起这种骚动的原因是会同时消逝的。当我独处时,我马上就恢复平静。如果还有什么使我忐忑不安的话,那就是唯恐在回去的路上碰上某种事物,又重新撩起我的痛苦。这就是我的唯一痛楚,它也足以损害我的幸福。我住在巴黎市中心,走出家门,我就向往乡间和孤寂,但是必须到很远的地方去寻,所以在我尚未能够走入乡间自由地呼吸之前,我在途中就被许多令我痛心疾首的事苦恼着了。因而,在来到我要寻找的隐蔽处之前,大半天已在忧烦中过去了。我能走完这一段路,至少就算幸运的了。逃脱恶人们的追踪的那一时刻是颇有趣的。当我置身于绿原中的大树底下,我立刻意识到来到了人间天堂。我尝到一种发自内心的喜悦,就好像我是人类最幸福的人。

　　我还十分清楚地记得,在我那些幸运的时刻里,在今天看来那么滋味无穷的散步,当时却那样的兴味索然,不胜烦恼。我住在乡下某人的房子里时,由于需要活动一下筋骨和呼吸一点新鲜空气,我常常独自一人出门。我像小偷似地溜出来,跑到公园和乡野去散步。可我根本没有觉着我今天所领略到的那种幸福的恬静,而是常常把在沙龙里占据了我的头脑的虚无缥缈的思绪所引起的激动带到散步中。我把对那些出入于沙龙的高朋阔友的记忆,带到这寂静的地方来,自尊心散发出来的迷雾和社交场合充斥着的烦嚣,败坏了我眼前这灌木林的清新,干扰了我这遁世处的静谧。尽管我逃到这密林深处来了,那帮不速之客似乎还尾随在身后。在我看来,整个大自然都叫他们给披上了一层迷纱。只是在我摆脱了社交界的激情和令人难受的跟踪之后,我才重新感觉到大自然的全部妩媚。

由于我相信我这些不由自主的最初的冲动是无法遏制的,因而我就不再为此做任何努力了。每当我受到打击,我都听任我的血往上涌,任自己愤怒得失去控制,因为即使我咬断牙根,也无法叫自己忍住不发作。我只得在这种发作尚未造成任何后果以前,尽量制止它发展下去,眼冒金星、脸生怒气、四肢颤抖、心跳急促,这都只是身体上的事情。理性是无助于事的。但是,当我任自己发作一通之后,便又可以重新主宰自己,渐渐恢复自控。我过去曾为此做过许多努力,但均未能成功。但幸好我最后没有坚持那么做。当我不再费劲去作这种无谓的反抗时,我便等到自我克制得住的时候,一并让我的理智发言。而理智又只有在我愿意接受它的时候才能对我施加影响。我能说什么呢,我的理智?如果把这种自控归功于我的理智,那就大错特错了,因为理智没有半点功劳。一切都由一阵劲风所激起的摇摆不定的天性使然。劲风一止,这种天性又复归静止。是我那天性的热烈的一面使我激动起来;是我那天性的懒散的一面将我平息下来。我任自己冲动——每一个打击都给我带来一次激烈而短促的感情冲动。打击一消失,冲动也就止息,因而留下的任何感受也不能在我身上持久。命运的任何因素,人类的一切诡计,对于具有这种禀性的人,都起不了什么作用。要我长期感到痛苦，就必须使我对痛苦的感觉每时每刻不断出现。因为间歇时间无论多么短暂，都会使我恢复自己的天性。只要那些人能够影响我的感官，我大致会让他们得逞于一时的，但是，停歇一出现，我又回到原来的老样子了。不管别人做什么，我总是这个样子。尽管命运对我是那么不公，这种状况却使我也感到一种幸福，我就是为这种幸福而生的。我在本书的一章中对这种境况已作了描述。这种境况太适合于我了，以致我除了希望它就这样延续下去之外，再别无他求。我担心的只是它受到打扰。人们已经给我造成的痛苦，怎么也不能伤害我了，倒是想到他们今后还会挖空心思制造痛苦，才使我陷于惴惴不安。但由于我肯定他们再也没有什么更害人的高招，也就再也不能使我受到因持久的感觉而产生的激动了。于是我便觉得他们的一切阴谋可笑。我敢说，无论他们怎样用尽心机，反正我从自身所得到的享受是他们不能夺走的了。

……

我在漫长岁月中历尽沧桑，我发现，具有最甜蜜的享受和最强烈的快感的时期，并非那些常引起回忆或最使我感动的时期。那些一时狂热和心血来潮的时刻，无论多么热烈，却恰恰因为本身的热烈程度而仅仅成了生命线上一些稀稀落落的点。这些点为数太少、稍纵即逝，不能形成一种状态。可我心所怀念的幸福，断乎不是由一些瞬息即逝的时刻，而是由一些平凡而持久的状态构成的。这些状态本身并不强烈，但它们的魅力却随着岁月的流逝而骤增，最终能够从中找到无与伦比的快乐。

世间万事万物都在连续的波动中，没有一样东西能够保持它的一种固定而永久的形式。因此，与外界事物相因而生的情感，必然与它们的变迁而一起变异。我们的情感常常在我们之前或在我们之后,去追忆那不可再得的过去,或去预想那也许永远不会有的未来,总之,没有一件坚实的东西可以作为心灵的依托。由此可见,世间有的只是逝去的欢乐。而所谓持续的快乐,我很怀疑它是否存在过。我们难得有享受十分强烈的那么一刹那,而足以使我们的心真正能够说出:"我愿这一刹那长此下去。"既然如此,我们怎能把这样一种瞬息状态——它只给心中留下不安和空虚,只留下对过往某些事物的悔恨和对今后某些事物的希求——称为快乐呢?

但是假设有这么一种状态,在那里,心灵能够找到一个坚实的位置,整个儿地静息在那里,并在那里聚集它整个的存在,既不必追怀过去,亦不必思考未来;在那里,时间对于它是虚无的,"现实"一直延伸着,但又不显出它的连续性,不显出它那相继接续的印迹;在那里,除了唯一感觉到我们的存在以外,再无贫乏或享受,快乐或痛苦的感觉,更无希冀或恐惧的感觉。我们自身的存在这唯一的感觉就能够把我们的心灵完全充实。只要这种状态持续一天,凡是处于这种状态中的人就都可以称自己是幸福的人。这种幸福并非来自那种不完全的、贫乏的、相对的幸福,就像我们在人生乐趣中所感到的那样;而是源于一种丰盈的、完备的、充实的幸福,它不给心灵留下半点空虚之感,使它需要填补。……

在这种境界中享受到的是什么呢?这绝不是自己身外的东西,除了我自己和自己的存在以外,再没有别的东西了。只要这种状态持之以恒,人就和上帝一样心得意满。排除异念而感到自身的存在,这本身就是一种满足和宁静的珍贵情感。它足以使每个善于排除世俗的和肉欲的杂念的人感到自身存在的珍贵和甜美。因为世俗的和肉欲的杂念总是不断地分散和扰乱我们对生活在人间的甜美感觉。但是,人类的绝大部分,由于不断受到各种情欲的纠缠，他们很少能够感觉到这一境界，或者只有片刻的尝试，因而对此只有一种含糊不清和混乱的观念，不足以感到那其中的韵味。按照现在的事物结构，他们若是渴望这些甜蜜的沉醉而讨厌积极的生活，那甚至是没有益处的，因为对生活不断产生的需要给他们规定了义务。然而，一个不幸者，断绝了和人类的交往，再不能做点于他人、于自己有用或有益的事情了，在这种状态中，他却能找到人生的至乐极福，作为补偿。这才是命运和人们无法从他那儿夺去的。

……

……反躬自省的习惯，最终使我失去对所受痛苦的感觉乃至记忆。就是这样，通过自身的经验我懂得：真正的幸福之源就在我们自身；对于一个善于理解幸福的人，旁人无论如何也不能使他真正潦倒。

（何祚康　曹丽隆　译）

爱护纯真

我们可以说是诞生过两次：一次是为了存在，另一次是为了生活。第二次诞生，到了这个时候人才真正地开始生活……一般人所施行的教育，到了这个时期就结束了；而我们所施行的教育，到这个时期才开始。

让我们首先就这里所阐述的紧要阶段谈几个重要问题。从童年到青春期，并不是像大自然那样安排度过的，它对每个人要随人的气质而变化，对民族要随风土而变化。每一个人都知道，在这一点上炎热的地区和寒冷的地区的差别是很显著的，性情急躁的人要比别人成熟得早一些；但是，人们可能会搞错这当中的原因，可能把精神的原因往往说成是物质的原因，这是当代的哲学家们常犯的错误之一。自然的教育进行得晚，进行得慢，而人的教育则进行得过早。前一种教育，是让感官去唤起想象；后一种教育，则是用想象去唤起感官；它使感官还没有成熟就开始活动，这种活动起先将损伤个人的元气，使他的身体衰弱，往后甚至还会削弱种族的。有一种看法认为这是由于风土的影响，而另外一种更普遍和更肯定的看法则认为受过教养的文明人的发情期和性能力，总是比粗野无知的人的发情期和性能力成熟得早些。孩子们有一种特异的聪敏，可以透过端庄的外表发现其中掩盖的一切不良风俗。

人们教他们所说的那种一本正经的话,向他们灌输的为人要老实的教训,以及用来蒙蔽他们眼睛的种种神秘的面纱,反而成了刺激他们好奇心的因素。显然,按照你们所采取的方法,你们装模作样地不让他知道某种事情,反而教他们知道那种事情,在你们给他们的各种教育中,只有这种教育他们才最能融会贯通。

你从经验中就可以知道,这种愚蠢的方法在多大的程度上加速了自然的作用和毁坏了人的气质。这一点,是城市人口衰退的主要原因之一。年轻人很早就耗尽了他们的精力,因而成长得很矮小、柔弱,发育不健全;他们不是在成长而是在衰老,正如你们使葡萄在春天结实,使它在秋天前就枯萎而死是一样的。

必须在粗豪质朴的人们当中生活过,才能知道快乐无知的生活可以使孩子们一直到多大的年龄都还是那样的天真。看见男孩子和女孩子是那样心地坦然地在年轻貌美的时候做那些天真的儿童游戏,看见他们在亲热中流露出纯洁的愉快的心情,真是令人又高兴又好笑。最后,当这些可爱的年轻人结了婚,两夫妇互相把他们个人的精华给予对方的时候,他们双方将因此更加亲爱了;长得结结实实的一群孩子,就是任何力量都不能加以破坏的这种结合的保证,就是他们青年时期美好德行的成果。

既然人获得性知识的年龄,是随人所受的教育以及随自然的作用而有所不同,则由此可见,我们是能够以我们培养孩子的方法去加速或延迟这个年龄的到来的;既然身体长得结实或不结实,是随我们的延迟或加速这个发展的进度而定,则由此可见,我们愈延缓这个进度,则一个年轻人就愈能获得更多的精力。我现在所谈的还纯粹是对体格的影响,你们不久就可看到,这些影响的后果还不只是限于身体哩。

人们时常争论这个问题:是趁早给孩子们讲明他们感到稀奇

的事情呢，还是另外拿一些小小的事情把他们敷衍过去？现在，我从上述的论点中找到了解决这个问题的办法。我认为，人们所说的两个办法都不能用。首先，我们不给他们以机会，他们就不会产生好奇心。因此，要尽可能使他们不产生好奇心。其次，当你遇到一些并不是非解答不可的问题时，你不可随便欺骗提问题的人，你宁可不许他问，也不可向他说一番谎话。你按照这个法则做，他是不会感到奇怪的，如果你已经在一些不重要的事情上使他服从了这个法则的话。最后，如果你决定回答他的问题，那就不管他问什么问题，你都要尽量地答得简单，话中不可带有不可思议和模糊的意味，而且不可发笑。满足孩子的好奇心，比引起他的好奇心所造成的危害要少得多。

你所作的回答一定要很慎重、简短和肯定，不能有丝毫犹豫不决的口气。同时，你所回答的话，一定要很真实，这一点，我用不着说了。成年人如果意识不到对孩子撒谎的危害，就不能教育孩子知道对大人撒谎的危害。做老师的只要有一次向学生撒谎撒漏了底，就可能使他的全部教育成果从此为之毁灭。

某些事情绝对不让孩子们知道，对他们来说也许是最好不过的；但不可能永远隐瞒他们的事情，就应当趁早地告诉他们。要么就不让他们产生一点好奇心，否则就必须满足他们的好奇心，以免他们达到一定的年龄后，受到自己的好奇心的伤害。在这一点上，你在很大的程度上要看你的学生的特殊情况以及他周围的人和你预计到他将要遇到的环境等等而决定你对他的方法。重要的是，这时候在任何事情上都不能凭偶然的情形办事；如果你没有把握使他在16岁以前不知道两性的区别，那就干脆让他在10岁以前知道这种区别好了。

我不喜欢人们装模作样地对孩子们说一套一本正经的话，也不喜欢大家为了不说出真情实况就转弯抹角地讲,因为这样反而会使他们发现你是在那里兜着圈子说瞎话。在这些问题上,态度总要十分朴实;不过,他那沾染了恶习的想象力,使耳朵也尖起来了,硬是要那样不断地推敲你所说的话的词句。所以,话说得粗一点,没有什么关系;而应该避免的,是色情的观念。

尽管行为端正是人类的天性,但孩子们自然是不知道这一点的,只有在知道有罪恶的时候才知道要行为端正;所以,当孩子们还没有而且也不应当有关于罪恶的知识的时候,他们怎样会有从这种知识中产生的认识,想到要行为端正呢?如果教训他说要行为端正和诚实,这无异是在告诉他们有些事情是可羞的和不诚实的,无异是在暗中驱使他们想知道这些事情。他们迟早是会知道这些事情的,只要有一个小小的火花把他们的想象力点燃以后,就一定会加速使他们的感官火热地动起来的。凡是脸儿会发红的人,就有犯罪的能力了;真正天真的人对任何事情都是不害羞的。

孩子们还没有具备成年人所有的那些欲望,但同成年人一样,他们也是容易沾染那些伤害感官的猥亵行为的,因此他们也可以接受针对这种行为所施行的良好教育。我们要遵照自然的精神,它把秘密的快乐的器官和令人厌恶的排泄的器官放在同样的地方,从而有时以这种观念,有时又以另一种观念教导我们在任何年龄都同样要那样的谨慎;它教成年人要节制,它教小孩子要爱干净。

我认为,要使孩子们保持他们的天真,只有一个良好的办法,那就是:所有他周围的人都要尊重和爱护他们的天真。不这样做,则我们对他们所采取的一切控制办法迟早是要同我们预期的目的产生相反的效果的,微微地笑一下,或者眨一下眼睛或不经意地做一下手势,都会使他们明白我们在竭力隐瞒他们什么事情;他们只要看见我们向他们掩饰那件事情,他们就想知道那件事情。文雅的人同孩子们谈起话来咬文嚼字,反而使孩子们以为其中有些事情是不应该让他们知道的,因此对孩子们讲话绝不要那样的修饰辞藻;但是,当我们真正尊重他们的天真的时候,我们同他们谈话就容易找到一些适合于他们的语句了。有一些直率的话是适合于向天真的孩子们说的,而且在他们听起来也是感到很喜欢的:正是这种真实的语言可以用来转移一个孩子的危险的好奇心。同他说话的时候诚恳坦率,就不会使他疑心还有一些事情没有告诉他。把粗话同它们所表达的令人厌恶的观念联系起来,就可以窒息想象力的第一个火花。我们不要去禁止他说那些话和获得那些观念,但是我们要使他在不知不觉中一想起那些话和那些观念就感到厌恶。如果人们从心眼里始终只说他们应当说的话,而且他们怎样想就怎样说,则这种天真烂漫的说话方式将给他们省去多少麻烦啊!

"小孩子是怎样来的?"孩子们是自然而然地会提出这个令人为难的问题的;对这个问题回答得慎重或不慎重,往往可以决定他们一生的品行和健康。做母亲的如果想摆脱这个难答的问题,同时又不向他的儿子说假话,最直截了当的办法是不准他问这个问题。如果我们老早就使他在一些无关紧要的问题上听惯了我们这样的回答,如果他不疑心这种新的说话语气含有什么神秘的东西,那么,这个方法也许是可以收效的。但是,做母亲的是很少采用这样的回答方式的。"这是结了婚的人的秘密,"她也许会这样告诉他,"小孩子不应该这样好奇。"这样一来,倒是容易使母亲摆脱这个难题,但她要知道,她的孩子在她那种嘲弄的样子的刺激之下,反而会一刻也不停地想知道结了婚的人的秘密,而且,他用不着多久就可以知道这个秘密是怎样一回事情。

让我告诉你们,对这个问题,我曾经听到过一个迥然不同的回答,这个回答之所以特别使我的印象深刻,是因为它出自一个在言语和行为上都是十分谨慎的妇女之口,不过,这个妇女知道在必要的时候,为了孩子的利益和品行,应当毅然决然地不怕别人的责难,不说那些引人好笑的废话。不久以前,她的小男孩从小便里撒出一个小小的硬东西,把他的尿道也弄破了,这件过去的事情早就搞忘了。"妈妈,"这个小傻瓜问道,"小孩子是怎样来的?""我的儿子,"他妈妈毫不犹豫地回答道,"是女人从肚子里把他屙出来的,屙的时候肚子痛得几乎把命都丢掉了。"让疯子们去嘲笑吧!让傻子们去害羞吧!但是也让聪明的人去想一想他们是否可以找得到另外一个更合情理和更能达到目的的回答。

首先,这个孩子对一种自然的需要所具有的观念,将使他想不到另外一种神秘的作用。痛苦和死亡这两个连带的观念用一层暗淡的面纱把他对神秘的作用的观念掩盖起来,从而便窒息了他的想象力,克制了他的好奇。这样一来,使孩子在心中想到的是生孩子的结果而不是生孩子的原因。这位母亲回答的话如果令人想到了可厌恶的事情,使孩子再问下去的话,就必然会引申到去解释人类天性的缺陷、令人作呕的事物和痛苦的样子。在这样的谈话中,哪里会使他急于想知道生孩子的原因呢?所以你看,这样做,既没有歪曲真实的事实,也用不着去责备孩子,相反地,倒是给了他一番教育。

你的孩子要读书,他们在读书中可以取得他们如果不读书就不可能取得的知识。如果他去钻研的话,他们的想象力便将在寂静的书斋中燃烧起来,而且愈燃愈猛烈。当他们到社会中去生活的时候,他们就会听到一些鄙俗的话,就会看到一些使他们印象深刻的行为;你再三告诉他们说他们已长成为大人了,因而在他们看着大人所做的事情中,他们不免要追问这些事情怎样才可以由他们去做。既然别人所说的话,一定要他们听,则别人所做的行为,他们就可以照着去做了。家中的仆役是隶属于他们的,因此为了取悦他们,就不惜糟蹋善良的道德去迎合他们的心;有一些爱嘻哈打笑的保姆,在孩子还只有四岁的时候就向他们说一些连最无耻的女人在他们15岁的时候都不敢向他们说的话。他们不久就把她们所说的话忘记了。然而他们是不会忘记他们所听到的事情的。轻佻的言语为放荡的行为埋下了伏机,下流的仆役使孩子也成了放荡的孩子,这个人的秘密,正好供另一个人用来保守他自己的秘密。

　　按年龄进行培养的孩子是孤独的。他一切都照他的习惯去做,他爱他的姐妹就好像爱他的时表一样,他爱他的朋友就好像爱他的狗一样。他自己不知道他是哪一个性别的人,也不知道他是哪一个种族的人,男人和妇女在他看来都同样是很奇怪的;他一点不知道他们所做的事情和所说的话同他有什么关系,他不看他们所做的事,也不听他们所说的话,或者说,他压根儿都没有去注意过他们,他们所说的话也像他们所做的事一样,引不起他的兴趣;所有这些都是同他不相干的。这并不是由于我们采用了这个方法因而使他有这样一个人为的过错,这是自然的无知。现在,大自然对他的学生进行启蒙的时刻已经到来了,只有在这个时候它才使它的学生可以毫无危险地从它给他的教育中受到益处。

……

(何祚康　曹丽隆　译)

痛苦与幸福

我们不可能知道绝对的幸福或绝对的痛苦是什么样子的,它在人生中全都混杂在一起了;我们在其中领略不到纯粹的感觉,不能在同一种情况下感受两种不同的时刻。正如我们的身体在变化一样,我们的心灵的情感也在不断地变化。人人都有幸福和痛苦,只不过是程度不同而已。谁遭受的痛苦最少,谁就是最幸福的人;谁感受的快乐最少,谁就是最可怜的人。痛苦总是多于快乐,这是我们大家共有的差别。在这个世界上,对于人的幸福只能消极地看待,其衡量的标准是:痛苦少的人就应当算是幸福的人了。

一切痛苦的感觉都是同摆脱痛苦的愿望分不开的,一切快乐的观念都是同享受快乐的愿望分不开的;因此,一切愿望都意味着缺乏快乐,而一感到缺乏快乐,就会感到痛苦,所以,我们的痛苦正是产生于我们的愿望和能力的不相称。一个有感觉的人在他的能力扩大了他的愿望的时候,就将成为一个绝对痛苦的人了。

那么人的聪明智慧或真正的幸福道路在哪里呢? 正确说来,它不在于减少我们的欲望,因为,如果我们的欲望少于我们的能力,则我们的能力就有一部分闲着不能运用,我们就不能完全享受我们的存在;它也不在于扩大我们的能力,因为,如果我们的欲望也同样按照更大的比例增加的话,那我们只会更加痛苦;因此,问题在于减少那些超过我们能力的欲望,在于使能力和意志两者之间得到充分平衡。所以,只有在一切力量都得到运用的时候,心灵才能保持宁静,人的生活才能纳入条理。

大自然总是向最好的方面去做的,所以它才首先这样地安排人。最初,它只赋予他维持生存所必需的欲望和满足这种欲望的足够的能力。它把其余的能力通通都储藏在人的心灵深处,在需要的时候才加以发挥。只有在这种原始的状态中,能力和欲望才获得平衡,人才不感到痛苦。一旦潜在的能力开始起作用,在一切能力中最为活跃的想象力就觉醒过来,领先发展。正是这种想象力给我们展现了可能达到的或好或坏的境界,使我们有满足欲望的希望,从而使我们的欲望繁衍。不过,起初看来似乎是伸手可及的那个目标,却迅速地向前逃遁,使我们无法追赶;当我们以为追上的时候,它又变了一个样子,远远地出现在我们的前面。我们再也看不到我们已经走过的地方,我们也不再去想它了;尚待跋涉的原野又在不断地扩大。因此,我们弄得精疲力竭也达不到尽头;我们愈接近享受的时候,幸福愈远远地离开我们。

相反的,人愈是接近他的自然状态,他的能力和欲望的差别就愈小,因此,他达到幸福的路程就没有那样遥远。只有在他似乎是一无所有的时候,他的痛苦才最为轻微,因为,痛苦的成因不在于缺乏什么东西,而在于对哪些东西感到需要。

真实的世界是有界限的,想象的世界则没有止境;我们既然不能扩大一个世界,就必须限制另一个世界;因为,正是由于它们之间的唯一的差别,才产生了使我们感到极为烦恼的种种痛苦。除了体力、健康和良知以外,人生的幸福是随着各人的看法不同而不同的;除了身体的痛苦和良心的责备以外,我们的一切痛苦都是想象的。人们也许会说,这个原理是人所共知的;我同意这种说法;

不过,这个原理的实际运用就不一样了,而这里所谈的,完全是运用问题。

我们说人是柔弱的,这是什么意思呢?"柔弱"这个词指的是一种关系,指我们用它来表达的生存的关系。凡是体力超过其需要的,即使是一只昆虫,也是很强的;凡是需要超过其体力的,即使是一只象、一只狮子,或者是一个战胜者、一个英雄、一个神,也是很弱的。不了解自己的天性而任意蛮干的天使,比按照自己的天性和平安详地生活的快乐的凡人还弱。对自己现在的力量感到满足的人,就是强者;如果想超出人的力量行事,就会变得很柔弱。因此,不要以为扩大了你的官能,就可以增大你的体力;如果你的骄傲心大过了你的体力的话,反而会使你的体力因而减少。我们要量一量我们的活动范围,我们要像蜘蛛待在网子的中央似的待在那个范围的中央,这样,我们就始终能满足我们自己的需要,就不会抱怨我们的柔弱,因为我们根本没有柔弱的感觉。

一切动物都只有保存它自己所必需的能力,唯有人的能力才有多余的。可是,正因为他有多余的能力,才使他遭遇了种种不幸,这岂不是一件怪事?在各个地方,一个人的双手生产的物资都超过他自己的需要。如果他相当贤明,不计较是不是有多余,则他就会始终觉得他的需要是满足了的,因为他根本不想有太多的东西。法沃兰说:"巨大的需要产生于巨大的财富,而且,一个人如果想获得他所缺少的东西,最好的办法还是把他已有的东西都加以舍弃。"[①]正是由于我们力图增加我们的幸福,才使我们的幸福变成了痛苦。一个人只要能够生活就感到满足的话,他就会生活得很愉快,从而也生活得很善良,因为,做坏事对他有什么好处呢?

---

① 《沉静的黑夜》第9卷,第8章。

如果我们永远不死，我们反而会成为十分不幸的人。当然，死是很痛苦的，但是，当我们想到我们不能永远活下去，想到还有一种更美好的生活将结束今生的痛苦，我们就会感到轻松。如果有人允许我们在这个世界上长生不死，请问谁愿意接受这不祥的礼物？我们还有什么办法、什么希望和什么安慰可以用来对付那命运的严酷和人的不公不正的行为？愚人是没有远见的，他不知道生命的价值，所以也就不怕丢失他的生命；智者可以看到更贵重的财富，所以他宁愿要那种财富而不要生命。只有不求甚解和假聪明的人才使我们只看到死，而看不到死以后的情景，因而使我们把死看作是最大的痛苦。在明智的人看来，正是因为必然要死，所以才有理由忍受生活中的痛苦。如果我们不相信人生终究要一死的话，我们就会花很大的代价去保存它。

　　我们精神上的痛苦，全是由个人的偏见造成的，只有一个例外，那就是犯罪，而犯不犯罪全在于我们自己。我们身体上的痛苦如果不自行消灭，就会消灭我们。时间或死亡是医治我们痛苦的良药。我们愈不知道忍受，就愈感到痛苦；为了医治我们的疾病而遭到的折磨，远比我们在忍受疾病的过程中所遭受的折磨来得多。要按照自然而生活，要有耐心，要把医生都通通赶走。人是免不了一死的，但是你对死亡的感觉只不过一次而已，可是医生却使你在自己混乱不清的想象中每天都有死亡的感觉。他们骗人的医术不仅不能延长你的生命，反而剥夺了你对生命的享受。我始终置疑医术究竟给人类带来了什么真正的好处。诚然，有些濒临死亡的人被它治好了，但是，有成千上万可以保全生命的人却遭到了它的杀害。聪明的人啊，不要去碰这种彩券了，因为这样去碰，你十之八九是要输的。所以，不论患病也罢，死也罢，或是医治也罢，总之，特别要紧的是，你必须生活到你最后的一刻。

在人的习俗中，尽是些荒唐和矛盾的事情。我们的生命愈失去它的价值，我们对它愈觉忧虑。老年人比年轻人对它更感到依恋，他们舍不得抛弃为享受而做的种种准备；到了60岁还没有开始过快乐的生活就死了的话，那的确是很痛心的。人人都非常爱护自己的生命，这是事实，但是，大家不明白，像我们所意识的这种爱，大部分是人为的。从天性上说，人只是在有能力采取保存生命的办法的时候，他才对生命感到担忧；一旦没有办法，他也就心情宁静，也就不会在死的时候有许多无谓的烦恼。

……

远虑，使我们不停地做我们力不能及的事情，使我们常常向往我们永远达不到的地方，这样的远虑正是我们种种痛苦的真正根源。像人这样短暂的一生，竟时刻向往如此渺茫的未来，而轻视可靠的现在，简直是发了疯！这种发疯的作法之所以更有害，是因为它将随着人的年龄而日益增多，使老年人时刻都是那样地猜疑、忧愁和悭吝，宁愿今天节约一切而不愿百年之后缺少那些多余的东西。因此，我们现在就要掌握一切，把一切都抓在手里；对我们每一个人来说，重要的是一切现有的和将有的时间、地方、人和东西；我们的个体只不过是我们自己的最小的部分。我们可以说，我们每一个人都扩展到了整个的世界，在整个大地上都感觉到了自己。在别人可以伤害我们的地方，我们的痛苦就因而增加，这有什么奇怪呢？有多少君王由于失去了他们从未见过的土地而感到悲伤啊！有多少商人只因想插足印度而在巴黎叫喊啊！

……

人啊，把你的生活限制在你的能力之内，就不会再痛苦了。紧紧地占据着大自然在万物的秩序中给你安排的位置，没有任何力量能够使你脱离那个位置；不要反抗那严格的必然的法则，不要为了反抗这个法则而耗尽了你的体力。因为上天所赋予你的体力，不是用来扩充或延长你的存在，而只是用来按照它喜欢的样子和它所许可的范围而生活。你天生的体力有多大，才能享受多大的自由和权力，不要超过这个限度，其他一切全都是奴役、幻想和虚名。当权力要依靠舆论的时候，其本身就带有奴隶性，因为你要以你用偏见来统治的那些人的偏见为转移。为了按照你的心意去支配他们，你就必须按照他们的心意办事。他们只要改变一下想法，你就不能不改变你的做法。……

只有自己实现自己意志的人，才不需要借用他人之手来实现自己的意志。由此可见，在所有一切的财富中，最为可贵的不是权威而是自由。真正自由的人，只想他能够得到的东西，只做他喜欢做的事情。

……

我们之所以落得这样可怜和邪恶，正是由于滥用了我们的才能。我们的悲伤、忧虑和痛苦，都是由我们自己引起的。精神上的痛苦无可争辩地是我们自己造成的，而身体上的痛苦，要不是因为我们的邪恶使我们感到这种痛苦的话，是算不了一回事的。大自然之所以使我们感觉到我们的需要，难道不是为了保持我们的生存吗？身体上的痛苦岂不是机器出了毛病的信号，叫我们更加小心吗？死亡……坏人不是在毒害他们自己的生命和我们的生命吗？谁愿意始终是这样生活呢？死亡就是解除我们所作的罪恶的良药；大自然不希望我们始终是这样遭受痛苦的，在蒙昧和朴实无知的状态中生活的人，所遇到的痛苦是多么少啊！他们几乎没有患过什么病，没有起过什么欲念，他们既预料不到也意识不到他们的死亡；当他们意识到死的时候，他们的痛苦将使他们希望死去，这时候，在他们看来死亡就不是一件痛苦的事情了。如果我们满足于现在这个样子,我们对命运就没有什么可抱怨的。为了寻求一种空想的幸福,我们却遭遇了千百种真正的灾难。谁要是遇到一点点痛苦就不能忍受,他准定要遭到更大的痛苦。……

　　人啊,别再问是谁作的恶了,作恶的人就是你自己。除了你自己所作的和所受的罪恶以外,世间就没有其他的恶事了。而这两种罪恶都来源于你的自身。我认为万物是有一个毫不紊乱的秩序的,普遍的灾祸只有在秩序混乱的时候才能发生。个别的灾祸只存在于遭遇这种恶事的人的感觉里,但人之所以有这种感觉,不是由大自然赐予的,而是由人自己造成的。任何一个人,只要他不常常想到痛苦,不瞻前顾后,他就不会感觉到什么痛苦。

(何祚康　曹丽隆　译)

论真理

一

(致迪·帕克先生):

　　复信较迟,谅先生不会怪罪。我一直身患重病。直至目前仍不断遭受病痛的折磨,从而难以随心所欲地提笔复信。

　　我所热爱的真理不是玄学方面的,而是道德方面的;我热爱真理,因为我痛恨虚伪。万一我不够真诚,那只可能是在这一点上有所矛盾。如果我确认玄学的真理是可及的,我也会同样地热爱它;但我却从未在书中见到它,由于对此绝望,我就鄙视他们所教导的。而且我确信,一切于我们有益的真理应是唾手可得的,因而要获得真理也无必要拥有大量知识。

　　先生,你的著作可能会证明所有哲学家所许诺要证明的,但事实上从未能证明的道理,不过我绝不会根据我所不知的道理,来改变我自己的决定。然而你的自信给我以深刻印象,而且你还作出如此多的、如此肯定的许诺;在其他方面我发现你的写作方式如此稳健而又令人满意,所以如果你的哲学包含有某些重要东西,我不会感到吃惊。可是由于我的目光短浅,如果你会在那些我认为不可能发现真理的地方看到了真理,我也不会很吃惊的。不过我对这点的怀疑却令我焦躁不安,因为我所认识的,或者我认为应该是的真理是非常可爱的,而且会带来优雅的心情。因而我不能设想,我怎能对真理做了些变动而不使它失去一些重要的东西。假如我的观点得到了绝对的证实,我也就不会为你的观点所干扰;说实在话,我自己还是处于被说服的境地,而不是完全自信的境地;我不知道我知识的不足究竟是有利于还是不利于我求取知识;不知道在获得知识以后是否我该说:我一直在高空中探索光明,但在找到了以后却又感到失望。

先生,正是在这里你指责我自相矛盾,并找到了解决它的办法,或者说至少是找到了它的某种解释。然而,在你要我为了坦率表白自己的见解作辩护时,我却感到难以做到。相反为了感谢你,我倒要大胆地批评你的著作。无疑我可能是错误的,但是,在这方面有错误并非犯罪。

你要我就一件非常严肃的事件提出进一步的忠告,可能我给你的答复并非你所想要的。不过,令人高兴的是,这种忠告一般不是一个作者所要求的,除非他下定了决心。

我首先要讲的,你假定你的作品发现了真理,这种假定并非你所特有的,这却是所有哲学家共同的。基于这种深信,他们发表了他们的著作,但是真理仍然有待发现。

我还要讲一句,仅考虑一本书所包含的优点是不够的,同时还应对它可能引起的灾祸作出估计。应该记住在能读到这本书的人中,品德恶劣、思想刚愎自用的读者要比正直的读者为数要多。在出版前,就应该对可能产生的好处与坏处、有益与无益进行比较——出版的究竟是一本好书还是坏书取决于这两者中哪一个占主导地位。

先生,如果我了解你,知道你的生活、社会地位以及年龄,我还可能对你本人谈点看法。年轻人会冒险,但是一个已趋成熟的人危害他人的休息就毫无意义了。我常听人说起,已故福特纳尔先生曾说过,没有一本书给作者的愉悦超过给他的烦恼。直到 40 岁,我才变得聪明了些;40 岁时我拿起了笔,在 50 岁前把它写了下来,当我看到我的幸福健康以及休息均化成烟云并毫无希望重新获得它们时,我就诅咒那些日子,当时由于我的愚蠢的傲慢我写了些东西。请看看那一个你就出版书向他求教的人!先生,衷心地祝贺你。

二

(致伯尔尼樊尚·贝尔纳先生):

……

真理在世界上几乎从未起过任何作用,因为人多为感情用事,而不是凭理智办事。他们一方面赞同美德,另一方面却在干坏事。我们所生活的这个世纪是最开明的,甚至在道德方面也是如此:它是最好的一个世纪吗?一切学问对社会改进又有何用?书籍一点用也没有,学院与文化界也同样无用。人们对从他们那儿产生的有用事物,除了给以空口的赞同外,什么也不给。要不是如此,拥有弗内隆、孟德斯鸠、米勒博等人的国家不就是地球上管理最好且最幸福的国家了吗?社会是否会因这些伟人的著作而变得更好些呢?是否因为有他们的箴言,而使邪恶有所纠正呢?不,先生们,不要自认为你们比他们更有所作为,你们可以教导人们,但既不能使他们变好也不能使他们更幸福。这正是最令我失望的事件之一。在我短暂的文学生涯中,我感到纵使我有一切必需的才能,我抨击致命的谬误是毫不起作用的,即使我在斗争中胜利了,情况也丝毫不见好转。有时我通过做些能满足我心灵的事以减轻我的痛苦,但对我努力所取得的结果从不自欺。很多人看了我的书,表示赞同，但正像我所预见的那样，他们却依然故我，毫无改变。你们可更有效地说些更好的话，但是先生们，你不会取得更大的成功。你们不但不能对你们所寻求的公共福利有所促进，相反你们所获得的倒是你们所害怕的那种荣耀。

……

(何祚康　曹丽隆　译)

谎　言

我记得在哪本哲学书中读到过：撒谎就是把应该披露的真情掩盖起来。从这个定义中所以推出这样的结论，对一个无须讲出的真情闭口不谈，这不是撒谎；但是，在同样情况下，一个人不光是没有道出真相，而且还讲了假的，那他算不算撒谎呢？按照这个定义，我们不能说他撒谎，因为，他给了一个他分文不欠的人一块伪币，他骗了这个人无疑，但他并没有占他的便宜。

在此，有两个非常重要的问题需要认真思考：第一，既然并非任何时候都非得讲真话不可，那么，一个人应该在什么时候，怎样对人讲真话呢？第二，有没有并无恶意的骗人的情况？第二个问题非常明显，这我是很清楚，在书里是否定的，因为书中最严厉的道义并不叫作者付出什么代价；而社会上却是肯定的，因为在社会上，书中的那种道义被视为无法实施的空谈。因此，让权威们去互相辩驳吧，我还是用我自己的原则去努力为自己解决这些问题。

普遍的、抽象的真理是一切财富中最宝贵的。没有它，人就成了睁眼瞎子；它是理智的眼睛。人就是通过它而懂得规规矩矩做人，做他应该做的事，去奔向自己的真正的目的。特殊的、个别的真理却并不总是财富，有时还是一种祸害，但经常是一种无关宏旨的东西，一个人应该知道，为了个人幸福而必须认识的东西也许并不太多；然而无论多少，毕竟都是属于自己的一笔财富。无论他在哪里发现，都有权要求得到它。谁剥夺他这种权利，就是犯了最不光彩的盗窃罪，因为它为每个人所共有，人人可把它交出，使之流通，而无丧失之虞。

至于那些于教育和实践毫无用场的真理，它们甚至连财富都算不上，怎么可能是应该具有的财富呢？何况，财产只有建立在有用的基础上，既然不存在什么实用性，就无所谓财产可言。人可以申请得到一块哪怕十分贫瘠的土地，因为至少可以居住；但是，一个漠不相关、对谁都不生效的无益的事实，无论是真是假，谁都不会发生兴趣的。在精神方面没有用的，在肉体方面亦然。任何无益的东西都不是非有不可的（一件东西必须是或者可能是有用的，它才必须具备）。必须具有的东西应该是或可能是有用的东西。因此，必须具有的真理就是和正义有关的真理。把真理用在那些其存在对谁都不重要、认识它又一无用处的无谓事情上，那就是对真理这个神圣的名词的亵渎。真理，如果毫无用处，就不是一件必须具有的东西。由此可见，对真情闭口不谈或予以隐瞒的人也就根本不算撒谎。

但是，这样一些根本得不出结果、无论从任何角度来说都毫无用途的真理是否存在呢？这是必须探讨的另一个问题，等会儿我还要谈到。现在，我们过到第二个问题。

不说真话和说假话，是很不相同的两码事，然而，却可以因此而产生一种同样的作用。因为每当这种作用不存在，那么结果当然都是一样。无论在哪里，只要真理是无关紧要的，那么，与此相反的谬误也就同样是无关紧要的。由此可以得出这样的结论：在相同情况下，说与真相不符的话去欺骗人的人，其不公正的程度并不见得比不说真相去欺骗人的人更甚。因为，对无用的真情，谬误者并不见得比不知者更糟。我认为海底的沙子是白的或红的,这跟我不知道是什么颜色一样,对我同样无关紧要。既然不公正就在于给人造成损害,那么,于人无害的人怎么是不公正的呢?

但是,如果不预先作出许多必要说明,以便正确地应用于各种可能出现的情况,这样简单说明了的问题并不能付诸实践。因为,如果非讲真话不可只建立在实用的基础上,那我将如何对这种实用作出判断呢?常常有这种情况,张三的优势往往会造成对李四的损害;个人利益几乎总是与公共利益相悖逆。在这种情况下应该怎样做人呢?为了那个交谈者的利益而牺牲不在场者的利益,应不应该呢?有利于某人而有害于另一个人的真话该不该说呢?对于什么话该说,应该放在公共利益这个唯一的天平上,还是个人公正的这个天平上去衡量呢?我能否肯定我对事物的各种关系有足够的了解,只需根据公正的法则去运用我拥有的认识呢?此外,在检查必须对他人负责的事情时,我是否检查过必须对自己负责、也对真理本身负责的事呢?假如我骗了别人而又没有给他造成任何损害,由此说明我也没有给自己造成任何损害吗?只要从没做错事,就是清白的吗?

只要这样对自己说,就能摆脱许许多多令人难堪的纷争:"不管三七二十一,永远要真实,正义本身存在于事情的真实之中,说谎总是不公道的,错误总是骗人的,因为你给予的按常规是不应该做和不应该信的东西。无论从真话中产生什么效果,只要你讲了真话,就是无可指摘的,因为你并没有往里面添枝加叶。"

到此,问题是清楚了,但并没有解决。我们并不是要说,一贯讲真话好还是不好,而是要说——根据我探讨的定义,假设答案是否定的——是不是同样应该区别一下极其需要讲真话的情况,和可以不失公正地避而不谈或不撒谎地加以掩饰的情况。因为,我曾发现这些情况确实存在。因而,现在的问题是要找出一条可靠的规则去认识和确定它们。

但是从哪里去得出这种规则并证明它无误呢！我始终认为:在一切诸如此类难以解决的道德问题上,与其用理性的光芒,倒不如按照我的良知所授的旨意去予以解决。道德本能从未使我受骗,它至今仍保持着纯洁,我可以信赖于它;在我的行动上,它偶尔会因我的欲念而沉默,而当我回想起来的时候,它又重新支配了我的行动。我就是这样严于审判自己,就像我在结束此生后将受到的最高审判官的审判一样。

根据人言所产生的效果去判断这些言谈,往往会作出糟糕的评价。言谈的效果不仅不容易觉察和认识,而且它们跟发表言谈时所处的境况一样在不断变化着。而唯独发言者的意图可以评价这些言谈,并确定其恶意或善意的程度,只有为了欺骗的企图而去讲假话,才算撒谎。就是欺骗的企图本身,也并不一定和损人的企图相关,有时甚至还有完全相反的目的;并非故意损人的企图还不足以使一个人的撒谎因而情有可原,而且还必须肯定一个前提,给交谈者造成的错觉无论如何不会危及他们本人或别人。肯定这一点不容易,也不多见,因此,撒谎纯粹无恶意也同样不容易,不多见。为自身利益撒谎,那是冒骗;为他人利益撒谎,那是诈骗;为了陷害而撒谎,那是造谣中伤;诸如此类都是最坏的撒谎;而对自身和他人都无害亦无利的撒谎,那不算撒谎。那只是虚构而不是撒谎。

带着某种说教目的来虚构,叫作寓言或神话。因其目的只是或只应是:用易于感人、令人赏心悦目的形式将有用的真理寓于其中。在这种情况下,人们几乎不去费心掩饰事实上包含着真理的谎言。不管怎么说,为讲寓言而讲寓言的人并没有撒谎。

还有一些纯属无聊的虚构,譬如大多数不含任何真正教益、仅以消遣为目的的故事和小说。这类的杜撰,因不具有任何说教作用,只能根据作者的意图去对其作出评判。但他如若把这些杜撰说成是真的,那我们就无法否认那是货真价实的谎言了。然而,曾有谁对说这种谎言而有所顾忌呢?譬如,如果说《克尼德神庙》①具有某种说教目的,那么它也被其中淫荡的细节和色情图片给遮蔽和败坏了。作者给内容涂上一层道貌岸然的色彩。他做了什么呢?他欺骗说,他这部作品是从希腊文稿中翻译出来的,并以最能使读者对此信以为真的方式,编出他发现这份文稿的故事。如果这还不是彻头彻尾地撒谎,那么,请告诉我,什么才是撒谎呢?然而,有谁敢拿这个谎言向作者问罪,并因此而把他当作骗子呢?

如果有人说:这无非是开玩笑,作者尽管信誓旦旦,其实并不想说服谁。事实上,他也没有说服过谁。公众从未怀疑过,他本人就是这部所谓希腊作品的作者,他只不过把自己打扮成翻译者而已,等等,那是毫无意义的。我将回答说,如果谁开了一个类似的毫无目的的玩笑,那简直就跟小孩子做的一桩蠢事一样。一个撒谎者,尽管他没有使谁相信,但他信誓旦旦的时候,同样是在撒谎。应该把受过教育的公众与大批头脑简单、易于轻信的读者区别开来;后者真的被一位严肃的作者以貌似诚恳的态度编出来的故事给骗了。他们毫无惧色地把倒在一只古式高脚杯中的毒药饮干了。倘若把毒药倒在一只新式酒杯里捧给他们,或许他们至少还有几分提防。

无论这些差别是否见诸书本,它们自会产生于每一个真诚待己、不愿意让自己受到良心责备的人的心中。因为,说有利于己的

---

① 孟德斯鸠的作品。

假话与说有损于人的假话,同样都是撒谎,虽然前者罪过没那么大。把好处给予不该享有的人,就是扰乱秩序和正义;把一个可能导致赞扬或指摘、控告和辩解的行为不真实地推在自己或别人身上,那是行不公道之事。凡是与真理相违背,无论以何种方式都有损于正义的事情,都是撒谎,这就是准确的分界线。但,一切违反真实,与正义无涉的事情,都不过是虚构而已。我承认,如果谁把一个纯粹的虚构当作撒谎而引以自咎,那他肯定具有比我更敏感的良知。

被人称作好意的撒谎倒是真正的撒谎,因为,为了有利于己或人而进行欺骗,与为了有损于己而进行欺骗,都是不公正的。无论谁违反事实地进行赞扬或诋毁,一涉及某个真实的人,他就是撒谎。如果涉及的是一个虚构的人,他尽可以说出想说的一切,而不算撒谎。除非他从道义上去评判他所编造的事实,除非他对此不真实地作出判断。因为,他虽然在事实上没有撒谎,但他违背了道义上的真实在撒谎,而这道义上的真实比事实上的真实更可敬百倍。

我见过某些上流社会称为的真实人,他们的全部真实都用在无聊的闲谈中,忠实地列举时间、地点、人物。他们不许自己作任何假设,对任何情况加枝添叶和进行夸张。凡不涉及他们的事情,他们都以最不可违背的忠实娓娓叙来。可一旦涉及到对待某个与他们有牵连的事件,谈及某个触犯他们的事实,他们便使出浑身的解数,把事情说得对他们最有利。倘若撒谎于他们有利,他们绝不会克制自己不去撒谎。他们巧妙地利用这一手段,让人能够接受而又不会罪之以撒谎。因此,精明需要撒谎,再见吧,真诚。

我称为的真实人可就不同了。在绝对无关宏旨的事情上,别人那么看重的真实,他却毫无所谓。他会毫无顾虑地编一些故事去取悦满座高朋。而这中间不会引出任何不公道的对生者或死者的赞誉或贬谪的评判。至于与真理和正义相违、可能对某人产生利或害、景仰或蔑视、赞誉或指责的言论,都是绝不会出自他的心灵、嘴巴或笔杆子的谎言。他确确实实是真实的,甚至不惜牺牲自己的利益,即使在无聊的闲谈中也很少以此炫耀。他是真实的,表现在他不试图欺骗任何人,无论在指责他还是赞誉他的事实上,他都是真实的。他绝不会为了有利于自己或有损于敌人而欺骗。因此,我所说的真实人与别人的区别就在于:社交界的人对任何无需他付出代价的真理是忠实的,但绝不会越雷池一步;而我称为的真实人,从来都是在必须为真理作出牺牲时,才那样忠实地为之效力。

但是,有人会说,这种漫不经心与我确实颂扬的那种对真理的热爱怎么能够统一呢?这种热爱如此混杂着别的东西,岂不是虚假的么?其实不然,它是纯洁而真实的,但它只是对正义的爱的流露,虽然常常也有虚构,但它绝不愿意是不真实的。在他的头脑中,正义和真理是两个同义词,他都一视同仁。他心中所热爱的神圣的真理,压根儿不在那些无关紧要的事实和毫无用场的名称上面,而在真正属于他的事情上面,他所热爱的真实,就在于忠实地把该属于谁的就归还给谁;谁该受到指责和贬斥就得受到指责和贬斥,谁该获得荣誉和称颂就获得荣誉和称颂。他不会为了反对别人而虚假,因为他的正义感阻止他这样做,他也不愿意为了自己而不公道地伤害别人,因为他的良知制止他这样做;他亦不会欺世盗名。他尤为珍爱的是他的自重,这是他最不舍得放弃的财富。他认为为了获得他人的尊重而牺牲它,那是一种真正的损失。因此,他有时在一些无关紧要的事情上无顾忌地说些假话,而并不认为是撒谎,但那绝非为了害人或害己,也非为了利他或利己。凡是涉及历史上的真事,涉及人们的行为、正义、人与人之间的关系准则和有用的知识,他肯定会尽可能地使自己和别人避免犯错误。在他看来,除此以外的任何撒谎都不算撒谎。

……

这些就是我对于谎言与真话的内心规则。在我的理智采纳这些规则之前,我的心灵就已经不知不觉地遵循它了。仅道德本能就能使我的心灵去实践它们。

……

我对撒谎本来就厌恶,而在写《忏悔录》的时候,我对这种厌恶,更是感受得深切。因为,在写作中,如果我的习性稍为偏向于这方面,那么,撒谎的念头就会时不时地、强烈地冒出来。然则,我非但没有对应由我承担的事情避而不写或稍加掩饰,而且,出于一种我解释不清的,或许是对一切效仿都很反感的心理倾向,我认为,与其过于宽宥地原谅自己,倒不如过于严厉地指责自己,于是,我就在相反的方面撒了谎。我凭良心可以肯定,我有一天将受到的审判,不会比我的自我审判更加严厉。是的,由于我灵魂的高尚,我才会这样说和这样感受。我在《忏悔录》中所表现的真诚、真实和坦率,没有一个人能够做到,至少我是这样认为的。我感到我的善多于恶,所以我乐于把一切都说出来,我也说出了一切。

我从来没有少说什么。有时我还多说了,但不是在实情上,而是在情境中。这一类的撒谎与其说是出于有意为之,倒不如说是想象力的激发所产生的效果。称之为撒谎,甚至是错误的。因为,诸如此类的添枝加叶都不是撒谎。我写《忏悔录》时,人已经老了。那些无谓的人生乐趣,我都经历过了,而心灵感到空空如也,对它们我已经厌倦了。我凭记忆去写,但这种记忆又常常不足,或者只给我提供一些不完整的回忆。我便用我想象的、但又不与事实相违的细节去弥补回忆的不足。我爱在我一生的那些幸福时辰上流连忘返,深情的眷恋常常叫我用华丽的辞藻去美化它们。对我忘却了的事情,我就把它们说成我觉得应该是或者实际上可能是的那样,但绝不走失我记忆中的样子。我有时给事实赋予各种奇特魅力,但我从未用谎言取代事实以掩盖罪过或欺世盗名。

(何祚康　曹丽隆　译)

欲念与自爱

我们的欲念是我们保持生存的主要工具,因此,要想消灭它们的话,实在是一件既徒劳又可笑的行为,这等于是要控制自然,要更改上帝的作品。如果上帝要人们从根上铲除他赋予人的欲念,则他是既希望人生存,同时又不希望人生存了;他这样做,就要自相矛盾了。他从来没有发布过这种糊涂的命令,在人类的心灵中还没有记载过这样的事情:当上帝希望人做什么事情的时候,他是不会盼咐另一个人去告诉那个人的,他要自己去告诉那个人,他要把他所希望的事情记在那个人的心里。

所以,我发现,所有那些想阻止欲念发生的人,和企图从根本铲除欲念的人差不多是一样的愚蠢;要是有人认为我在这个时期以前所采用的办法就是要达到这样的目的,那简直是大大地误解了我的意思。

不过,如果我们根据人之有欲念是由于人的天性这个事实进行推断,我们是不是因此就可以得出结论说,我们在我们自己身上所感觉到的和看见别人所表现的一切欲念都是自然的呢?是的,它们的来源都是自然的;但是,千百条外来的小溪使这个源头变得庞大了,它已经是一条不断扩大的大江,我们在其中很难找到几滴原来的水了。我们的自然的欲念是很有限的,它们是我们达到自由的工具,它们使我们能够达到保持生存的目的。所有那些奴役我们和毁灭我们的欲念,都是从别处得来的;大自然并没有赋予我们这样的欲念,我们擅自把它们作为我们的欲念,是违背它的本意的。

我们的种种欲念的发源,所有一切欲念的本源,唯一同人一起产生而且终生不离的根本欲念,是自爱。它是原始的、内在的、先于其他一切欲念的欲念,而且,从某种意义上说,一切其他的欲念只不过是它的演变。从这个意义上说,要是你愿意的话,就可以说,所有的欲念都是自然的。但是,大部分的演变都是有外因的,没有外因,这些演变就绝不会发生;这些演变不仅对我们没有好处,而且还有害处;它们改变了最初的目的,违反了它们的原理。人就是这样脱离自然,同自己相矛盾的。

自爱始终是很好的,始终是符合自然的秩序的。由于每一个人对保存自己负有特殊的责任,因此,我们第一个最重要的责任就是应当是不断地关心我们的生命。如果他对生命没有最大的兴趣,他怎么去关心它呢?

因此,为了保持我们的生存,我们必须爱自己,爱自己要胜过爱其他一切的东西;从这种情感中将直接产生这样一个结果:我们也同时爱保持我们生存的人。所有的儿童都爱他们的乳母;罗谬拉斯①也一定是爱那只曾经用乳汁哺育过他的狼的。起初,这种爱纯粹是无意识的。谁有助于我们的幸福,我们就喜欢他;谁给我们带来损害,我们就憎恨他,在这里完全是盲目的本能在起作用。使这种本能变为情感,使依依不舍之情变为爱,使厌恶变为憎

---

① 罗谬拉斯是传说中的罗马的创建者,据说,是一只母狼在一条破船中找到的被人遗弃的婴儿,衔回狼窝去以狼乳养大的。

恨的,是对方所表示的有害于或有益于我们生存的意图。感觉迟钝的人,只有在我们刺激他们的时候,他们才跟着动一动,所以我们对他们是没有爱憎之感的;可是有些人,由于内心的癖性,由于他们的意志,因而对我们可能带来益处或害处,所以,当我们看见他们在倾其全力帮助或损害我们的时候,我们也会对他们表示他们向我们所表示的那种情感的。谁在帮助我们,我们就要去寻找他;谁喜欢帮助我们,我们就爱他;谁在损害我们,我们就逃避他;谁企图损害我们,我们就恨他。

　　小孩子的第一个情感是爱他自己,而从这第一个情感产生出来的第二个情感,就是爱那些同他亲近的人,因为,在他目前所处的幼弱状态中,他对人的认识完全是根据那个人给予他的帮助和关心。起初,他对他的乳母和保姆所表示的那种依依之情,只不过是习惯。他寻找她们,因为他需要她们,找到她们就可以得到益处。这是常识而不是亲热的情意。需要经过很多的时间之后,他才知道她们不仅对他有用处,而且还很喜欢帮助他;只有到这个时候,他才开始爱她们。

　　所以,一个小孩子是自然而然地对人亲热的,因为他觉得所有接近他的人都是来帮助他的,而且由这种认识中还养成了爱他的同类的习惯;但是,随着他的利害、他的需要、他主动或被动依赖别人的时候愈来愈多,他就开始意识到他同别人的关系,并且还进而意识到他的天职和他的好恶。这时候,孩子就变得性情傲慢、妒忌,喜欢骗人和报复人了。当我们硬要他照我们的话去做的时候,由于他看不出我们叫他做的事情的用处,他因而就会认为我们是在任性了,是有意折磨他,所以他就要起来反抗。如果我们一向是迁就他的,那么,只要在什么事情上违反了他的心意,他就要认为我们是在反叛他,是存心抗拒他;他就要因为我们不服从他而拍桌子打板凳地大发脾气。自爱心所涉及的只是我们自己,所以当我们真正的需要得到满足的时候,我们就会感到满意的;然而自私心则促使我们同他人进行比较,所以从来没有而且永远也不会有满意的时候,因为当它使我们顾自己而不顾别人的时候,还硬要别人先关心我们然后才关心他们自身,这是办不到的。可见,敦厚温和的性情是产生于自爱,而偏执妒忌的性情是产生于自私。因此,要使一个人在本质上很善良,就必须使他的需要少,而且不事事同别人进行比较;如果一个人的需要多,而且又听信偏见,则他在本质上必然要成为一个坏人。按照这个原则,很容易看出我们怎样就能把孩子和大人的欲念导向善或恶了。是的,由于他们不能始终是那样地单独生活,所以他们要始终保持那样的善良是很困难的。这种困难还必然随他们的利害关系的增加而增加,何况还有社会的毒害,所以我们在这方面不能不采取必要的手段和办法防止人心由于有了新的需要而日趋堕落。

　　人所应该研究的,是他同他周围的关系。在他只能凭他的肉体的存在而认识自己的时候,他应当根据他同事物的关系来研究他自己,他应当利用他的童年来做这种研究;而当他开始感觉到他的精神的存在的时候,他就应当根据他同人的关系来研究自己,他就应当利用他整个的一生来做这样的研究;现在我们已经达到开始做这种研究的时候了。

　　一旦人觉得他需要一个伴侣的时候,他就不再是一个孤独的人,他的心就不再是一颗孤独的心了。他同别人的种种关系,他心中一切爱,都将随着他同这个伴侣的关系同时发生。他这第一个欲念很快就会使其他的欲念骚动起来。

　　这个本能的发展倾向是难以确定的。这种性别的人为另一种性别的人所吸引,这是天性的冲动。选择、偏好和个人的爱,完全是由人的知识、偏见和习惯产生的；要使我们懂得爱，那是需要经过很长时间和具备很多知识的。只有在经过判断之后，我们才有所爱；只有在经过比较之后，我们才有所选择。这些判断的形成虽然是无意识的，但不能因此就说它们是不真实的。真正的爱，不管你怎样说，都始终是受到人的尊重的，因为尽管爱的魅力能使我们陷入歧途，尽管它不把那些丑恶的性质从感受到爱的心中完全排除，而且，甚至还会产生一些丑恶的性质，但它始终是受到尊重的，没有这种尊重，我们就不能达到感受爱的境地。我们认为是违反理性的选择，正是来源于理性的。我们之所以说爱是盲目的，那是因为它的眼睛比我们的眼睛好，能看到我们看不到的关系。在没有任何道德观和审美观的男人看来，所有的妇女都同样是很好的，他所遇到的头一个女人在他看来总是最可爱的。爱不仅不是由自然产生的，而且它还限制着自然的欲念的发展；正是由于它，除了被爱的对象以外，这种性别的人对另一种性别的人才满不在乎。

我们喜欢什么，我们就想得到什么，而爱则应当是相互的。为了要受到人家的爱，就必须使自己成为可爱的人；为了要得到人家的偏爱，就必须使自己比别人更为可爱，至少在他所爱的对象的眼中看来比任何人都更为可爱。因此，他首先要注视同他相似的人，他要同他们比较，他要同他们竞赛，同他们竞争，他要妒忌他们。他那洋溢着感情的心，是喜欢向人倾诉情怀的；他需要一个情人，不久又感到需要一个朋友。当一个人觉得为人所爱是多么甜蜜的时候，他就希望所有的人都爱他；要不是因为有许多地方不满意，大家都是不愿意有所偏爱的。随着爱情和友谊的产生，也产生了纠纷、敌意和仇恨。在许多各种各样的欲念中，我看见涌现了偏见，它宛如一个不可动摇的宝座，愚蠢的人们在它的驾驭之下，竟完全按别人的见解去安排他们的生活。

把这些观念加以扩充,你就可以发现我们以为我们的自尊心在形式上好像是天生的想法是从哪里来的,你就可以发现自爱之心为什么不能成为一种绝对的情感,而要在伟人的心中变为骄傲,在小人的心中变为虚荣,使所有一切的人都不断地想损人利己。在孩子们的心中是没有骄傲和欲念的根源的,所以不可能在其中自发地产生,纯粹是我们把这些欲念带到他们心中的,而且,要不是由于我们的过错的话,这些欲念也不可能在他们的心中扎下根的;但是,就青年人来说,情况就不是这样了,不管我们怎样努力,这些欲念都会在他们心中生长起来。因此,现在是到了改变方法的时候了。

……

如果你想使日益增长的欲念有一个次序和规律,那就要延长它们在发展过程中所经历的时间,以便使它们在增长的时候可以从容地安排得很有条理。能使它们安排得井然有序的,不是人而是自然,所以你就让它去进行安排好了。如果你的学生只是单独一人,那你就没有什么事情可做了,不过,他周围的一切是会使他的想象力燃烧起来的。偏见的激流将把他冲走,要想拉住他,就必须使他向相反的方向前进,必须用情感去约束想象力,用理智去战胜人的偏见。一切欲念都渊源于人的感性,而想象力则决定它们发展的倾向。凡是能感知其关系的人,当那些关系发生变化,以及当他想象或者认为其他关系更适合于他的天性的时候,他就会心有所动的。使所有一切狭隘的人的欲念变成种种邪恶的,是他们的想象的错误,甚至天使的欲念也会变得邪恶,如果他们也想象错了的话。因为,要想知道什么关系最适合于他们的天性,他们就必须对所有一切人的天性有所认识。

(何祚康　曹丽隆　译)

善行的视点

对于我大部分行动的真实的、最早的动机，我并不像我曾长期认为的那么清楚。我知道，也感觉得出，行善是人类之心所能领略到的最真实的幸福。但很久以来，对这种幸福，我是心有余而力不足的了。在像我这般可悲的命运中，谁能够指望有所选择、有所收效地去施行一次真正的善举呢？最叫那些左右我命运的人费心的是：让一切都对我蒙上一层虚假的、骗人的外表。我知道，任何一个行善的动机都不过是别人向我抛出的诱饵，以引诱我落入陷阱，使我不得脱身。我明白，今后于我唯一可行的善举，就是什么都不做，免得不自觉地、盲目地去干坏事。

但是，也曾有过比较快乐的时辰：我按照自己的心意行动时，有时也曾使别人心满意足过。我应该公开地表明，每一次领略到这种乐趣，我总感到它比任何乐趣都更甜蜜。这种禀性是强烈、真实而纯洁的，在我最隐秘的内心深处也不否认这一点。然而，由于我自愿行的善举带着义务的锁链，所以我常常感到它们的压力。于是，乐趣便烟消云散。当我继续做着这类过去曾使我着迷的好事情时，我觉着的只是一种简直叫人受不了的束缚。在我那几次为时不长的幸运时刻中，曾有很多人求我帮忙，凡是我能为之效力的事，没有一桩遭到过我的拒绝。但是，当我用发自内心的真诚，去完成这第一桩善举之后，却戴上了约束人的义务的锁链，这是我原来不曾想到的，而且背上了这一副枷锁就再也挣脱不了了。我这些最初的效劳，在那些受我之恩的人眼里，只不过是对今后还得为此效劳所作的担保而已。一旦哪个家伙因受我一次恩而使我上了钩，从此就和我结下了不解之缘。我这自觉自愿的第一桩善举，就成了他享有今后可能还需要我的其他善举的不成文的权利，即使我力不从心也无法摆脱。就这样，非常甜蜜的乐趣，后来便渐渐变成我的沉重负担了。

不过，当我默默无闻时，我还不觉得这些锁链过于沉重。可是，有一次我因我的作品出了名——这无疑是个严重错误，就是我身受不幸也不足以把它补赎——从此，一切苦难者或一切自称为苦难者的人，一切到处物色愿上钩者的冒险家，一切借口说我影响很大，千方百计想控制住我的人，统统找到我的头上来了。因此，我有理由认为，一切天性的爱好，包括行善本身，最初它们还是有益的，一旦轻率地、不加选择地被搬到或应用于社会中，就肯定会改变性质，往往变得有害了。这么多严酷的经验教训，渐渐使我原先的禀性变了，或者毋宁说，终于堵塞了我这禀性的发展的道路；它们还使我学会不再那么盲目地顺从我的天性去普行善事了，因为那只能助长邪恶。

我对这类的经验教训并不懊悔，因为它们是我经过审慎的自我认识，对我的行为在千百种情境中的真正动机进行重新思考后才获得的。在那些情境中，我曾经常产生错觉，我发现，要带着乐趣去行善，就必须自由地、不受约束地去做；而要剥夺一桩善举的全部温馨滋味，只需把它变成我们一种义务就行了。从此，履行义务的压力就把最甜美的享受变成了最枯涩的负担。

……

出自义务的需要，一个人就得违拗自己的禀性，去将之履行。这正是我比天底下任何人都更不善于去做的。我生性敏感而善良，心慈到了软弱的地步，一切慷慨大度之举都使我为之激动。我富有人情味，乐善好施，凭着爱好和热情本身去帮助人，只要别人能打动我的心就行。如果我曾是人类当中拥有至高权力的人，那我会是他们当中最优秀而又最宽宏大量的人；因为我能够为自己报仇，而我却任心头一切报仇的念头熄灭。若为我个人利益，我会毫不犯难地做到公正不倚；但若违背我所珍爱的人的利益，我可能就无法下此决心了。只要我的义务与我的感情相冲突，除非是在我只需什么都不做的情况下，否则前者很少会占上风。那时，我常常是有能耐的，但我却不能逆本性而行事。当我的心没有向我呼唤，我的意志充耳不闻，不管是人，还是义务，或是什么必然性，都无法叫我唯命是从。我看见祸害的威胁，但我宁可任其降临，也不愿意为防范它而激动不已。我偶尔开头很卖劲，但这种卖劲很快就使我厌倦，使我精疲力竭了，我就再也无法坚持下去。在一切假想的事情中，凡是我不带乐趣去做的，很快我就没法去做了。

更有甚者，与我的愿望相符却带几分勉强的事，只要稍稍过分一点，就足以使我的这种愿望丧失净尽，使它变成令人厌恶、甚至让人强烈反感的东西。这就叫别人强求我或是别人并不强求而是我自己甘心情愿去做的好事使我感到苦楚。纯属无报偿的好事肯定是我乐于为之的，但是，当人们把这种受惠视为应得而恣意索取、否则便以怨相报时，当某人因我当初乐意为他做了好事而规定我从此永远做他的恩主时，我就开始感到不自在，乐趣也就蔫然消失了。这时，如果我迁就，继续这样做下去，就意味着软弱和羞耻，诚意在此也就荡然无存了。我非但不能因此而感到满足，反而因做了违心事而受到良心的谴责。

我懂得,在施恩者与受惠者之间,存在着某种甚至是所有契约当中最神圣的契约。那就是他们互相结成的某种社会关系,它比通常维系着人们的那种社会关系更加紧密。假如受惠者暗自发誓要感恩图报,施恩者同样会发誓把他刚向前者表示了的诚意再向另一个人表示——只要他是受之无愧的;而且,每当他能够做,别人又有求于他,他就会再次做出这种善行。这些条件是不成文的,那仅仅是建立于他们间的那种关系所产生的自然结果。一个人,第一次拒绝给予别人有求于他的帮助,被拒绝的人是没有任何权利去告他的,而在同样情况下,他拒绝给曾给过他好处的人以同样的好处,那就意味着他使那个人失望了,因为他使别人对他产生的期待落空了。人们会感到这种拒绝中有某种说不出的不公道、比那种拒绝本身更加冷酷的东西。但这种拒绝仍不失为某种独立不羁所产生的效果。这种保持独立于其他人的倾向是人类的共同倾向,放弃它是不容易的。如果我还债,我是在尽我的义务;而我给人馈赠,那我是自寻乐趣。不过,尽自己的义务的乐趣,也是唯一的高尚的习惯所产生的乐趣之一,因为,直接从我们的本性中产生的乐趣不会像它这样达到如此的高度。

(何祚康　曹丽隆　译)

去爱人类

我往往发现,很早就开始堕落、沉湎酒色的青年是很残酷不仁的;性情的暴烈使他们变得很急躁、爱报复和容易发脾气的人;他们不顾一切,只图达到他们想象的目的;他们不懂得慈悲和怜悯;他们为了片刻的快乐就可以牺牲他们的父亲、母亲和整个的世界。反之,一个在天真质朴的生活中成长起来的青年,由于自然的作用必然会养成敦厚和重感情的性情的:他热诚的心一见到人的痛苦就深为动容;他见到伙伴的时候就高兴得发抖,他的两臂能温柔地拥抱别人,他的眼睛能流出同情的眼泪;当他发现他使别人不愉快了,他就觉得羞愧;当他发现他冒犯别人了,他就觉得歉然。如果火热的血使他急躁不安和发起怒来,隔一会儿以后,你就可以从他那深深惭愧的表情中看出他的天性的善良;他见到自己伤害了别人就哭泣和战栗,他愿意用自己的血去赔偿他使别人所流的血;当他觉察到他犯了过失,他所有的怒气就会消失,他所有的骄傲就会变为谦卑。如果别人冒犯了他,在他盛怒的时候,只要向他道一个歉,只要向他说一句话,就可以消除他的怒气;他既能真心实意地弥补他自己的过失,也能真心实意地原谅他人的过失。青春时期,不是对人怀抱仇恨而是对人十分仁慈和慷慨的时期。是的,我是这样说的,我不怕把我的话付诸经验的考验,一个在20岁以前一直保持着天真的善良人家的孩子,在青春时期的确是人类当中最慷慨和最善良的人,他既最爱别人,也最值得别人的爱。我深深相信,还从来没有人向你说过这样的话,你们那些在学院的腐败的环境中教育出来的哲学家,是不愿意知道这一点的。

  人之所以合群,是由于他的身体柔弱;我们之所以心爱人类,是由于我们有共同的苦难;如果我们不是人,我们对人类就没有任何责任了。对人的依赖,就是力量不足的表征:如果每一个人都不需要别人的帮助,我们就根本不想同别人联合了①。所以,从我们的弱点的本身中反而产生了微小的幸福。一个孤独的人才是真正幸福的人;唯有上帝才享受了绝对的幸福;不过,我们当中谁知道这种幸福是什么样的呢?一个力量不足的人即使自己能够满足自己的需要,照我们想来,有什么乐趣可说呢?也许他将成为一个孤孤单单、忧忧郁郁的人。我认为,没有任何需要的人是不可能对什么东西表示喜爱的,我想象不出对什么都不喜爱的人怎么能过幸福愉快的生活。

  由此可见,我们之所以爱我们的同类,与其说是由于我们感到了他们的快乐,不如说是由于我们感到了他们的痛苦;因为在痛苦中,我们才能更好地看出我们天性的一致,看出他们对我们的爱的保证。如果我们的共同的需要能通过利益把我们联系在一起,则我们的共同的苦难可通过感情把我们联系在一起。一个幸福的人的面孔,将引起别人对他的妒忌,而不会引起别人对他的爱慕。我们将诉说他之所以过得格外舒服,是因为他窃取了他不应当享受的权利;同时,就我们的自私心来说,是更加感到痛苦的,因为它使我们觉得这个人已不再需要我们了。但是,有哪一个人看见别人

---

① "一切亲善和爱恋,都出于低能。"见西塞罗的《论神性》。

遭受苦难而不同情的呢？如果从心愿上说，谁不想把他从苦难中解救出来呢？我们的心将使我们设身处地地想象自己就是那个受苦的人，而不会把自己想象为那个幸福的人。我们觉得，在这两种人的境遇中，前一种人的境遇比后一种人的境遇更能打动我们的心。怜悯心是甜蜜的，因为当我们设身处地为那个受苦的人着想的时候，我们将以我们没有遭到他那样的苦难而感到庆幸。妒忌心是痛苦的，因为那个幸福的人的面孔不仅不能使羡慕的人达到那样幸福的境地，反而使他觉得自己不能成为那样幸福的人而感到伤心。我觉得，前者可使我们免受那个人所受的痛苦，后者将从我们身上剥夺另一个人所享受的那种幸福。

因此，如果你要在一个青年人的心中培养他那开始冲动的日益成长的感情，如果你要使他的性格趋向善良，那就绝不能用虚假的人们的幸福面貌在他身上播下骄傲、虚荣和妒忌的种子，绝不能先让他看到宫廷的浮华和富丽的排场，绝不能带他到交际场所和衣饰华丽的人群中去；只有在你已经使他能够就上流社会的本身去了解上流社会的时候，你才能够让他看见上流社会的外表。在他对人们还没有获得认识以前，就让他出入社交场合的话，那就不是在培养他，而是在败坏他；不是在教育他，而是在欺骗他。

人并非生来就一定能做帝王、贵族、显宦或富翁的，所有的人生来都是赤条条地一无所有的，任何人都要遭遇人生的苦难、忧虑、疾病、匮乏以及各种各样的痛苦，最后，任何人都是注定要死亡的。做人的真正意义正是在这里，没有哪一个人能够免掉这些遭遇。因此，我们开始的时候，就要从同人的天性不可分离的东西，真正构成人性的东西，着手进行我们的研究。

长到16岁的少年能够懂得什么叫痛苦了，因为他自己就曾经受过痛苦；但是他还不大清楚别人也同样地遭受痛苦：看见别人的痛苦而自己没有那种痛苦的感觉,是不明白别人的痛苦是怎样一回事情的,而且,正如我已经说过一百次的,当孩子还不能想象别人的感觉时,他只能知道他自己的痛苦;但是,当感官一发育,燃起了他的想象的火焰的时候,他就会设身处地为他的同类想一想了,他就会为他们的烦恼感到不安,为他们的痛苦感到忧伤。正是在这个时候,那苦难的人类的凄惨情景将使他的心中开始产生他从来没有体验过的同情。

……

怜悯,这个按照自然秩序第一个触动人心的相对的情感,就是这样产生的。为了使孩子变成一个有感情和有恻隐之心的人,就必须使他知道,有一些跟他相同的人也遭受到他曾经遭受过的痛苦,也感受到他曾经感受过的悲哀,而且,还须使他知道其他的人还有另外的痛苦和悲哀,因为现在他也能够感觉到这些痛苦和悲哀了。如果我们不能忘掉自己的形骸,把自己同那个受痛苦的动物看作一体,替它设身处地地想一想,我们怎么能动怜悯之心呢?我们只有在判明它确实在受痛苦的时候,我们才会感到痛苦;我们所痛苦的不是我们自己而是那个动物。因此,任何人都只有在他的想象力已开始活跃,能使他忘掉自己,他才能成为一个有感情的人。

为了激发和培养这种日益增长的感情,为了按它的自然的发展倾向去引导它和认识它,如果我们不使一个青年人把他心中愈来愈扩充的力量用之于那些能扩大他的胸襟,能使他关心别人,能使他处处忘掉他自己的事物;如果我们不十分小心地消除那些使他心胸狭隘,使他以自己为中心而时时都想到他个人的事物,换句话说,如果我们不促使他的心中产生善良、博爱、怜悯、仁慈以及所有一切自然而然使人感到喜悦的温柔动人的情感,并防止他产生妒忌、贪婪、仇恨以及所有一切有毒害的欲念——不仅使人的情感化为乌有，而且还使它发生相反的作用和折磨他自己的欲念，我们又怎样做呢？

我想，我可以把我在以上阐述的种种看法归纳成两三个明确易懂的原理。

原理一：人在心中设身处地地想到的，不是那些比我们更幸福的人，而只是那些比我们更可同情的人。

如果发现有些人是例外，跟这个原理所说的情况不同，那也只是在表面上而不是在实际上不同。任何人都不会为他所喜欢的富人或显贵将心比心地设想的，即使是在真心喜欢的时候，那也只是在于想得到他的一部分好处。有时候，当他们倒了楣，反而会得到人的同情；但是，在他们发财或青云直上的时候，除了那些不为飞黄腾达的外表所迷惑、仍然对他们采取同情而不采取妒忌的态度的人以外，他们就没有一个真正的朋友。

有些人的幸福生活，例如农民的田园生活，使我们的心为之感动。看见那些忠厚的幸福的人，我们的心都着迷了，在我们的这种感觉中是一点妒忌的恶意都没有的，我们真实地喜欢他们。为什么会这样呢？因为我们觉得我们能够降低我们的地位，去过这种安宁纯朴的生活，去享受他们那种幸福。只要愿望能见诸实行的话，这倒不失为一个使人心思愉快的可行的办法。当我们的眼睛看见自己的富源，当我们的心想到自己的财产的时候，即使我们不去享受，我们的心里也总是很高兴的。

由此可见，为了使一个青年人心存博爱，就绝不能使他去羡慕别人红得发紫的命运，应该向他指出这种命运有它阴暗的地方，使他感到害怕。这样一来，显然他就不会按照别人走过的足迹而要另外开辟一条通往幸福的道路了。

原理二：在他人的痛苦中，我们所同情的只是我们认为我们也难免要遭遇的那些痛苦。"因为我经历过苦难的生活，所以我要来援助不幸的人"①。

我还没有听见过哪一个人说的话有这一行诗这样优美、这样深刻、这样动人和这样真切。

为什么帝王对他们的臣民一点也不怜惜呢？那是因为他们算定自己永远也不会成为一个普通人。为什么富人对穷人那样心狠呢？那是因为他们没有陷入穷困的忧虑。为什么贵族们对老百姓那样看不起呢？那是因为一个贵族永远不会成为一个平民。为什么土耳其人一般都比我们仁慈和厚道呢？那是由于他们的政府是十分专制的，个人的荣华富贵始终是那样浮沉不定和靠不住的，他们根本不认为他们永远不会降落到卑贱和穷困的境地②，每一个人也许明天就会变得同他今天所帮助的人一个样子。这种想法不断地出现在东方人的小说中，它对读者的感染力，比我们这种干巴巴的伦理不知道要强多少倍。

不要让你的学生常常因他的荣华而藐视不幸的人的痛苦和可怜的人的劳碌，如果他认为这些人同他不相干的话，你就别想把他教育得对他们表示同情了。要使他十分懂得，那些可怜的人的命运也可能就是他的命运，他们的种种痛苦说不定他马上就会遭遇，随时都有许多预料不到的和不可避免的事情可以使他陷入他们那种境地。要教育他不要以为他有了出身、健康和财产就算是有了保证，要给他指出命运的浮沉，要给他找出一些屡见不鲜的例子，说明有些地位比他高的人在堕落以后其地位还不如那些可怜的人

---

① 《伊尼依特》第 1 卷，第 634 节。
② 这种情况现在好像是变了一点：人的身份地位似乎是比较稳定了，而人也同时变得比较狠了。

呢！至于这些人的堕落是不是由于他们的过失，那不是现在要讲的问题，因为他现在哪里懂得什么叫过失呢？你不要超出他的知识的范围，而要用他能够了解的道理去启发他，这样他不需要具备多大的学问就可以知道，一个人尽管事事谨慎，也很难断言他一个小时以后是活着还是死亡，也很难断言天黑以前肾脏炎是否会痛得他咬紧牙关，一个月以后他是穷还是富，一年以后他是不是会被送到阿尔及尔在别人的鞭打之下做划船的苦役。尤其重要的是，在向他讲解这些事情的时候，切不可死板地采取问答教授的方式，必须让他看见，让他感觉到所有这些人类的灾难；要用一个人时时刻刻都可能遭遇到的危险去使他的想象力得到激发，要使他知道他周围都是深渊。要使他听你描述这些深渊的时候，紧紧地偎在你的身边，生怕掉进那些深渊里去。你也许认为，我们这样做，会使他成为一个胆怯的人。是否会使他成为一个胆怯的人，我们以后就可以明白；至于目前，我们首先要从使他成为一个心地仁慈的人着手做起；我们当务之急，就是这一点。

原理三：我们对他人痛苦的同情程度，不决定于痛苦的数量，而决定于我们为那个遭受痛苦的人所设想的感觉。

我们认为一个不幸的人有多么可怜，我们才对他表示多大的同情。我们在肉体上对我们的痛苦的感觉，比我们想象的要小一些；由于记忆力使我们觉得我们的痛苦在继续，由于想象力可以把它们延及到将来，因此，才使我们真正有所同情。虽然共同的感觉应当使我们对动物一视同仁，然而我们为什么对它们的痛苦就不如对人的痛苦那样关心？我想，其原因之一就在于此。一个人是不可怜他所养的拉车的马的，因为他不去揣测它在吃草的时候是不是会想到它所挨的鞭子和未来的疲劳。我们虽然知道那只在牧场上吃草的羊不久就要被人们吃掉，我们也不可怜它，因为我们知道它是不会料想它的命运的。推而广之,我们对人的命运也是这样心狠的;有钱的人使穷人遭受了种种痛苦,然而由于他们以为穷人竟愚蠢到不知道痛苦的来由,所以也就以这一点来安慰自己的良心。一般地说,我在评价每一个人对他的同伴的福利所做的种种事情时,要以他用怎样的眼光去看待他们为标准。一个人当然是不会把他所轻视的人的幸福放在眼里的。所以,当你看到政治家谈到人民就表现得那样轻蔑,当你看到大多数哲学家硬要把人类说得那样坏的时候,你用不着那么吃惊。

是人民构成人类,不属于人民的人就没有什么价值,所以用不着把他算在数内。各种等级的人都是一样的,如果承认这一点的话,则人数最多的等级就最值得我们尊敬。在有思想的人的面前,所有一切社会地位的差别都不存在:他认为小人物和大人物的欲念和感觉都是一样的,所不同的只是他们的语言,只是他们或多或少做作出来的外表;如果在他们之间果真有什么重大的差别的话,这种差别就在于装模作样的人特别虚伪。人民是表里一致的,所以不为人所喜欢;上流社会的人物必须要戴一副假面具,否则,如果他们是怎样的人就表现怎样的面目的话,那会使人十分害怕的。

我们那些有学问的人还说,各种等级的人的幸福和痛苦其分量都是一样的。这个说法既有害又站不住脚,因为,如果大家都是同等幸福的话,我为什么要为人家而自找麻烦呢?那就让每一个人永远保持他现在这个样子好了:奴隶受虐待,就让他受虐待;体弱多病的人受痛苦,就让他受痛苦;贫穷的人要死,就让他死。因为改变他们的地位对他们并无好处。学者们一桩桩地数了一下有钱人的苦楚,指出他外表上的快乐都是空的,这简直是诡辩!有钱人的痛苦,不是来之于他的社会地位,而是来之于他的本身,是由于他滥用了他的社会地位。即使他比穷人还痛苦的话,那也没有什么可怜的,因为他的痛苦都是他自己造成的,能不能幸福愉快地生活,完全取决于他自己。然而穷人的痛苦则是来之于环境,来之于压在他身上的严酷的命运。没有任何习惯的办法可以使他的肉体不感觉疲劳、穷困和饥饿;他的聪明智慧也不能使他免受他那个地位的痛苦。埃皮克提特斯①早就预料到他的主人要打断他的腿,然而预料到这一点又有什么用处呢?他的主人是不是因此就不打断他的腿呢?他有了先见之明反而使他痛上加痛。即使人民不是我们想象的那样愚蠢而是那样聪明,他们除了依然过那样的生活以外,还能过其他的生活吗?他们除了依然做他们那些事情以外,还能做其他的事情吗?对这个等级的人进行研究,你就可以看出,他们说话的方式虽然不同,但同你却是一样的聪明,而且,常识的丰富还远远胜过于你。因此,你要尊敬你周围的人,要想到他们大多数都是人民;如果把所有的国王和哲学家都除掉的话,在人民中间也不会觉得少了什么人,而且种种事物也不会因此就变得不如从前的好。一句话,要教育你的学生爱一切的人,甚至爱那些轻视人民的人,要使得他不置身于任何一个阶级,而必须同全体人民在一起。在他面前谈到人类的时候,必须带着亲切甚至带着同情的口吻,切不可说什么看不起人类的话。人,是绝不能说人类的坏话的。

  正是应该通过这些同别人走过的道路截然相反的途径去深入青年人的心,以便激发他最初的自然的情感,使他的心胸开阔,及于他的同类;我还要指出,重要的是,在他的自然的情感中,尽量不要掺杂个人的利益,尤其是不要掺杂虚荣、竞争、荣耀以及那些使我们不能不同别人进行比较的情感;因为这样比较的时候,就必然

---

① 埃皮克提特斯,公元1世纪罗马哲学家。

会对那些同我们争先的人怀有仇恨,就必然会自己估计自己是应该占先,所以,这样一来,我们不盲目行动就必然会心怀愤怒,不成为坏人就会成为愚人。我们要尽量避免这种二者必居其一的情况。你也许会说:"不管我们愿不愿意,这些如此有害的欲念是迟早会发生的。"这我不否认,每一种事物到了合适的时候和合适的地方就要发生,我只是说我们不应该帮助它们发生。

(何祚康　曹丽隆　译)

晚年的反省

"我活到老学到老。"①

梭伦晚年经常吟咏这句诗。就诗中所含的某种意义而言,在我的晚年我也一样可以把它吟咏。可是 20 年来,我从经验中获得的却是一种委实叫人伤心的学问:蒙昧无知反而更好。逆境当然是一个了不起的先生,但是,他索取的学费太高,你从中获得收益,但往往得不偿失。况且,没等你从这些姗姗来迟的教训中学有所成,运用它们的时机却转眼即逝了。青年期是增长才智的时期,老年期则是运用才智的时期。经验总是有用的,我承认这一点,但是,只有当你前头尚有光阴,经验才能有益。倘若生命快要终结,还是学习应该怎样生活的时候么?

我付出了这么痛苦的代价,而又这么晚才获得有关自己的命运以及他人对此的激情的认识,于我还有什么用呢?我学会了更清楚地认识那帮人,其结果也只是使我更为强烈地感到他们给我造成的苦难而已。更何况这一认识虽则叫我明白了他们的种种阴谋诡计,却没有一次能使我幸免于难。我要是没有一直耽于这种脆弱而温存的信任中该多好啊!多少年来,这种信任使我成了我

---

① 引自普鲁塔克著的《梭伦生平》。

那些爱吵嚷的朋友们的猎物和玩偶。我被他们策划的种种阴谋包围着，却未存半点戒心！诚然，我上了他们的当，做了他们的牺牲品，但我还自以为他们在爱我。我的心灵享受着他们曾使我产生的友谊，并同样地给他们以我的友谊。这些甜蜜的幻觉全都破灭了，时间和理智向我披露了这一可悲的实情，使我感到了自己的不幸。这个实情使我看清了我的不幸是无可挽救的，我所做的唯有忍受而已。因此，我这把年纪所积累的全部经验，此时此地，于我无益，往后也不会有什么好处。

我们刚刚投胎于世就进入了竞技场，到死方才走出来。人已到赛场的终点，再去学习更好地驾驭双轮马车还有何用呢？那时，还需要考虑的，就只是该如何从中解脱了。老年人的研究（如果他还需要做点研究的话），那仅仅是学习应该怎样死。人家到了我这种年龄，却恰恰很少作这种研究。常人把什么都想过了，就是想不到这一点。大凡老人比孩子更依恋生命，比年轻人更不情愿离开人世。因为，他们的全部劳作原是为了生存，而到了生命的终点，他们却发现自己的全部心血都白费了。他们全部操劳和财富，他们辛勤劳作换来的全部果实，当他们魂归九天时，这一切全都给撇开了。他们一辈子也未曾想到获取一点临死时能够带得走的什么东西。

当我反躬自问的时候，这一切我都思忖过了。我虽然不善于从这些思考中获益，但我及时作出这些思考并将之回味，这并非错事。从孩提时代，我就被抛入人生的旋涡之中，我很早就体验到，我天生就不是在这个世界上生活的。在这里，我永远也达不到我心灵所要求的那种境地。因此，当我停止在人类当中寻觅那似乎无法寻着的幸福时，我那炽热的想象力就已经跳出了我刚刚起步的人生范围。仿佛跃到了一个于我完全陌生的地方，以便在我能够留驻的静谧场所安歇。

从我童年时代起，所受的教育就滋养了这种情感，它又为充盈着我一生中的一连串灾难和不幸遭遇所强化了。这种情感促使我每时每刻都力图以更大的兴趣和耐心去认识自我。我在任何别的人身上都找不到这样的兴趣和耐心。我见过许多言谈远比我博学的人物。但是，他们的哲学简直可以说跟他们本人是无缘的。为了显示出比别人更有学问，他们研究宇宙，了解它的排列，就像他们会去研究他们偶尔发现的某种机器那样，纯属好奇。他们研究人性，是为了高谈阔论，而不是为了认识自我；他们致力于教育别人，却从不启迪自己的内心；他们当中好多人只是为了著书，不管什么样的书，只要写出来受欢迎就行。他们的书一旦写出来和印出来，除了设法使别人接受和当书受到攻击而需要为它作一番辩护外，书中的内容无论如何再也引不起他们自己的兴趣。此外，他们压根儿不从中汲取点什么为自己所用，只要没有受到非难，甚至连书中所讲的是真是假也不屑一顾了。至于我，只要我去学习，就是为了认识自己，而不是为了教育别人；我一贯认为，在教别人之前，首先要充分认识自己。我毕生致力于在人们当中所进行的各项研究，没有一项不是我曾单独地在一个荒岛上同样做过的，我本来应该在那里度完我的余生。我们所要做的事情，在很大程度上取决于对它的信念。在一切与一个人本能的最起码的需要无关的事情当中，我们的信念就是我们的行为准则。根据我一贯奉行的这个原则，我曾经常地、长时间地力图认识人生的真谛，以指导我的行动。但是，当我意识到无须探寻这个真谛的时候，我很快就为自己不善于为人处世而感到宽慰了。隐退时作的默思，对大自然的研究，对宇宙的静观，迫使每一个孤独者不断地趋向着万物的创造之主，怀着轻微不安的心情去探究他所见到的一切事物的结果，和他感到的一切事物的原因。当命运把我再度抛入社会的急流中时，我再也找不到任何可以给我的心灵以片刻慰藉的东西。不管到了哪里，我都一直留恋那令人愉快的悠闲生活，对唾手可得的富贵荣华毫无兴趣，甚至厌恶。因为把握不住那些惴惴不安的欲念，我不敢奢求，所获无几。我在那福星高照的时候也感到，即使我以为获得了我一直在寻找的一切，也根本不会从中找到我心灵所渴望的而又不知道怎样才能分辨出它的对象的那种幸福。就这样，在那些把我隔绝于世的大灾大难降临之前，这一切就促使我渐渐地懂得不再为这个世界浪费感情。直到 40 岁，我一直都在贫困与幸运、明智与迷惘之间浮沉，沾染了不少恶习，可是心地没有任何劣性；我盲目地生活，缺乏经我的理性规定的原则；我忽略了自己的义务，却不是因为轻视而总是缺乏很好的认识。

　　从青年时代起，我就决定，40 岁以前要积极进取，实现我的各种抱负。我抱定主意，一上这个年纪，无论身处何种境况，都不再为摆脱它而苦苦挣扎，而是得过且过地度过余生，不再思虑未来。现在这个时限来到了，我不费踌躇地履行了这个计划，尽管那时我的运气似乎还有望于达到一个更加稳定的地位，然而我却没那么做，我不觉得遗憾，反倒感到一种真正的快乐。我从这种种诱惑、种种无益的希望中脱身出来，对诸事冷漠，只寻找精神上的安宁，对此，我始终兴趣盎然。我丢开了上流社会和它的浮华；我把所有的装饰品都抛开了：不带佩剑，不揣怀表，不着白袜，不佩镀金饰物，不戴帽子，只有一副极为普通的假发，一套合身得体的粗布衣服；更重要的是，我从心底摈弃了利欲和贪婪，这就使得我所抛开的一切都变得无关紧要了。我放弃了当时所占有的、于我根本不合适的职位①。我开始按页计酬抄写乐谱，对这项工作，我始终兴

---

① 在包税人弗朗克伊家担任秘书和出纳员的职位。

趣不减。

我没有把这种改造局限在外表的事物上,我觉着他还需要另一种改造,那就是在观念上的也许更艰难但更有必要的改造。我打定主意,把这种改造一贯到底。于是,我开始对自己进行解剖,使我的内心世界在有生之年臻于完善,以便达到我临终时所希望的境界。

我身上刚刚发生了巨变,我眼前展现了另一种道德观,我感到那些人对我的评判真是荒谬绝伦,虽然那时我未曾料到我会深受其害,但我已经开始发觉那是荒谬的。我产生了另一种需要,它不同于我追求文学上的成就的那种需要,因为我刚一接触到这种气息就厌恶了;我渴望在我的余年开辟一条比我刚刚走过了大半辈子的道路更为可靠的路径。总之,这一切迫使我着手早已感到很有必要的深刻反省。因此,我深刻地检查了自己,而且,为了把它做得好些,我没有把任何与我有关的事忽略不计。

我完全弃绝社交界,对幽静产生浓厚兴趣,就是从这个时候开始的。打那时起,这种离群索居的兴趣就一直有增无减。我从事的工作只有在绝对的隐居中才能进行。它需要长时间的、宁静的默思,这是社交界的喧扰所不允许的。因此,有一段时间,我不得不采取另一种生活方式。后来我发现它是那么令人惬意。于是,我在中断了一个时间之后,又满心欢喜地重拾了这种方式。而且,只要有可能,我就把自己囿于这种方式之中。后来,当人们逼迫我不得不离群索居时,我发现,他们为了使我变得可怜巴巴而将我隔离起来,结果比我自己还要好地成全了我的希求。

我满怀热忱地投入了那个已经着手的工作,我觉得这种热忱是和这个工作的重要性相一致的。那时,我混在一些现代哲学家当中。他们和古代哲学家几乎毫无共同点。他们非但没有解答我的疑问和解决我所无法解决的各种问题，反而在我自认为是最有必要去了解的方面，使我动摇了，因为，他们是热心的无神论的传播者和说一不二的教条主义者，根本不能容忍别人在任何一点上敢和他们持有异议。我十分厌恶争吵，而且没有把争吵维持下去的能耐。因此，我的辩护常常显得软弱无力；但是，我从来不接受他们那些令人沮丧的学说。由于我对这些容不得异己、又有自己一套观点的人的反抗，也是引起他们嫉恨的一个颇为重要的原因。

他们不曾把我说服，但把我弄得不得安宁。他们的议论曾一度动摇过我，但从未叫我信服。我一直没有找到一个合适的答辩，不过我相信肯定会有的。我常常责怪自己，我的无能多于过失，对于他们的论点，我凭心灵能作出胜过凭理性作出的反驳。

我终于这样想："难道我总这样任那些雄辩家的诡辩所左右吗？我甚至不相信，这些人所鼓吹的，并热切要求别人去接受的观点，当真就是他们自己的观点？他们用来主宰自己理论的激情和要人相信这、相信那的过分热情，叫人无法理解他们自己相信什么。谁能够在政党头目当中找到真正的信条呢？他们的哲学是为他人的，我则需要一种为自己的哲学。趁时候还来得及，我要竭尽所能去寻找，以便在有生之年找到一种明确的行为准则。如今，我已步入壮年，理解力正处于最强的时期，可是却未老先衰了。我若一再等待，等到以后再进行思考，就心有余而力不足了。我的各种智能都将丧失活力，我今天尚能竭尽所能做到的事情，到那时就将力不从心。我要抓住这个有利时机，现在是我的外表的改造时期，也是我的精神的改造时期。我要确定我的观点和原则。等我深思熟虑后，觉得应该成为什么样的人，在有生之年就做什么样的人。"

……我作了一番大概从无先例的最热情、最真诚的探寻之后，我决定在我的一生中选择感情这个东西。确实我的行动曾取得非我所愿的结果,但至少我可以肯定:我的错误还算不上犯罪,因为我已经竭尽所能去把它避免了。诚然,由于少年时期的那些偏见和我心中隐秘的愿望,我曾使天平倾向于对我安慰最多的一边,对此,我并不怀疑。人们难免相信自己所热切希望的事情。谁能怀疑,对于大多数人来说,他们对别人所作的关于他们的评价是拒绝还是接受,标志着他们的态度是希望还是担心,决定着大多数人对自己的希望或不安所持的诚意。我承认这一切有可能迷惑我的判断,但没有动摇我的善意;因为我唯恐把事情弄错。如果说一切都取决于如何度过这一生,那么,懂得生活,在合适的时候采取最好的办法以免上当受骗,对我来说就是十分重要的。不过,依我当时的心境,我在世上最为担心的还是为享受这于我如浮云的尘世间的富贵而豁出自己的灵魂。

我还承认,我并不总是如愿地克服那些曾使我不知所措,而我们的哲学家又反复给我唠叨的困难。但是,我下决心要在人类智慧几乎不可企及的事情上作出决断。由于我在各方面遇到了解不透的隐秘和解决不了的异议,我便把感情运用于每一个问题,它似乎是最直接、最可靠的东西。我没有停留在那些我无法解决的异议上,它们与对立体系中其他异议争执不下。在这些事情上,武断的口气只适用于江湖骗子;但是人要有自己的主见,要有建立在深思熟虑之上的主见,这显然十分重要。倘若这样,我们犯错误,那么,除非是不公正,我们是不会因此受到惩罚的,因为我们根本没有罪过。这就是我之所以能够泰然处之的不可动摇的原则。

(何祚康 曹丽隆 译)

科学与艺术的复兴是否有助于敦风化俗

"我们被善良的外表所欺骗"

——荷拉士①

科学与艺术的复兴②有助于敦风化俗呢,还是伤风败俗呢?这就是本文所要探讨的。我在这个问题上应该站在哪一边呢?各位先生,我站的就是一个虽然一无所知、但并不因此就妄自菲薄的诚恳的人所应当站的那一边。

在将要对我进行评审的会议③面前,我感到我要说的话是难于得体的。我怎能胆敢在欧洲最博学的团体之一的面前贬斥科学,在一所著名的学院里颂扬无知,并且还要把对学术研究的蔑视与对真正有学识的人的尊敬调和在一起呢?我了解到有这些矛盾,可是它们并没有能动摇我。我自谓我所攻击的不是科学本身,我是要在有德者的面前保卫德行。忠诚对于善人要比博学对于学

---

① 荷拉士(公元前65—公元前8年),罗马诗人,引文见荷拉士《诗论》,第5书第25节。

② 本文中所谓"科学与艺术的复兴"是指文艺复兴以来的欧洲科学与文艺的复兴。

③ 1749年法国第戎学院悬本题征文,卢梭应征,次年该学院决定以奖金授予卢梭。

者更可贵得多。那么,我又有什么可畏惧的呢?是畏惧这次将倾听我的意见的与会者们的智慧吗?我承认我是畏惧的;但那只是因为我的论文的内容,而绝非因为发言者的情绪。在疑难的辩诘中,公正的主宰们是绝不会迟疑不决,而不肯谴责他们自己的错误的;而对于有理的一方来说,其最有利的情况就莫过于能在一个正直而开明的、自己判断自己案情的裁判者面前进行自我辩护了。

除了这个鼓舞我的动机而外,还该加上使我作出决定的另一个动机:那就是,由于我根据天赋的光明在维护真理,所以不管我的成就如何,它本身就是一种永不会使我失望的酬报,而我将会在我内心深处获得这种酬报的。

一

看一看人类是怎样通过自己的努力而脱离了一无所有之境,怎样以自己的理性的光芒突破了自然所蒙蔽着他的阴霾,怎样超越了自身的局限而神驰于诸天的灵境,怎样像太阳一样以巨人的步伐遨游在广阔无垠的宇宙里,那真是一幅宏伟壮丽的景象;然而反观自我以求研究人类并认识人类的性质、责任与归宿,那就要格外宏伟和格外难能了。所有这些奇迹,从最近几个世代以来[①],又重新开始了。

欧洲曾经退回到过太古时代的野蛮状态[②]。世界上这一地区的各族人民,今天生活得非常文明,但只不过是在几个世纪以前,他们还处于一种比蒙昧无知还要更坏的状态里。我不知道是一种什么科学上的胡说八道,一种比无知更加鄙得多的胡说八道,居

---

① 按即指自从文艺复兴以来。作者在本文第一部分中处处针对文艺复兴以来的欧洲历史而言。

② 指欧洲中世纪的文化落后状态。

然僭称起知识的名号来了①,而且对于知识的复兴布下了一道几乎是无法克服的障碍。为了使人类恢复常识,就必须来一场革命;革命终于来自一个为人最预料不到的角落。使得文艺又在我们中间复苏的,正是那些愚昧无知的伊斯兰教徒,正是那架摧残文艺的打谷机。君士坦丁的宝座的陷落②给意大利带来了古希腊的遗物,随后法国也由于这些珍贵的战利品而丰富起来了③。不久科学也追踪文艺而来,于是在写作的艺术之外,又加上了思维的艺术;这种进程好像是奇怪的,然而却是十分自然的。人们开始感觉到与文艺女神们④相交往的巨大利益了,那就是,通过值得他们互相赞慕的作品来激发他们彼此相悦的愿望,可以使人类更富于社会性。

精神也和身体一样,有它自己的需要。身体需要是社会的基础,精神需要则是社会的装饰。政府与法律为人民集体提供了安全与福祉;而科学、文学与艺术,由于它们不那么专制因而也许更有力量,就把花冠点缀在束缚着人们的枷锁之上,它们窒息人们那种天生的自由情操——看来人们本来就是为了自由而生的——使他们喜爱自己被奴役的状态,并且使他们成为人们所谓的文明民族。需要奠定了宝座;而科学与艺术则使得它们巩固起来。世上

---

① 指欧洲中世纪的经院哲学。
② 指拜占庭国家(东罗马帝国)的灭亡。君士坦丁堡为君士坦丁大帝(306—337年)于公元326—330年所建,330年起以此处为罗马帝国首都。1453年奥图曼土耳其人攻占君士坦丁堡,东罗马帝国灭亡;许多精通古典文艺的拜占庭学者逃亡至意大利,直接刺激了意大利的文艺复兴运动。
③ 自1494年起法国开始侵入意大利,接触到了意大利的"文艺复兴",结果便直接刺激了法国本身的"文艺复兴"。这在法国历史上称之为"意大利的发现"。
④ 按希腊神话,宙斯与玛内莫西尼有九女:克里奥掌历史,优德披掌音乐,泰利掌喜剧,美洛波掌美尼掌悲剧,特普西哥尔掌舞蹈,哀拉陀掌情歌,波利姆尼掌圣诗,乌兰尼掌天文,卡里欧普掌史诗与雄辩。

的权威啊！爱惜才华吧，保护那些在培养才华的人物吧[①]！文明的民族啊，培养他们吧！这些快乐的奴隶们啊，都是靠了他们，你们才有了你们所引以为荣的那种精致而美妙的趣味，才有了那种性格的温良恭俭以及风尚的彬彬有礼，从而才使得你们之间的交际如此密切又如此容易；一言以蔽之，你们才可以没有任何德行而装出一切有德行的外表。

正是由于这种文明（它显得非常可爱，正因为它不那么勉强），才使昔日的雅典和罗马能够在那些以其繁荣与昌盛而如此值得自豪的岁月里头角峥嵘；毫无疑义，也止是由于它，我们的世纪与我们的国家才会超越一切的时代与一切的民族。一种毫无迂腐气的哲学格调，一种自然而又动人的风度，既绝非条顿人的粗犷，又绝非意大利人的矫揉：这些便是我们研究学术所获得的、并由于大家互相交往而臻于完美的那种趣味的结果了。

如果外表永远是心性的影像，如果礼貌就是德行，如果我们的格言真能成为我们的指南，如果真正的哲学是和哲学家的称号分不开的；那么生活在我们中间将会是多么美好啊！然而这么多的品质是太难凑合在一起了，而且在大量的浮夸当中德行是很难于

[①] 君主们总愿意看到那些耗费金钱而毫无益处的赏心悦目的艺术与虚华无实的趣味，在自己的臣民中间流传。因为他们很了解，这些东西除了能够培养人们的心灵狭隘便于奴役而外，人民在这方面的要求只是给自己加上更多的枷锁而已。亚历山大〔亚历山大即马其顿王亚历山大大帝。此处所说的亚历山大大帝不许伊士提奥法齐人吃鱼一事，见老普林尼（23—79年）《自然史》第6卷，第25章。〕要使伊士提奥法齐人〔伊士提奥法齐人（Ichthyophanges）即希腊文的食鱼者。古代作家关于这种人曾有不同的说法，老普林尼认为这种人住在波斯湾的一个岛上。〕处于附属状态，就强迫他们放弃吃鱼的习惯，和别的民族吃一样的食物；美洲的野蛮人走到哪里都是赤身裸体的，并且完全靠他们狩猎的捕获为生，所以就永远也不可能屈服。的确，对于一个根本不需要任何东西的民族，谁又能加以任何的羁轭呢？——原注

出现的。装饰的华丽可以显示出一个人的富有,优雅可以显示出一个人的趣味,然而一个人的健康与强壮却须由另外的标志来识别了;只有在一个劳动者的粗布衣服下面,而不是在一个佞幸者的穿戴之下,我们才能发现身体的力量和生气。装饰对于德行也同样是格格不入的,因为德行就是灵魂的力量与生气。善良的人乃是一个喜欢赤身裸体上阵的运动员,他鄙弃一切足以妨碍他使用力量的无聊装饰品,而那种装饰品大部分只是用来遮掩身体上的某种畸形罢了。

在艺术还没有塑成我们的风格,没有教会我们的感情使用一种造作的语言之前,我们的风尚是粗朴的,然而却是自然的;从举止的不同,一眼就可看出性格的不同。那时候,人性根本上虽然不见得更好,然而人们却很容易相互深入了解,因此可以找到他们自己的安全;而这种我们今天已不再能感到其价值的好处,就使得他们能很好地避免种种罪恶。

今天更精微的研究与更细腻的趣味已经把取悦的艺术归结成为一套原则了。我们的风尚流行着一种邪恶而虚伪的一致性,每个人的精神仿佛都是在同一个模子里铸出来的,礼节不断地在强迫着我们,风气又不断地在命令着我们;我们不断地遵循着这些习俗,而永远不能遵循自己的天性。我们再不敢表现真正的自己;而就在这种永恒的束缚之下,人们在组成我们称之为社会的那种群体之中既然都处于同样的环境,也就都在做着同样的事情,除非是其他更强烈的动机把他们拉开。因此,我们永远也不会明确知道我们是在和什么人打交道;甚至于要认清楚自己的朋友也得等到重大的关头,也就是说,要等到不可能再有更多时间的关头,因为唯有到了这种关头,对朋友的认识才具有本质的意义。

是怎样一长串的罪恶在伴随着这种人心莫测啊!再也没有诚

恳的友情，再也没有真诚的尊敬，再也没有深厚的信心了！怀疑、猜忌、恐惧、冷酷、戒备、仇恨与背叛永远会隐藏在礼仪那种虚伪一致的面目下边，隐藏在被我们夸耀为我们时代文明的依据的那种文雅的背后。我们不再用赌咒来玷污创世主的名字了，然而我们却以亵渎神明的行为在侮辱他，而我们灵敏的耳朵居然不感到刺耳。我们并不夸耀自己的优点，然而却抹杀别人的长处。我们绝不粗暴地激怒自己的敌人，但我们却礼貌周全地诽谤他们。民族之间的仇恨将会熄灭，但对祖国的热爱也会随之而消失。我们以一种危险的怀疑主义代替了受人轻视的愚昧无知。有些过分的行为被禁止了，有些罪恶是被认为不体面的了，但是另外的罪恶却以德行的名义被装饰起来；而且我们还必须具备它们或者是采用它们。谁要是愿意，就不妨去夸奖当代贤人们的清心寡欲；至于我，我在那里面看到的却只不过是一种精致化的纵欲罢了，这和他们那种矫揉造作的朴素同样是不值得我去称赞的①。

我们的风尚所获得的纯洁性便是如此；我们便是这样而成为好人的。让文学、科学和艺术在这样一种称心满意的作品里去宣扬它们自己的贡献吧。我仅仅要补充一点，那就是如果某一个遥远地区的居民也根据我们这里的科学状况，根据我们的艺术的完美，根据我们的视听观赏的优雅，根据我们仪式的礼貌，根据我们谈吐的谦逊，根据我们永远是善意的表现，并且根据不同年龄、不同地位的那些人们——他们似乎从早到晚就只关心着怎样互相献

---

① 蒙台涅〔蒙台涅(1533—1592年)，法国作家。此处引文见蒙台涅《文集》第三卷、第八章。〕说："我喜欢争辩和谈论，但这只能是和少数一些人，而且是为了我自己。因为供伟人的玩赏以及卖弄自己的才华和口技，我认为是与一个高尚的人非常不相称的勾当"(第三卷第八章)，然而除了一个人〔"一个人"指狄德罗。〕以外，这却正是我们全体文人学士们的勾当。——原注

殷勤——的嘈杂聚会,而想得到一种欧洲风尚的观念的话;那么,我要说,这个异邦人对于我们风尚真相的领会就要适得其反了。

只要没有产生什么作用,当然也就没有什么原因可探求;但是在这里作用是确凿的,腐化也是实在的;而且我们的灵魂正是随着我们的科学和我们的艺术之臻于完美而越发腐败的。能说这是我们时代所特有的一种不幸吗?不能的!各位先生,我们虚荣的好奇心所造成的恶果是和这个世界同样的古老了。就连海水每日的潮汐经常要受那些夜晚照临着我们的星球的运行所支配,也还比不上风尚与节操的命运之受科学与艺术进步的支配呢。我们可以看到,随着科学与艺术的光芒在我们的地平线上升起,德行也就消逝了;并且这一现象是在各个时代和各个地方都可以观察到的。

请看埃及吧,那个全世界最早的学园,在青铜色的天空下那块土地是那样的富饶,昔日的塞索斯特里斯①就是从这个闻名遐迩的国土上出发去征服全世界的。自从它成为哲学与美术之母以后,不久就被冈比斯②所征服,随后是被希腊人所征服,罗马人所征服,阿拉伯人所征服,最后则被土耳其人所征服③。

请看希腊吧,那里居住的是曾经两度战胜过亚洲的英雄们,一次是在特罗伊城下,另一次是在他们自己的家园④。新生的文艺当时还不曾腐蚀居民们的心灵;然而艺术的进步、风尚的解体、马

---

① 传说塞索斯特里斯为古埃及的国王,曾征服过全世界。
② 冈比斯为公元前529—公元前521年古波斯王,于公元前525年征服埃及并建立了埃及的第二十七王朝。
③ 埃及于公元前332年被希腊征服,公元前30年被罗马征服,公元643年被阿拉伯征服,1517年被土耳其征服。
④ 古代希腊人曾经两次战胜过亚洲:一次是荷马史诗所歌咏的特罗伊战争,另一次是波斯战争。波斯战争是在希腊本土和海上进行的,所以说"是在他们自己的家园"。

其顿人①的羁轭不久就相继而来;于是永远是博学、永远是淫逸和永远是被奴役的希腊,就在不断的革命中不断地更换着主人了。德谟狄尼斯②的全部雄辩竟再也鼓舞不起来一个已经被奢侈和艺术所耗竭的身躯了。

由一个牧童③所创立的并被劳动者所辉煌了的罗马,是到了安尼乌斯④和戴伦斯⑤的时代才开始蜕化的。然而自从有了奥维德⑥、卡图里斯⑦和玛提阿里⑧以及其他一大群放荡不检的作家之后,——光是提起这些人的名字就足以令人骇然了——于是一度是德行殿堂的罗马,就变成了罪恶的渊薮,被异族所轻蔑和野蛮人所玩弄了。这个世界首都终于沦落在它所曾加给其他许多民族的那种羁轭之下了,而且罗马沦亡的日子正值人们把"高尚趣味的裁判者"这一头衔赋给一位罗马公民⑨的前夕。

至于东帝国的首都⑩,从它所处的地位来看,似乎是应该成为全世界的首都的,对于这个成为(也许是由于智慧而不是由于野蛮)在欧洲其他地方遭到禁止的科学和艺术的藏身之所的地方,我又该说些什么呢?一切极其无耻的骄奢与腐化、种种最黑暗的谋

---

① 指马其顿王腓力(公元前 356—公元前 336 年)与亚历山大大帝(公元前 336—公元前 323 年)征服希腊。
② 德谟狄尼斯(公元前 384—公元前 322 年),雅典政治家与演说家,他极力主张抵抗马其顿,以维护雅典的独立。
③ 传说罗马的建立者罗慕鲁斯(Romnlus)是一个牧童。
④ 安尼乌斯(公元前 239—公元前 169 年),罗马诗人。
⑤ 戴伦斯(约公元前 190—公元前 159 年),罗马喜剧诗人。
⑥ 奥维德(公元前 43 年—公元 17 年),罗马诗人。
⑦ 卡图里斯(约公元前 87 年—公元前 54 年),罗马诗人。
⑧ 玛提阿里(约公元 40 年—104 年),罗马诗人。
⑨ "一位罗马公民",指讽刺作家彼得罗尼乌斯(Peronius),罗马暴君尼罗(Nero 54—68 年)在位初期,彼得罗乌斯得宠,绰号为"高尚趣味的裁判人"。
⑩ "东帝国的首都"指东罗马(拜占庭)帝国的首都君士坦丁堡。

杀与陷害、一切极其邪恶的罪行都汇合在一起,这一切就构成了君士坦丁堡的历史的脉络;这些就是我们的世纪引以为荣的种种知识之所由来的纯洁的源泉了。

然而我们又何必向远古的时代去寻求真理的证据呢?我们眼前不就有这一真理的充分证据吗?在亚洲就有一个广阔无垠的国家,在那里文章得到荣誉就足以导致国家的最高职位。如果各种科学可以敦风化俗,如果它们能教导人们为祖国而流血,如果它们能鼓舞人们的勇气,那么中国人民就应该是聪明的、自由的而又不可征服的了。然而,如果没有一种邪恶未曾统治过他们,如果没有一种罪行他们不曾熟悉,而且无论是大臣们的见识,还是法律所号称的睿智,还是那个广大帝国的众多居民,都不能保障他们免于愚昧而又粗野的鞑靼人的羁轭的话,那么他们的那些文人学士又有什么用处呢?他们所满载的那些荣誉又能得到什么结果呢?结果不是充斥着奴隶和为非作歹的人们吗?

让我们拿那些为数不多的民族的风尚来和上面的情况对比一下吧;那些民族并没有沾染上这些虚浮的知识,他们以自己的德行造就了自己的幸福并成为其他民族的榜样。早期的波斯人便是如此,他们是一个独特的民族,他们学习德行犹如我们这里学习科学一样;他们轻而易举地就征服了亚洲,并且唯有他们才有那种光荣,使他们政体的历史得以成为一部哲学的传奇。塞种人[①]便是如此;关于他们,至今还流传着种种灿烂辉煌的称誉。日耳曼人也是如此,有一位历史学家的大笔由于厌倦于记叙一个文明、富饶而骄奢淫逸的民族的种种罪行与黑暗,遂转而寄情于描写日耳曼人

---

① 塞种人,即西徐亚人,古代末期欧亚大陆上的一个游牧部族。

的单纯、清白与德行①。甚至罗马,在它贫穷与蒙昧的时代,也是如此。直到我们今天,那个乡居的民族也还是表现如此②,他们所自豪的就是没有敌人能够挫败他们的勇气,也没有任何事情能够腐蚀他们的忠诚③。

他们之所以爱好别的活动甚于精神的活动,绝不是由于愚蠢。他们并非不知道在别的国家里有些游手好闲的人终生都在高谈阔论着至善、罪恶与德行,并且那些浮夸的理论家还对自身加以最堂皇的称颂,而对其他民族则冠以野蛮人这个可鄙的名词。他们也研究过这些人的风尚,并且知道蔑视这些人的理论。④

我难道会忘记,就在同一个希腊的境内我们也看见了另一个城邦⑤的兴起,它的闻名遐迩就正是由于它那幸福的无知以及它那法律的贤明;它简直是个半神明的共和国,而不是人世上的共和

---

① 这里指的是罗马历史学家塔西佗(Tacitus 53—120 年)所写的《日耳曼志》。
② 指作者自己的祖国瑞士,瑞士原为神圣罗马帝国的一邦,13 世纪末 14 世纪初已经产生了城区与乡区的联盟,17 世纪瑞士在反抗哈布斯堡王朝及其他封建领主的斗争中,保卫了自己的独立,形成了邦联国家。
③ 我不敢说那些从来连种种罪恶的名字——而这些罪恶却是我们非常难于克制的——都不知道的幸福民族;我不敢说美洲的那些野蛮人,他们那简单而自然的政体,蒙台涅毫不犹豫地不仅把它推崇为高于柏拉图的法制,而且甚至高于一切哲学,高于一切民族所能想象的最完美的政府之上。他旁征博引很多例子,使得赞美他们的人也深深惊叹。他说,"然而,怎么样呢? 他们是连裤子都不穿的呀!"——原注。
④ 的确人们有理由要问:当雅典人小心翼翼地抛弃那个无私的法庭——它的判决是连神祇也不能再行上诉的——的时候,雅典人自己关于雄辩该有什么意见呢? 当罗马人把医生逐出他们的共和国的时候,他们对于医生有什么想法呢? 当人道的遗风使西班牙人禁止他们的律师去美洲的时候,他们对于法理学应该抱有怎样的见解呢? 难道我们不能说,他们相信仅凭这种作法就足以弥补他们对于不幸的印第安人所造成的一切祸害了吗? ——原注。
⑤ "同一个希腊的境内另一个城邦"指斯巴达。厚斯巴达而薄雅典的见解,是卢梭在本书中开始提出的,到 18 世纪末法国大革命时期这种见解获得了广泛的流传。

国了。他们的德行显得是多么的超乎人世之上，啊！啊！斯巴达，你永远是对空洞理论的羞辱！正当美术造成的种种罪恶一齐出现于雅典的时候，正当一个僭主①煞费苦心地在搜集诗人之王的作品的时候，你却把艺术和艺术家、科学和学者们一齐赶出了你的城垣。

历史终于表明了这种区别。雅典变成了礼仪和风雅的中心，雄辩家与哲学家的国土；房屋的华丽和辞藻的风雅在这里竞相媲美；人们在这里到处可以看到最精巧的大师们在大理石和画布上的最生动的作品。正是从雅典才流传下来了为颓靡的后世历代都奉为典范的惊人作品。拉西第蒙②人的画面却不像这么绚烂了。其他民族都评论说，那里的人民是生来就有德行的，连那个国土上的空气也似乎激发着人们的德行。它的居民留给我们的，只是对于他们的英雄事迹的追忆。难道他们的这种纪念碑，对于我们来说，不比雅典所遗留给我们的奇巧的大理石雕像更加可贵吗？

的确，有些贤人哲士也曾抵抗过这个总的潮流，而且能在文艺女神们的家里保障了自己免于罪恶。然而我们不妨听听其中的第一个而且是最不幸的人③对于当时的学者和艺术家所下的评语吧！

他说："我曾考察过诗人，把他们当作是才华足以驾驭自己和别人的人；他们自命是有智慧的人，人们也以为他们是如此，可是

---

① 指毕西斯垂底斯（纪元前6世纪雅典的僭主）。据西塞罗说，毕西斯垂底斯是第一个搜集并编定荷马诗篇的人。
② 拉西第蒙即斯巴达。
③ 指苏格拉底（公元前470—公元前399年），以下引文见苏格拉底《自辩篇》第7章。

他们却是最没有智慧的了。"

苏格拉底继续说道:"我又从诗人转到艺术家。没有人比我更不懂得艺术了;没有人比我更深信艺术家掌握着非常美妙的秘密的了。可是我发觉他们的情形也并不比诗人好,他们双方都怀有同样的偏见。他们之中最有技巧的人由于在自己的那一部门中超过了别人,于是就自以为是人类中最有智慧的了。这种自夸,在我看来,完全玷污了他们的知识;因此我就在神坛之前自问,究竟我是像我自己这样好呢,还是像他们那样好?是知道他们所学到的那种东西好呢?还是知道我自己是一无所知的好呢?我就向我自己答道,为我自己,也为了神,我还是愿意像我自己这样。

"无论是智者,无论是诗人,无论是雄辩家,无论是艺术家,抑或是我自己,——我们大家都不知道什么是真,是善,是美。然而我们之间却有着这样的区别:虽然这些人什么都不知道,但全都自以为知道些什么;至于我呢,如果我什么都不知道,至少我对自己的无知是毫不怀疑的。因此神谕所加之于我的那种智慧①的全部优越性便可以完全归结为:我能够确信,我对自己所不知道的事物是愚昧无知的。"

这就是神判断为最有智慧的人和全希腊公认为雅典最有学识的人——苏格拉底——对于愚昧无知所做的赞颂了!我们能相信,他如果在我们今天复活的话,我们的学者、艺术家会使他改变意见吗?不会的,各位先生,这个正直的人会依旧鄙视我们的虚浮的科学的,他绝不会助长我们这里到处泛滥着的大量的书籍的;他

---

① 苏格拉底在《自辩篇》中曾提到凯勒丰在德尔斐的神坛前求问阿波罗,谁是希腊最有智慧的人。庇提斯的女先知传神谕说,没有人比苏格拉底更有智慧。

留给他的弟子们以及我们后人的全部教诲,仍将如以往一样,就只是他那德行的榜样和对他的德行的景仰。他就是这样善于教诲人的。

苏格拉底在雅典开始,老卡图①则在罗马继续着摆脱那些矫揉造作而又机巧的希腊人的影响;那些希腊人败坏他们同胞的德行并且腐蚀他们的勇毅。然而科学、艺术与辩证法②还是流行起来了,罗马充满了哲学家和雄辩家;人们不顾军事纪律了,人们鄙视农业了,人们在搞宗派,并且人们忘记了祖国。于是伊壁鸠鲁③、芝诺④、阿塞西拉斯⑤的名字就代替了自由、大公无私与安分守法这些神圣的名字。连他们自己的哲学家都说:自从学者在我们中间开始出现以后,好人就不见了⑥。从前,罗马人是安心于实践德行的,但当他们开始研究德行之后,一切就都完了。

法布里修斯⑦啊!如果你不幸又被召回人间,又看见你曾亲手挽救过的、而你那可敬的名字要比它的一切征服都更能使它声威显赫的那个罗马的奢华面貌,这时候你那伟大的灵魂会有什么感想呢?你会说:"神啊,曾经一度是节制与德行之所在的那些茅屋和村舍变到哪里去了呢?罗马的简朴已经被怎样致命的繁华所代替了啊!这是些什么样的陌生的语言啊!是些什么样的柔靡风

---

① 老卡图(公元前234—公元前144年),罗马监察官,以道德严肃著称。
② "辩证法"一词在古希腊原指辩论术。
③ 伊壁鸠鲁(公元前341—公元前270年),希腊享乐主义哲学家,伊壁鸠鲁主义的创始人。
④ 芝诺,指西提乌姆的芝诺,死于公元前300年,希腊哲学家,斯多噶主义的创始人。
⑤ 阿塞西拉斯(公元前316—公元前241年),希腊怀疑主义哲学家,新学园的创立人。
⑥ 按这句话的原文出自塞尼卡《书信集》第25节,蒙台涅《文集》第1卷第24章引过这句话。
⑦ 法布里修斯,公元前282年任罗马执政官,以道德纯朴著称。

尚啊！这些雕像、绘画和建筑是什么意思呢？无聊的人们，你们做了些什么事啊！你们，万邦的主人啊，你们已经把自己转化为被你们所征服的那些轻薄人的奴隶了！统治着你们的全是些修辞学家们！你们曾以自己的鲜血灌溉了希腊和亚洲，却只不过是养肥了一群建筑家、画家、雕刻家和优伶罢了！迦太基的战利品竟成了一个弄笛者的赃物！罗马人啊！赶快拆毁这些露天剧场，打碎这些大理石像，烧掉这些绘画，赶走这些征服了你们并以他们那些害人的艺术腐化了你们的奴隶吧。让别人以炫耀虚浮的才华自许吧；那种唯一与罗马相称的才华，乃是征服全世界并以德行治理全世界的才华。当西乃阿斯①认为我们的元老院是一种国王们的会议时，他既不曾被虚荣的浮夸也不曾被精致的风雅所迷惑；他根本没有理会那里的那些轻浮的高谈阔论、那些不切实际的人们的研究与诱惑。当时西乃阿斯所看到的最宏伟的东西又是什么呢？公民们啊！他看到的乃是一种为你们的财富与你们全部的艺术所无法造成的景象，是普天之下所从未有过的最壮丽的景象：即，一个两百位有德行的人的大会，这个大会才配号令全罗马并且统治全世界！"

然而，让我们越过地点与时间的间隔，来看看眼前我们自己的国土上所发生的事情吧；或者不如说，让我们撇开那些会刺伤我们娇气的可厌的画面吧，让我们不必使用别的名字来重述同一件事而自寻苦恼吧。我之所以要召请法布里修斯的在天之灵，并不是毫无意义的；我假口于那位伟大人物所说的话，难道不能使之出于路易十二或亨利第四②之口吗？在我们这里，的确，苏格拉底也许

---

① 西乃阿斯，公元前3世纪初希腊皮鲁斯国王伊壁鲁斯派往罗马的使臣。
② 路易十二(1498—1515)和亨利第四(1589—1610)都是法国历史上有名的国王。

不会饮鸩而死的①,然而他却要从一个更苦得多的酒杯里尝到侮辱性的嘲弄和比死亡还坏百倍的鄙夷的。

这便是何以骄奢、淫逸和奴役在一切时代里,只要当我们想脱离永恒的智慧为我们所安排的那种幸福的无知状态时,就总是会成为对于我们骄傲的努力的一种惩罚了。它所用来掩盖它的一切活动的那张厚幕,就好像足以告诫我们说,它是并不打算叫我们去从事无益的探讨的。然而我们有没有从它的教训之中汲取益处呢,或者是对之忽视而不受惩罚的呢?人们啊!你们应该知道自然想要保护你们不去碰科学,正像一个母亲要从她孩子的手里夺下一种危险的武器一样;而她所要向你们隐蔽起来的一切秘密,也正是她要保障你们不去做的那些坏事,因而你们求知时所遇到的艰难,也就正是她的最大的恩典了。人类是邪恶的;假如他们竟然不幸天生就有知识的话,那么他们就会更坏了。

这些想法使人类感到多么惭愧啊!我们的骄傲会因此而感到怎样的屈辱啊!什么?难道正直是愚昧无知的女儿吗!难道科学与德行会是互不相容的吗!根据这些假设有什么结论不能得出来呢!然而,要调和这些外表的矛盾,只需仔细考查一下那些使我们眼花缭乱的响亮的空名目是多么虚幻与无谓就够了,这些空名目本是我们所滥加给人类的知识的。因此,就让我们考虑一下科学和艺术的本身吧。让我们看看它们的进步会造成什么结果,并且让我们不再迟疑地接受我们的论证所得出的与历史推论相一致的全部论点吧!

---

① 苏格拉底于公元前399年因对雅典民主制度抱敌对态度,被判处死刑,饮鸩而死。

二

有一个古老的传说从埃及流传到希腊,说是创造科学的神是一个与人类的安谧为敌的神①。科学是在埃及诞生的,而埃及人自己对于科学又怀有怎样的见解呢?他们是亲切地看到了产生科学的根源的。事实上,无论我们怎样翻遍世界的纪年史,也无论我们怎样再以哲学的探索来补充无法确定的编年史,都不会发现人类知识的起源能有一种是符合我们所愿望的那种观念的。天文学诞生于迷信;辩论术诞生于野心、仇恨、谄媚和撒谎;几何学诞生于贪婪;物理学诞生于虚荣的好奇心;所有一切,甚至于道德本身,都诞生于人类的骄傲。因此,科学与艺术都是从我们的罪恶诞生的;如果它们的诞生是出于我们的德行,那么我们对于它们的用处就可以怀疑得少一点了。

它们起源上的这种缺点,我们是很容易从它们的目的里探索出来的。艺术如果缺少了把它培养起来的奢侈,那么我们又要艺术做什么呢?若是人间没有不公道,法理学又有什么用呢?如果既没有暴君,又没有战争,也没有阴谋家,历史学还成个什么东西呢?总之,如果人人只是在讲究自己做人的责任与自然的需要,人人只能有时间为祖国、为不幸者、为朋友而效力,那么谁还会把自己的一生用之于毫无结果的思索呢?难道我们生来就是要死在潜藏着真理的那座源泉的边缘之外吗?仅仅是这种想法,便应该使

---

① 我们很容易想到普罗米修斯那个故事的寓言,而希腊人是把他锁在高加索山上的。希腊人对他好像并不比埃及人对他们的神条土司具有更多的好感,一个古老的寓言说,撒提尔初次见到火,就想拥抱它、吻它;但是,普罗米修斯向他喊道:"撒提尔,你要为你脸上的胡须而哭泣的,因为谁碰到了它,它就会烧谁。"——原注。希腊传说普罗米修斯因偷天火给人类,被宙斯锁在山上。

每一个严肃地想以哲学研究来教育自己的人从一开头就却步的。

在科学研究工作中,有多少危险、多少歧途啊!要达到真理,又必须经历多少错误啊!这些错误的危险要比真理的用处大上百倍。这种不利的局面是很显然的。因为错误可能有无穷的结合方式;而真理却只能有一种存在的方式。并且谁才是真诚地寻求真理的人呢?即使有着最良好的愿望,又凭什么标志才能肯定我们是认识到了真理呢?在那么大量的不同见解中,哪一种才是我们能正确地据以判断真理的标准呢①?而且更困难的是,假如我们居然有幸终于发现了真理,我们之中又有谁能好好地应用它呢?

如果我们的科学就其所提出的目的来说是虚幻的,那么就其所产生的效果而言,它们就要更危险得多。科学既产生于闲逸,反过来又滋长闲逸;因此它们对社会所必然造成的第一种损害,就是无可弥补的时间损失。在政治方面正像在道德方面一样,任何好事都不做就是一桩大罪过,因而一个无用的公民也就可以认为是一个有害的人。大名鼎鼎的哲学家们啊!请你们回答我:从你们那里我们知道了物体在空间是按照怎样的比例互相吸引的②;在相等的时间内行星运行所经历的空间关系又是怎样的③;什么样的曲线具有交点、折点和玫瑰花瓣④;人怎样把万物看成上帝⑤;灵

---

① 我们知道得越少,就越自以为知道得很多。逍遥学派〔逍遥学派即亚里士多德学派。〕不是什么都不怀疑吗?笛卡儿不是以立方体和旋涡运动构造宇宙的吗?今天在欧洲哪一个浅薄的物理学家不是肆无忌惮地在解释电学的深刻奥妙呢?不是在解释那种也许会成为真正哲学家所永远不能解释的深刻的奥妙的呢?——原注
② 指牛顿的万有引力定律。
③ 指开普勒的行星运动定律。
④ 指笛卡儿发明的解析几何。
⑤ 指斯宾诺莎的泛神论。

魂与肉体怎能互不交通而又像两只时钟一样地彼此符合①;哪个星球上可能有人居住;哪种昆虫在以一种特殊的方式进行繁殖;——我们是从你们那里得到了这一切崇高的知识的,然而请你们回答我:假如你们从未教给我们任何这类事物的话,我们是否因此就会人口减少②,治理不善,不那么巩固、不那么繁荣或者是更加邪恶了呢?因此就请你们再想一想你们的作品的重要性吧;如果我们最高明的学者和我们最好的公民的劳动对于我们竟是如此无用,那么就请告诉我,我们对于那一大堆白白消耗国家粮食的不入流的作家们和游手好闲的文人们,又该作何想法呢?

我说的是什么,是游手好闲吗?但愿上帝能让他们真正游手好闲吧!真能那样,风尚倒会健康得多,社会倒会太平得多。可是这些空虚无用的空谈家们却从四方八面出来了,他们以他们那些致命的诡辩武装起来自己以后,就在摇撼着信仰的基础并在毁灭德行了。他们鄙夷地嘲笑着祖国、宗教这些古老的字眼,并且把他们的才智和哲学都用之于毁灭和玷污人间一切神圣的事物。这倒不是因为他们从心底里仇恨德行或者我们的信条,而是因为他们仇视公认的见解;所以要想使他们回到神坛底下来,只要把他们流放到无神论那里去就行了。专求标奇立异的人,还有什么事情做不出来呢!

浪费时间是一桩大罪过。然而由文艺而产生的罪过却还要更坏得多。由于人们的闲暇与虚荣而产生的奢侈,就是其中的一种。奢侈很少是不伴随着科学与艺术的,而科学与艺术则永远不会不

---

① 指笛卡儿心物平行的二元论。
② 后来卢梭正式提出他的论点:人口的多少乃是政治好坏的最重要的标志(《社会契约论》第 3 卷第 9 章)。

伴随着奢侈。我知道我们那些富于独特准则的哲学家们,会不顾各世纪的经验,硬说是奢侈造成了国家的昌盛;然而纵令把禁止奢侈的法律的必要性置诸脑后,难道他们能否认善良的风尚对于帝国的存续乃是最根本的事,而奢侈则是与善良的风尚背道而驰的吗?纵使奢侈是财富的某种标志,纵使它能,如果你愿意的话,有助于增殖财富;但从这种只有在我们今天才配产生的诡辩里面又能得出什么结论来呢?当可以不惜任何代价只求发财致富的时候,德行又会变成什么样子呢?古代的政治家从不休止地讲求风尚与德行;而我们的政治家则只讲求生意和金钱。这一个政治家会对你说,一个人在某个国家的身价恰等于其在阿尔及尔卖身的价钱;另一个政治家照样计算过后就会发现,在某些国度里一个人是一钱不值的,而在另外一些国度里其身价竟至比一钱不值还要贱。他们估价人就好像是估价一群牲口一样。根据他们的说法,一个人对于国家的价值就仅仅等于他在那里所消费的数量;因此,一个西巴里①人就很可以抵得过三十个拉西第蒙人了。然而人们不妨想一想,斯巴达和西巴里这两个共和国,哪一个是被一小撮农民所征服的?哪一个又是使得全亚洲都为之震动的?

居鲁士的王国是被一个比最渺不足道的波斯镇守使还穷得多的君主用三万人所征服的②;而塞种人,一切民族中最贫困的民族,却抵抗了世界上最强有力的君主③。当两个有名的共和国在争夺全世界,其中一个非常富庶,另一个却一无所有;那么就必将

---

① 西巴里为意大利南部古希腊城邦,当地富人以奢侈闲逸的生活著称。公元前510年被克罗顿所灭。

② 居鲁士于公元前550—530年曾征服美狄亚、吕底亚与巴比伦,建立了波斯帝国。波斯帝国于公元前331年被马其顿王亚历山大(大帝)的三万大军所征服。

③ 公元前512年波斯王大流士曾进攻塞种人,但未成功。

是后者摧毁前者。罗马帝国在吞噬了全世界的财富之后,就轮到它自己成为甚至连什么是财富都还不知道的那些人的战利品了。法兰克人征服了高卢人,撒克逊人征服了英国;但他们除了勇武和贫穷而外,并没有任何别的财宝。一群贫穷的山居汉,他们的全部奢望不外是几张羊皮,然而他们却在制服奥国的横行之后,居然又摧毁了那个使得全欧洲的王侯都战栗的、既豪富又强大的勃艮地王朝①。最后,查理第五②的后裔的全部势力和全部智慧,虽然有印度群岛的全部财富为其后盾,却竟被一小撮捕青鱼的渔夫所粉碎了③。让我们的政治家们也暂时搁下他们的算盘来想想这些例子吧;让他们也认识一下,人们虽可以用金钱获得一切,但却绝不能获得风尚与公民。

然则这个奢侈问题,严格说来,所涉及的又是什么问题呢?那就是要了解究竟是哪一个对于帝国更为重要:是显赫而短促呢?还是有德而持久呢?我说是显赫,但那有什么光彩呢?喜欢炫耀与爱好正直,这两者是很难结合在同一个灵魂之内的。不,这简直是不可能的事,被大量无益的心机所败坏了的精神是永远也不会上升到任何伟大的事业的;而且纵令他们有此力量,他们也会缺乏勇气的。

一切艺术家都愿意受人赞赏。他的同时代人的赞誉乃是他的酬报中最可珍贵的一部分。如果他不幸生在那样一个民族,生在那样一个时代,那儿一味趋时的学者们是被轻浮的少年们在左右

---

① 指瑞士联邦获得政治独立。1315 年瑞士击败奥国军队,1476—1477 年击败勃艮地王朝勇者查理的军队。
② 查理第五,为西班牙王(1516—1566),领有西印度群岛,1519 年又兼神圣罗马帝国皇帝。
③ 指 1588 年西班牙无敌舰队被英国所败。

着自己的文风;那儿人们向剥夺他们自由的暴君牺牲了自己的情趣;那儿的男女一方只敢赞赏与另一方的畏缩相称的东西①;那儿的诗剧杰作遭人鄙弃而且最宏富的乐调被人指摘;——那时候,为了要博得别人的赞赏,他会做出什么事情来呢?各位先生,他会做的是什么事情呢?他就会把自己的天才降低到当时的水平上去的,并且宁愿写一些生前为人称道的平庸作品,而不愿写出唯有在死后很长时期才会为人赞美的优秀作品了。大名鼎鼎的阿鲁艾②啊!请你告诉我们,为了我们的矫揉造作的纤巧,你曾牺牲了多少雄浑豪壮的美啊!为了那些猥琐事物中所充斥着的轻佻格调,你又曾付出了怎样的伟大为其代价啊!

这样,奢侈必然的后果——风尚的解体——反过来又引起了趣味的腐化。如果才智卓越的人们中间偶尔有一个人,有着坚定的灵魂而不肯阿世媚俗,不肯以幼稚的作品来玷污自己;那他可就要不幸了!他准会死于贫困潦倒和默默无闻的。但愿我这里所做的只是一种妄自揣测,而我所谈的也并不是经验的事实!卡尔和比尔③啊!你们的彩笔本来是画崇高而神圣的画像用以恢宏我们神殿的庄严的,现在从你们手里放下那支彩笔的时刻已经到来了,

---

① 我远不认为女性地位的提高本身是一桩坏事,那是大自然为了人类的幸福而对他们所提供的一种赠礼;运用得好的话,它所产生的好处就会像它今天所产生的坏处是一样地多。人们还没有充分认识到,如果对统治着另一半人类的这一半人给以更好的教育,这将会给社会带来怎样的利益。男人总是成为女人所喜欢的那样子:如果你想要使他们高尚而有德,那么就教导女人什么是灵魂的高尚与德行吧。这个主题所涉及的想法也就是当年柏拉图所谈论过的,它很值得有一支配得上继承这样一位大师的文笔,来为如此一桩伟大的事业而写作和辩护,并且好好地发挥一番。——原注

② 阿鲁艾,即伏尔泰(1694—1778),伏尔泰的名字是法兰梭瓦·玛丽·阿鲁艾。

③ 卡尔和比尔,指18世纪法国著名画家卡尔·汪罗(1705—1765)和比尔·汪罗(1714—1789)。

否则的话它也会被滥用来给那些"面对面"的马车去画淫荡的图画的。还有你,普拉西泰理斯①和斐狄阿斯②的匹敌啊,你的凿子古人们是用来雕塑他们的神像的,仅凭那些雕像就足以使我们原谅他们的偶像崇拜了;无与伦比的比加尔③啊,你的手终于只好去捏瓷人④肚子,不然就只好闲置不用了。

我们对风尚加以思考时,就不能不高兴地追怀太古时代纯朴的景象。那是一幅全然出于自然之手的美丽景色,我们不断地向它回顾,并且离开了它我们就不能不感到遗憾。那时候,人们清白而有德,并愿意有神祇能够明鉴他们的行为,和他们一起都住在同一个茅屋里;然而不久他们变得为非作恶之后,他们就讨厌这些碍手碍脚的明鉴者了,于是就把神祇放到华丽的神殿里,最后他们又把神祇从神殿赶走,自己住了进去,或者,至少神殿和公民的厅堂已不再有什么区别了。这时候也就是堕落的极点了;当我们看见把神祇安放在——可以这么说——世家大族的门楣上、大理石的柱子上或者是铭刻在哥林多式的柱头上的时候,罪恶也就登峰造极了。

当生活日益舒适、工艺日臻完美、奢侈之风开始流行的时候,真正的勇敢就会削弱,尚武的德行就会消失;而这些也还是科学和种种艺术在室内暗中起作用的结果。当哥特人掠夺希腊的时候,希腊所有的图书馆之得以幸免焚毁,只是由于有一个哥特人散播了这样一种见解:要给敌人留下适当的东西,好使他们荒废军事

---

① 普拉西泰埋斯,公元前4世纪希腊最著名的雕刻家。
② 斐狄阿斯,公元前5世纪希腊最著名的雕刻家。
③ 比加尔(1714—1785),法国著名的雕刻家。
④ 瓷人(magot),18世纪法国流行的一种摆设品。

的操练而沉溺于怠惰安静的职业。查理第八①几乎是兵不血刃就成了托斯堪尼和那不勒斯②王国的主人的;他的朝臣们都把这次意外的顺利归功于意大利的王侯贵族们过分地沉溺于机巧和博学,以至于无法振作并奋勇作战。因此,那位有头脑的人③论及这两种倾向时就说,事实上一切先例都教导了我们,不论在军事方面,还是在一切其他类似的方面,科学研究都更会软化和削弱勇气,而不是加强和鼓舞勇气。罗马人承认,他们武德的消逝是随着他们赏识图画、雕刻和金银器皿以及培植美术而开始的;而且仿佛这个有名的国土注定要不断地成为其他民族的前车之鉴似的,梅狄奇④家族的兴起以及文艺的复兴便再度——而且也许是永远地——摧残了意大利几个世纪来似乎已经恢复的那种善战的声誉。

  古代希腊各共和国的制度中大部分都闪耀着一种智慧,它们禁止它们的公民从事一切文弱的职业,因为那既损伤人们的身体又败坏他们灵魂的生气。的确,连一点点物质缺乏也经受不起、连最微小的痛苦也可以把他们拖垮的那些人,我们设想他们会以怎样的眼光来对待饥渴、疲倦、危险和死亡呢?素无训练的兵士又能有什么勇气来支持极度的操劳呢?在甚至连骑马赶路也没有气力的指挥官之下,他们又有什么热情进行急行军呢?一切受过科学训练的近代战士的闻名遐迩的勇气,都反驳不了我的说法。人们尽管可以夸耀他们在某一天战斗里的勇敢,然而却无法告诉我他

---

① 查理第八,法国国王(1483—1498),于1495—1496年远征意大利。
② 托斯堪尼位于意大利中北部,那不勒斯位于意大利南部。
③ "那位有头脑的人"指蒙台涅,以下的引述见蒙台涅《文集》卷1,第24章。
④ 梅狄奇是15世纪以来意大利政治舞台上最重要的一家贵族,以保护文艺著称。在梅狄奇的统治下,佛罗伦萨成为意大利文艺复兴运动的中心。

们是怎样支持过度的操练,是怎样抵抗季节的严酷与气候的变幻的。只要有一点烈日或霜雪,只要有某些身边琐物的匮乏,不消几天就足以瓦解并摧毁我们最精锐的部队了。勇猛的战士啊!请你们正视一下你们从来很少听到过的真理吧!我知道你们是勇敢的;你们会随着汉尼拔①一起在坎尼之战、在特拉西门尼斯之战大获全胜的;恺撒②会同你们一起渡过鲁比康河而征服全国的;然而汉尼拔越过阿尔卑斯山时,恺撒征服我们的前人时③,就绝不会是同你们在一起了。

战斗往往并不能决定战争的胜利,而且将军们也需要有一种比赢得战役更加高明的艺术。在火线上奋勇当先的人,不见得就不是一个很坏的指挥官;即使是士兵,忍耐力和战斗意志多一点也许要比勇猛大胆还更必要,因为勇猛大胆并不能保障他们免于死亡。军队被寒暑所消灭抑或被敌人的武器所消灭,这对国家来说又有什么不同呢?

如果说科学的教养对于战斗品质是有害的,那么它对于道德品质就更加有害了。从我们最初的岁月起,就有一种毫无意义的教育在虚饰着我们的精神,腐蚀着我们的判断。我看到在各个方面人们都不惜巨大的代价设立无数的机构来教导青年以种种事物,但只有他们的责任心却被遗漏了。你们的孩子们不会说他们自己的语言,然而他们却会说那些在任何地方都用不着的语言;他

---

① 汉尼拔(公元前274—公元前183年),古迦太基大将,公元前217年越阿尔卑斯山,大败罗马军队于特拉西门尼斯湖,公元前216年又在坎尼大败罗马军队。

② 恺撒(公元前102—公元前44年),罗马大将,公元前58—公元前51年征服高卢,公元前49年率军渡过鲁比康河回到意大利,成为罗马事实上的独裁者。

③ 指高卢人。高卢后为法兰克人所定居,法兰克人即近代法国人的祖先,故此处称高卢人为"我们的前人"。

们会作几乎连他们自己都看不懂的诗；他们虽不会辨别谬误和真理，却有本领用似是而非的诡辩使得别人无从识别，可是他们并不知道高尚、正直、节制、人道、勇敢这些名词究竟是什么；祖国这个可爱的名字永远也不会打进他们的耳朵里去；如果他们也听人讲说上帝①，那也并不是由于敬畏上帝，而只是对于上帝怀有恐惧罢了。有一位贤人②说过，我宁愿我的学生打网球来消磨时间，至少它还可以使身体得到锻炼。我知道必须让孩子们有所专心，怠惰乃是孩子们最可怕的危险。可是他们应该学习些什么呢？这就确乎是个大问题了。让他们学习做一个人所应该做的事③，别去学

---

① 见《哲学沉思录》(《哲学沉思录》一书为狄德罗所作，1746年初版，共62篇；再版时更名为《致坚强者的礼品》。卢梭此处所引，见该书第25篇。狄德罗这一著作在当时被列为禁书，是不大有可能写入原稿送交第戎学院的。因此，这里所引的话大概是后来补入的。)——原注

② 指蒙台涅。

③ 斯巴达人有过一位最伟大的国王（注：指莱格古士），他当时的教育便是如此。蒙台涅说："有一件特别值得重视的事，就是在莱格古士的优异的制度之下——那种制度的完美确实是了不起的——孩子们的教养是如此备受关怀，以致成了它的主要任务；而且就在文艺女神的脚下，他们这里所学的学说竟也如此之少，仿佛这些慷慨的少年鄙夷其他一切羁轭似的，而人们向他们所提供的也不是我们的学者专家，而是气概、节操与正义的老师。"

现在请看这位作者是怎样述说古代波斯的；他说柏拉图写道："他们继承王位的长子就是这样教养起来的。自从诞生之后，就不把他交给妇人，而是交给以其德行而成为国王左右最有权威的宦者的手中。这些人负责使他的身体美丽而健康，七岁之后便教导他骑马射猎。到了十四岁，就把他交给四个人：即全国最聪明的人，最正直的人，最有节操的人，最勇敢的人。第一个人教给他宗教；第二个人教给他永远服从真理；第三个人使他能克制欲念；第四个人教他无所畏惧。"我可以补充说，他们全都教给他善良，但没有一个人教给他学问。

色诺芬〔注：(公元前427—355年)古希腊作家；此处所引见色诺芬《居鲁士本记》卷1，第24章。〕的书中说，"阿斯提亚齐斯要居鲁士叙述一下他最后的一课。居鲁士就说：在我们学校里有一个大孩子，他有一件小外衣，他就把它送给另一个身材较小的同学，而把这个小同学的一件大些的外衣拿去了。我们的老师要我来做这场争端的裁判人，我判断说这件事可以听其如此，因为这样一来他们两个人好像都更合适一些。可是老师指出说我错了；因为我只考虑到方便，而首先必须顾及的应该是正义，正义就是要使每个人在属于他自己的事情上绝不受（转下页）

那些他们应该忘却的事吧。

我们的公园装饰着雕像，我们的画廊装饰着图画。你以为这些陈列出来博得大家赞赏的艺术杰作表现的是什么呢？是捍卫祖国的伟大人物呢，还是以自己的德行丰富了自己祖国的更伟大的人物呢？都不是。那是各式各样颠倒歪曲了的心灵与理智的形象，是煞费苦心地从古代神话里挑选出来专供我们孩子们的好奇消遣之用的；而且毫无疑问地是为了在他们甚至还不认字以前，他们眼前就可以有各种恶劣行为的模范了。

如果不是由于才智的不同和德行的败坏在人间引起了致命的不平等的话，那么这一切的谬误又是从何而产生的呢？这就是我们种种学术研究的最显著的后果，也是一切结果中最危险的后果了。我们不再问一个人是不是正直，而只问他有没有才华；我们不再问一本书是不是有用，而只问它是不是写得好。我们对于聪明才智就滥加犒赏，而对于德行则丝毫不加尊敬。漂亮的文章就有千百种奖赏，美好的行为则一种奖赏都没有。然而请告诉我，在这个学院里获奖的最好的论文所得的光荣，是不是能和设立这种奖金的美意相比拟呢？

贤人哲士是绝不追求财富的，然而他对于光荣却不能无动于衷了；当他看到光荣的分配是如此之不公平，他的德行——那是稍有一点鼓励就能激发起来，并可以使之有利于社会的——就会消沉而且会湮没于潦倒无闻之中的。这就是何以结果终于到处都要偏爱赏心悦目的才华而不爱真实有用的才华的原故了；并且这种

（接上页）任何强迫；他还说他因此而受到了责罚，正好像我们在乡村学校忘记了 ινπιω（希腊文：打）这个字的第一格过去式而受罚一样。我的老师在使我相信他的学校的确是这么好之前，还向我好好地作了一番现身说法的讲解。"——原注

经验自从科学与艺术复兴以来,只是格外地在加强。我们有的是物理学家、几何学家、化学家、天文学家、诗人、音乐家和画家,可是我们再也没有公民了;或者说,如果还有的话,也是分散在穷乡僻壤,被人漠视和轻蔑而终于消逝的。那些给我们以面包的人、给我们孩子以牛奶的人①所遭遇的情况便是如此,他们从我们这儿所获得的情感便是如此。

然而我也承认,这种害处并不像它所可能形成的那么大。永恒的天道既然在各种不同的毒草旁边都安置了解毒药,在许多害人的动物体内安置了受他们伤害时的救治剂,因而也教会了君主们——他们是天道的行政官——来模仿他的智慧。那位其光荣将在后世日益获得新的光辉的大君王②,就是依照这种榜样而在成为各种各样社会失调的根源的科学和艺术之中建立起那些有名的学会的;这些学会虽然是人类知识的危险的储藏所,然而由于它们在自己中间注意维持道德风尚的全部纯洁性并以此要求它们所接受的会员,所以同时也是道德风尚的神圣的储藏所。

这种被他的伟大的继承者们所肯定、并为全欧洲的国王所仿效的贤明制度,至少可以成为文人学士们的一种约束;他们既然都渴望获得进入学院的荣誉,所以就必须洁身自好,并且努力以有益的著作和无疵的道德使自己与之相称。那些团体有了可以奖给优秀文艺著作的奖金,就可以选择一些足以激发公民内心热爱德行的题材,从而证明这种爱好在他们中间占有统治的地位,而且可以带给人民一种极罕见而极美妙的欣慰;因为人民可以目睹这些学会全心全意地不仅把愉悦的知识而且还把有益的教育贡献给了

---

① 指农民。作者在这里表现了他对于18世纪法国社会的抗议。
② "大君王"(Grand monarque)指法国国王路易十四(1648—1715),法兰西学院创建于1635年,至路易十四时又设立了科学院与美术学院。

人类。

　　人们对我所提出的反对意见，只不过是重新证明我的论点罢了。太多的关心只是证明太有关心的必要，我们对于根本不存在的坏事是绝不会寻找补救办法的。然而何以对这方面的缺点就总是采用枝节性的补救办法呢？这么多的为学者的便利而设立的机构，只会有损于科学的目的，并且还会把他们的精神导向培养这些东西的。从人们所采取的种种防范措施看来，仿佛是已经有了太多的劳动者，而只是缺乏哲学家的样子。这里我不想斗胆来比较农业与哲学；人们也不会同意我这样做的。我只是要问：什么是哲学？最有名的哲学家的著作内容是什么？这些智慧之友的教诲又是什么？我们听到他们说的话，难道不会把他们当作一群江湖骗子，每个人都站在广场的一角上喊道：到我这边来吧，唯有我才是不骗人的。一个说①根本就没有什么物体，一切都只是表象；另一个②又说除了物质之外，就没有别的实体，除了世界之外，再没有什么神。这一个③宣称根本就没有德行，也没有罪恶，道德的善恶全是虚诞的；那一个④又说，人就是豺狼，而且确乎是有意在人吃人的。啊！伟大的哲学家们，为什么你们不把这些有益的教训仅只保留给你们的朋友、你们的子孙呢？这样做，你们就会立刻身受其惠的，而我们也就不用担心我们自己会成为你们那些派别的一分子了。

　　这便是那些了不起的人物了！——在他们活着的时候，同时代的人曾对他们滥加称赞，而在死后他们又被人崇为不朽！这便

---

① 指英国唯心主义哲学家贝克莱（1682—1753）。
② 指法国机械唯物主义哲学家霍尔巴赫（1723—1789）。
③ 指荷兰唯理主义哲学家斯宾诺莎（1632—1677）。
④ 指英国机械唯物主义哲学家霍布斯（1588—1679）。

是我们从他们那儿所得来的智慧的箴言，而我们又把它一代一代地传给我们的子孙！异教主义①是完全委身听任人类理智的摆布的，然而它曾给后世留下来任何东西，足以和福音书统治时期的印刷术所留给人类的可耻纪念物相比拟的吗？留基波②和狄阿格拉斯③的不敬神明的著作是随着他们的身体一起消灭了，那时人们还不曾发明任何方法使人类精神的恣睢可以永垂不朽呢；然而由于有了活字版印刷术④及其广泛的应用，霍布斯和斯宾诺莎的危险的梦想就可以垂之永久了。让这些我们祖先的无知与粗野所绝不能写出来的名著，随着那些发散着我们世纪的风尚的腐朽气味的种种更危险的作品，一起传给我们的后代吧。让它们一起给未来的世纪传下一部有关我们科学与艺术的进步与作用的信史吧！如果他们读到了这些，他们对于今天我们所讨论的这个问题就不会有任何困惑了；而且除非他们比我们更加冥顽不灵，否则他们必定会举手向天满腔悲恸地喊道："全能的上帝啊！你的手里掌握着

---

① 指希腊、罗马的古典文明。
② 留基波，希腊哲学家，原子论的创始者。
③ 狄阿格拉斯，希腊无神论者，因不敬神被雅典放逐。
④ 考虑到印刷术在欧洲已经造成了可怕的混乱，并且根据这种为祸日益加剧的情形来判断将来，我们很容易预料国君们会毫不迟疑地努力设法把这种可怕的技术从他们的国家里驱逐出去的，正像他们曾努力介绍这种技术一样。苏丹阿穆德（即奥托曼帝国苏丹阿穆德，1703—1730在位）对某些自命风雅的人的请求让了步，竟允许在君士坦丁堡设立了一座印刷厂，然而印刷机还没有来得及运转，人们就不得不把它拆毁，并且把机器丢到井里去。据说，有人请示哈里发奥玛〔奥玛（634—644），传说奥玛为征服埃及时，曾焚毁亚历山大城著名的图书馆〕应该如何处置亚历山大城的图书馆，奥玛这样回答说："如果图书馆里的书，包含违反古兰经的东西，那么它们就是坏书，必须加以焚毁；如果包含的就是古兰经的教义，也还是必须加以焚毁，因为它们是多余的。"我们的学者们征引这个推论时，都认为它是荒谬绝伦的。然而假设格雷高里大教皇〔即格雷高里第一（590—640），为早期中世纪最有名的教皇〕是处于奥玛的地位，假设福音书代替了古兰经的地位，那么图书馆恐怕还是要被焚毁的吧，或许会是这位声名赫赫的大主教一生中最漂亮的一件举动呢。——原注

人类的心灵,请把我们从我们祖先的那些知识与致命的艺术里面解救出来吧;请赐还给我们那种无知、无辜与贫穷吧,唯有这些东西才会使我们幸福,并且在你的面前也才是可贵的。"

然而,如果科学与艺术的进步并没有给我们真正的福祉增加任何的东西,如果它败坏我们的风尚,如果这种风尚的败坏玷污了我们趣味的纯洁性;那么我们对于那些初级读物的作家们又将作如何想法呢?他们扫除了通向文艺女神神殿的种种困难,而这正是自然布置下来作为对于那些有意求知的人的能力的一种考验。那些编纂者们轻率地打开了科学的大门,把不配接近科学的芸芸众生带进了科学的圣堂,我们对于这些人又将作何想法呢?本来应该期望的是,把所有在文艺事业上不能深造的人都摒除在大门之外,使他们得以投身于有益社会的工艺。终其一生只能成为一个蹩脚的诗客或者一个低劣的几何学家的人,也许能成为一个伟大的织造匠。自然注定了要使之成为自然的学徒的人,是不需要老师的。佛鲁冷①、笛卡儿、牛顿这些人类的导师们,他们自己是从未有过导师的;又有什么指导能够把他们引到他们巨大的天才所能达到的地步呢?平庸的教师只能限制他们的智力,把它们束缚在教师自己的狭隘能力的范围之内的。正是由于最初的障碍,他们才学会了努力,并且要力图超出他们已经走过的那些广大的领域。如果一定要有某些人来从事科学和艺术的研究,那就只能是这些自问能独自追踪前人的足迹、并能超越前人的人了;为人类精神的光荣树立起纪念碑的,就只能是这样的一些少数人。然而,如果我们不想有任何东西超出他们的天才之外,就必须不能有任何东西超乎他们的希望之外;这就是他们所需要的唯一鼓舞了。

---

① 佛鲁冷勋爵,即英国哲学家弗·培根(1561—1626)。

灵魂总是不知不觉地与它所追求的目的成比例的;而造就出伟大的人物的,则是伟大的时势。最雄辩的大师总该数罗马的执政官;而也许最伟大的哲学家就要数英国的财政大臣了。如果前者只不过担任大学的一席讲座,后者只不过获得学院的一笔微薄年金的话,那么,我就要问,我们能相信他们的工作会不受他们处境的影响吗?因此,就请君主们不要不屑于把那些最能对他们进忠告的人容纳到他们的议会里来吧;但愿他们能放弃那种由伟大人物的骄傲而造成的古老的偏见,即领导人民的艺术要比教化人民的艺术难得多;仿佛是使人民甘心情愿地努力为善,要比以强力约束他们为善还更容易似的。但愿第一流的学者们在他们的朝廷里能找到荣誉的安身之所吧,但愿他们能在这里获得与他们相称的唯一报酬,也就是他们能以智慧教育人民从而增进了人民的幸福这一功绩的报酬:唯有这时候我们才可以看到,被高贵的情操所激发的、并为了人类的福祉而在共同努力的德行、科学和权威,能够做出什么事情来。然而,只要权力是一回事,而知识与智慧又是另一回事,学者们便很少会想到什么伟大的事物,君主们则更少会做出什么美好的事情来,并且人民也就会继续是卑贱的、腐化的与不幸的了。

就我们俗人来说,上天并不曾赐给我们这样伟大的才能,也没有注定给我们这么多的光荣,那么就让我们安于默默无闻吧。让我们别去追求一种永远得不到的名誉吧,并且在事物的现状下它也绝不会偿还我们为它所付出的代价的,哪怕是我们完全有资格可以获得它。如果我们可以在自身之中求得幸福,那么从别人的意见里去求得我们的幸福,又有什么好处呢?让别人用心教诲人民去尽他们的义务吧,让我们只管好好地尽我们自己的义务吧;我们对此不需要知道更多的东西。

德行啊！你就是纯朴的灵魂的崇高科学，难道非要花那么多的苦心与功夫才能认识你吗？你的原则不就铭刻在每个人的心里吗？要认识你的法则，不是只消反求诸己，并在感情宁静的时候谛听自己良知的声音就够了吗？这就是真正的哲学了，让我们学会满足于这种哲学吧！让我们不必嫉妒那些在文坛上永垂不朽的名人们的光荣；让我们努力在他们和我们之间划出人们以往是在两个伟大的民族之间所划的那条光荣的界限吧，让他们知道怎样好好地说，让我们知道怎样好好地去做吧。

（何兆武　译）

领悟人类的使命

一

我觉得人类的各种知识中最有用而又最不完备的,就是关于"人"的知识。我敢说,戴尔菲城①神庙里唯一碑铭上的那句箴言②的意义,比伦理学家们的一切巨著都更为重要、更为深奥。因此,我把这篇论文的题目,看作是哲学上所能提出的最耐人寻味的问题之一。但是不幸得很,对我们说来,这也是哲学家所能解决的最棘手的问题之一。因为,如果我们不从认识人类本身开始,怎么能够认识人与人之间不平等的起源呢?因时间的推移和事物的递嬗应使人类的原来体质发生了一些变化,我们若不通过这些变化,怎么能够看出最初由自然形成的人究竟是什么样子呢?我们又怎么能把人的本身所固有的一切,和因环境与人的进步使他的原始状态有所添加或有所改变的部分区别开来呢?正如格洛巨斯③石像,由于时间、海洋和暴风雨的侵蚀,现在已经变得不像一位天神,

---

① 戴尔菲系古希腊名城之一,城内有亚波罗庙。
② 那句箴言是:"你要认识你自己"。
③ 格洛巨斯系海神名。柏拉图曾把人类灵魂比作格洛巨斯,灵魂与肉体结合以后,完全改变了面目,以致人们再也认不出它的不朽的本质来了。我们可以看出,卢梭在这里援引这个比喻,赋予了灵魂完全另外一种意义。

而像一只凶残的野兽,人类在社会的环境中,由于继续发生的千百种原因;由于获得了无数的知识和谬见;由于身体组织上所发生的变化;由于情欲的不断激荡等等,它的灵魂已经变了质,甚至可以说灵魂的样子,早已改变到几乎不可认识的程度。我们现在再也看不到一个始终依照确定不移的本性而行动的人;再也看不到他的创造者曾经赋予他的那种崇高而庄严的淳朴,而所看到的只是自以为合理的情欲与处于错乱状态中的智慧的畸形对立。

最不幸的是:人类所有的进步,不断地使人类和它的原始状态背道而驰,我们越积累新的知识,便越失掉获得最重要的知识的途径。这样,在某种意义上说,正因为我们努力研究人类,反而变得更不能认识人类了。

不难看出,我们应该在人类体质连续的变化中,来寻求区分人们的各种差别的最初根源。大家都承认,人与人之间本来都是平等的,正如各种不同的生理上的原因使某些种类动物产生我们现在还能观察到的种种变型之前,凡属同一种类的动物都是平等的一样。不管那些最初的变化是怎么产生的,我们总不能设想这些变化使人类中所有的个体同时同样地变了质。实际上是有一些人完善化了或者变坏了,他们并获得了一些不属于原来天性的好的或坏的性质,而另一些人则比较长期地停留在他们的原始状态。这就是人与人之间不平等的起源。不过这样笼统地指出比较容易,但要确切地说明其中真正的原因就有些困难了。

因此,我希望读者不要以为我敢自诩已经发现了我觉得很难发现的东西,我不过是开始进行了一些推理,大胆地作出了一些猜测;这与其说是希望解决问题,毋宁说是想把问题加以明确,和使问题恢复真正的面目。别的人也许很容易地在这条路上走得更远些,虽然任何人都不容易达到终点。因为,如果我们要从人类现有的性质中辨别出哪些是原始的、哪些是人为的,同时还要认清楚现在已不复存在、过去也许从来没有存在过、将来也许永远不会存在的一种状态(我们必须对这种状态具有正确的观念,才能很好地判断人类现在的状态),这并不是一项轻而易举的工作。要想正确指出为了能在这一主题上作出一些切实可靠的研究,首先应当注意之点,还须具有一种我们所想象不到的高深哲学。如果有谁能很好地解答下面的问题,我便觉得他配称为当代的亚里士多德和普林尼。为了达到认识自然人的目的,必须做什么样的实验呢?而在社会中,要用什么样的方法做这些实验呢?我绝不是要解答这些问题,但我相信对上述主题已经作了一番深思,因此敢于事先回答说:即便是最伟大的哲学家,也不见得会指导这种实验;即便是最强有力的执政者也不能进行这种实验。我们如果期待着他们双方共同协作,尤其是期待他们双方为了达到成功,肯以坚忍的精神,或者说以无穷的智慧和必要的善意共同协作,那是很不合理的。

这些研究是如此困难,所以人们直到现在还很少考虑过,但这种研究毕竟是解决我们对于人类社会真正基础的认识上无数困难的唯一方法。自然法的真正的定义之所以难于确定而且模糊不清,就是因为我们不认识人的本性的缘故。布尔拉马基说过:法的观念,尤其是自然法的观念,显然就是关于人的本性的观念。他继续说道:所以正应该由人的本性、由人的体质、由人的状态来阐述这门科学的原理。

论述过这个重要问题的许多学者,很少有一致的意见。当我们注意到这一点的时候,不能不感到惊讶。在最有权威的学者中,我们几乎找不到在这上面意见相同的两个人。古代的那些哲学家们更不必谈了,他们好像竭力要在最基本的原理上相互反对。罗马的法学家们竟使人类和其他一切动物都毫无区别地服从于同一的自然法,因为,他们宁可把自然法则这一名词,理解为自然加于其自身的法则,而不是自然所规定的法则。或者更确切地说,这些法学家们是从特殊的意义来理解法则这一名词的,所以他们在这种场合,似乎是只用法则这一名词来表现自然在所有的赋有生命的存在物之间,为了它们的共同保存而建立的一般关系。现代的法学家们则把法则这一名词,理解为只对具有灵性的存在物,也就是说对具有智慧和自由意志,而且在他与其他存在物的关系中最被重视的那种存在物所制定的一种规则,因此他们认为自然法的适用范围,只限于唯一赋有理性的动物,也就是说只限于人。但是,当法学家们给这种法则下定义的时候,则各有不同的说法,他们都把这种法则建立在一些形而上学的原理上,所以就是在我们之间,也很少有人能理解这些原理,当然更不能自己发现这些原理了。因此,尽管这些学者所下的各种定义永远是互相抵触的,他们在这一点上却都是一致的,那就是:他们都认为若不是一个很大的推理家和一个思想深邃的形而上学家,就不可能理解自然法,因而也不可能遵守自然法。这正是说,人类为了建立社会一定是使用了智慧的,这种智慧,即使在社会状态里,也是经过很多的艰难才能得到发展,而且只是极少数的人所能获得的。

既然对自然的认识这么肤浅,对法则这一名词的意义的理解又是如此不一致,所以很难给自然法下一个完善的定义。因此,我们在书籍里所找到的那些定义,除了极不一致这一缺点外,还有一个缺点,就是:这些定义是从许多并非人类天然具有的知识中引申出来的,而是从人类只在脱离了自然状态以后才能考虑到的实际利益中引申出来的。人们往往先寻求一些为了公共利益,最适于人们彼此协议共同遵守的规则,然后把这些规则综合起来,便称之为自然法;他们的唯一根据就是那些规则通过普遍的实践可能使人得到好处。无疑地,这是下定义的一种最简便的方法,同时也可以说是以武断的态度来解释事物性质的一种最简便的方法。

但是,在我们对自然人丝毫没有认识以前,如果我们想确定自然人所遵循的法则,或者最适合于他的素质的法则,那是徒劳无功的。关于这个法则,我们所能了解得最清楚的就是:它不仅需要受它约束的人能够自觉地服从它,才能成为法则,而且还必须是由自然的声音中直接表达出来的,才能成为自然的法则。

那么,把所有的只能使我们认识已经变成现今这个样子的人类的那些科学书籍搁置一旁,来思考一下人类心灵最初的和最简单的活动吧。我相信在这里可以看出两个先于理性而存在的原理:一个原理使我们热烈地关切我们的幸福和我们自己的保存;另一个原理使我们在看到任何有感觉的生物,主要是我们的同类遭受灭亡或痛苦的时候,会感到一种天然的憎恶。我们的精神活动能够使这两个原理相互协调并且配合起来。在我看来,自然法的一切规则正是从这两个原理(这里无须再加上人的社会性那一原理)的协调和配合中产生出来的。嗣后,理性由于不断地发展,终于达到了窒息天性的程度,那时候,便不得不把这类规则重新建立在别的基础上面了。

这样看来,在未使人成为人以前,决没有必要使人成为哲学家。一个人并非仅仅由于他接受了后天的智慧的教训,才对别人尽他应尽的义务;而是,只要他不抗拒怜悯心的自然冲动,他不但永远不会加害于人,甚至也不会加害于其他任何有感觉的生物,除非在正当的情况下,当他自身的保存受到威胁时,才不得不先爱护自己。用这个方法,我们也可以结束关于禽兽是否也属于自然法范围这一久已存在的问题的争论;因为很明显,禽兽没有智慧和自由意志，它们是不能认识这个法则的。但是，因为它们也具有天赋的感性，在某些方面，也和我们所具有的天性一样，所以我们认为它们也应当受自然法支配，人类对于它们也应担负某种义务。实际上，我之所以不应当伤害我的同类，这似乎并不是因为他是一个有理性的生物，而是因为他是一个有感觉的生物。这种性质，既然是人与禽兽所共有的，至少应当给予禽兽一种权利，即在对人毫无益处的情况下，人不应当虐待禽兽。

在精神上的不平等的起源上，在政治组织的真实基础和组织成员相互间的权利上，以及千百种其他与此相类似、既重要而又未经加以阐明的问题上，都是呈现着无数困难的；这种对原始人、对原始人的真实需要以及他的义务的基本原理的研究，同时也是解决那些困难的唯一好方法。

如果我们用一种冷静的、客观的眼光来看人类社会的话，它首先显示出来的似乎只是强者的暴力和弱者的受压迫；于是我们的心灵对某一部分人的冷酷无情愤懑不平，而对另一部分人的愚昧无知则不免表示惋惜。并且，因为在人类社会上，再也没有比被人称为强弱贫富的那些外部关系更不稳定的了，这些关系往往是由于机缘而不是由于智慧产生的，所以人类的各种制度，骤然一看，好像是奠基在流动的沙滩上的一种建筑物。我们只有对这些制度仔细地加以研究；只有去掉这种建筑物周围的灰尘和沙砾，才能见到这一建筑底层的不可动摇的根基，才能学会尊重这一建筑物的基础。但是，如果对人类，对人类的天然能力，以及这些能力不断的发展没有认真的研究，我们就永远不能作出这样的区别，也绝不能在现今一切事物的构成中，把哪些是神的意志所创造的东西，哪些是人类的艺术所创造的东西分别开来。因此，由我着手研究的这一重要问题所引起的对政治和伦理的探讨，从各方面来看，都是有用的;我所推测的各种政体的历史,对人来说,在各方面也是一个非常有益的借鉴。当我们考虑到,如果任我们自然发展,我们将会变成什么样子,我们就应当学习为这样一个人祝福:他在以造福人群的手修正了我们的种种制度并给予这些制度以一个不可动摇的基础的时候,就已经预防了从这些制度中可能产生出来的种种混乱,并从一些看来是给我们以无限苦难的方法中,创造出我们的幸福。

  神曾命令你做什么样的人?
  你现在在人类中占着什么样的位置?
  对此你应当有所领悟。

二

  我要论述的是人,而我所研究的问题启示我应当向人们来论述,我想,害怕发扬真理的人,是不会提出这类问题的。所以,我不揣冒昧,在给我以鼓舞的贤达者们面前,为人类辩护。如果我不辜负这个论题和各位评判员的话,我将会感到满意。

  我认为在人类中有两种不平等:一种,我把它叫作自然的或生理上的不平等,因为它是基于自然,由年龄、健康、体力以及智慧或心灵的性质的不同而产生的;另一种可以称为精神上的或政治上的不平等,因为它是起因于一种协议,由于人们的同意而设定的,或者至少是它的存在为大家所认可的。第二种不平等包括某一些人由于损害别人而得以享受的各种特权,譬如:比别人更富足、更光荣、更有权势,或者甚至叫别人服从他们。

  我们不必问什么是自然的不平等的根源,因为在这几个字的字义里面,已包含了这一问题的答案。我们更不必追问在这两种不平等之间,有没有实质上的联系。因为换句话说,这就等于问所有发号施令的人是否一定优于服从命令的人,在同样的人们之中,他们的体力或智力,才能或品德是否总和他们的权势或财富相称。这样的问题,向奴隶们提出并让他们的主人听他们讨论,也许是好的,但不适于提供有理性的、自由的、追求真理的人去研究。

那么这篇论文里所要论述的究竟是什么呢?是要指出在事物的演进中,在什么样的一个时机权利代替了暴力,自然服从了法律;是要说明到底由于什么样的一系列的奇迹,才使强者能够决意为弱者服务,人民能够决意牺牲实际幸福,来换取一种空想的安宁。

研究过社会基础的哲学家们,都认为有追溯到自然状态的必要,但是没有一个人曾经追溯到这种状态。有些人毫不犹豫地设想,在自然状态中的人,已有正义和非正义的观念,但他们却没有指出在自然状态中的人何以会有这种观念,甚至也没有说明这种观念对他有什么用处。另外有一些人谈到自然权利,即每个人所具有的保存属于自己的东西的权利,但却没有阐明他们对于属于一词的理解。再有一些人首先赋予强者以统治弱者的权力,因而就认为政府是由此产生的,但他们根本没有想到在人类脑筋里能够存在权力和政府等名词的意义以前,需要经过多么长的一段时间。总之,所有这些人不断地在讲人类的需要、贪婪、压迫、欲望和骄傲的时候,其实是把从社会里得来的一些观念,搬到自然状态上去了;他们论述的是野蛮人,而描绘的却是文明人。甚至在现代多数学者的头脑中,对自然状态的存在从未发生过疑问,可是一读《圣经》,便明了第一个人已经直接从上帝那里接受了智慧和训诫,他本身就不曾处于自然状态;而且如果我们像每个信奉基督教的哲学家那样相信摩西著述的话,便必须承认,人们即在洪水之前,也不曾处于纯粹的自然状态,除非他们因某种非常事故重新堕入其中则又当别论。否认这种说法的奇说异论是很难维护并且也是完全不能证实的。①

  所以我们首先要把一切事实撇开,因为这些事实是与我所研究的问题毫不相干的②。不应当把我们在这个主题上所能着手进行的一些研究认为是历史真相,而只应认为是一些假定的和有条件的推理。这些推理与其说是适于说明事物的真实来源,不如说是适于阐明事物的性质,正好像我们的物理学家,每天对宇宙形成所作的那些推理一样。宗教让我们相信:上帝自己刚把人类创造出来,就立刻使人摆脱了自然状态,他们是不平等的,因为上帝愿意他们那样③。但是宗教并未禁止我们只根据人和他周围存在物的性质,来猜测一下,倘若让人类自然发展的话,究竟会变成什么样子?这就是人们所要求于我的;也就是我自己想要在这篇论文里加以研究的。由于我的主题涉及整个人类,所以我尽量采用一

---

  ① 整个这一段应该看作是出于卢梭的谨慎。譬如说"第一个人已经直接从上帝那里接受了智慧和训诫"这一论点,是与卢梭的思想完全相反的,我们无须过于认真地来考虑它。而且卢梭竭力要把他所信奉的宗教建筑在理性和良知上,所以尽管他在福音书里也发现某种神异的事迹,但他始终不相信所谓神的启示。

  ② 这一句话曾使人费了很多笔墨,这是不无理由的。从表面上解释,卢梭这里所指的正是《创世纪》中的事实。他所以这样说,还是出于他的谨慎。从这句话在行文中的位置来看,我们认为这种解释有一部分道理。这句话以"所以我们首先"这几个字开始,看来是从前面的几行得出来的结论。但是这种解释是不够的,卢梭这里显然是指可供观察的一切事实而言。或许有人说,他已经引用了一切可能利用的事实,例如旅行家们的记述等。是的,确是如此,但是没有一个旅行家的记述描写过一个孤独的野蛮人的生活。所以他说:"这些事实是与我所研究的问题毫不相干的。"卢梭因此用分析的推理来代替史学的和人类学的研究。卢梭从他那个时代的社会的人出发,通过想象,剥去了存在于人身上的一切社会属性,而得到了一个空洞的抽象——自然人。他的主要论点在于说明所有一切社会制度都是偶然的。

  ③ 百科全书派惯用的技巧,在这里明显地表现出来了。

种适宜于各国人的语言；或者不如说撇开时间和地点，只想着在听我讲话的那些人，并假定我是在古代雅典的学园里，背诵老师留给的课业，评判员是柏拉图和克塞诺克拉特①那样的人，听众就是整个的人类。

啊！人啊，不论你是什么地方的人，不论你的意见如何，请听吧！这是你的历史，我自信我曾经读过它；但不是在你的那些喜欢撒谎的同类所写的书籍里读的，而是在永不撒谎的大自然里读的②。出于自然的一切都是真的；只有我于无意中掺入的我自己的东西，可能是假的。我所要谈的时代已经很遥远了，你已经改变了原来的状态，而且改变得多么大呀！我所要给你描述的，可以说是你这一种类的生活。这种描写是根据你所禀赋的性质，而这种性质可能已为你所受的教育和所沾染的习惯所败坏，不过尚未完全毁掉而已。我觉得有这样一个时代，个人会愿意停留在那里：你将会追寻你愿意整个人类在那里停留的那个时代。你不满意你的现状，由于种种原因预示着你的不幸的后裔将会感到更大的不满，所以你或许愿意能够倒退。这种感情无异于对你的始祖的颂扬；对你的同时代人的批评；而且也会使不幸生在你以后的人感到震惊。

(李常山　译)

---

① 克塞诺克拉特，生于加尔西顿(公元前396—公元前314年)，柏拉图的门人。
② "自然"这一概念，在卢梭书里，包含着许多不同的内容。"自然"一词在这里好像有一个主观的含义，这是卢梭试图从他自己身上剥去一切"社会属性"的时候发现的。为了写成这篇论文，他曾到圣日耳曼森林里去沉思过，在那里他相信找到了太古时期的景象。他的幻想，立刻就由下面的句子揭示出来了。

不平等的三个阶段

政府的各种不同的形式,是由政府成立时存在于个人之间或大或小的差异而产生的。如果有一个人在能力、道德、财富或声望上都是卓越的,而他独自被选为长官,那么,这个国家便成为君主政体的国家。如果有一些彼此不相上下的人,他们都高出别人一等,而一齐被选,那么,这个国家便成为贵族政体的国家。如果人们的财产或才能并不是那么不平均,而他们距离自然状态又并不很远,那么,他们便共同保持着最高的行政而组成民主政体的国家。时间已经证明了各种政体中哪一种政体是最有利于人类的。某一些人始终仅只服从于法律;而另一些人不久便听命于主人。公民们希望保持他们的自由;而臣民们由于不能容忍别人享受他们自己已经享受不到的幸福,所以他们只想剥夺他们邻人的自由。总之,一方面是财富和征服,另一方面则是幸福和美德。

在上述各种不同的政体中,一切官员最初都是由选举产生的。当一个人的财产条件不比别人优越时,人们所以选举他,是根据他的功绩,因为功绩给人以自然的威望;同时也根据他的年龄,因为年长的人处理事务富有经验,议决事情头脑冷静。希伯来人的"长者",斯巴达的"元老",罗马的"元老院",甚至我们所谓领主①一词的字源上的意义,都指明在从前年老是如何受人尊敬。越是老年人当选,选举就越频繁,也就越使人觉得麻烦。于是阴谋发生了,派系形成了,党派的冲突尖锐化了,内战的火焰燃起了;公民的生命终于为所谓国家的幸福而牺牲。人们于是又处于从前那种无政府状态的前夕。有野心的权贵们,往往利用这种情况,把职位永远把持在自己家族之手。人民已经习惯于依附、安宁和生活的安乐,再也不能摆脱身上的枷锁;为了确保自己的安宁,他们甘愿让人加重对自己的奴役。这样,已经成为世袭的首领们,就逐渐习惯于把官爵看作自己的家产,把自己看作是国家的所有主,而起初他们只不过是国家的官吏。这样,他们也就习惯于把他们的同胞叫作奴隶,把这些奴隶当牲畜一样算在他们的财产的数目之内,而自称是与神齐名的王中之王。

如果我们从这些各种不同的变革中观察不平等的进展,我们便会发现法律和私有财产权的设定是不平等的第一阶段;官职的设置是第二阶段;而第三阶段,也就是最末一个阶段,是合法的权力变成专制的权力。因此,富人和穷人的状态是为第一个时期所认可的;强者和弱者的状态是为第二个时期所认可的;主人和奴隶的状态是为第三个时期所认可的。这后一状态乃是不平等的顶点,也是其他各个阶段所终于要达到的阶段,直到新的变革使政府完全瓦解,或者使它再接近于合法的制度为止。

为要了解这种进展的必然性,与其说应当考察设立政治组织的动机,不如说应当考察它在实际上所采取的形式,和那些随之而来的种种不便。因为使社会制度成为必要的那些缺点,同时也就

---

① "领主"原文是 Seigneur,是由拉丁文 Senior 一词变来,Senior 本义是"长者""长老"的意思。

是使社会制度的滥用成为不可避免的那些缺点。姑且不谈斯巴达这唯一的例外情形——在斯巴达，法律所关注的主要是儿童教育，来喀古士在那里并树立了无须用法律来辅助的道德风气——因为法律一般说来是弱于情欲，只能约束人而不能改变人，所以不难证明：任何一个政府，假如它不腐化、不败坏，总是严格遵循着它所肩负的使命前进，那么，这个政府就没有设立的必要。在一个国家里，如果任何人都不规避法律，任何官员都不滥用职权，那么，这个国家就既不需要官员也不需要法律。

政治上的差别，必然会引起社会上人民间的差别。在人民与其首长之间日益增长着的不平等，不久在个人与个人之间也显示出来了，并且因欲望、才能和境遇的不同而形成千百种不同的表现形态。当权的官员若不安置一群肖小，并把一部分权力分给他们，就不可能篡夺非法的权力。而且，公民们也只是在一种盲目的贪心引诱之下，才会受人压迫。他们宁可向下看，也不往上看，因此，在他们看来，统治别人比不依附于人更为可贵。他们同意戴上枷锁，为的是反转来能把枷锁套在别人身上。很难强使一个绝不好命令他人的人去服从别人；最有智谋的政治家也不能使那些以自由为唯一愿望的人们屈服。但是不平等是很容易伸展到野心家和怯懦者之间的，因为他们随时都在准备着冒风险，准备着依时运的顺逆，或者去统治人，或者去侍奉人，这二者对他们来说，几乎是没有什么差别的。因此，就必然会出现这样一个时代，人民竟被眩惑到这样的程度，以至于只要统治者对一个最渺小的人说："让你和你的族人，都作显贵人物吧！"他立刻就在众人面前显得尊贵起来，而且自己也觉得尊贵起来了。他的后裔和他相隔的世代愈远，便愈显得尊贵。使他们成为显贵的原因越久远和越估不透，其效果也就越大；一个家庭里无所事事的人数越多，这个家庭也就越煊赫①。

如果这里是应当研究细节的地方,我就不难说明这一问题:即使没有政府的干预,声望和权威的不平等,在个人与个人之间,也将是不可避免的,因为人们一结成社会,就不得不互相比较,并从他们不断地互相利用中注意到所发现的彼此间的差异。这些差异可分为许多种类。但是,由于通常人们主要是根据财富、爵位或等级、权势和个人功绩等方面的差异来互相评价,因此我可以证明这种种力量的协和或冲突,是一个国家组织得好坏的最可靠的标志。我可以指明,在这四种不平等中,个人的身份是其他各种不平等的根源,财富则是最后的一个。而各种不平等最后都必然会归结到财富上去。因为财富是最直接有益于幸福,又最易于转移,所以人们很容易用它来购买其余的一切。通过这种观察,我们能够确切地判断每个民族距离其原始制度的远近和走向腐败的顶点的进程。我可以指出,毁灭着我们全体的那种热衷于声望、荣誉和特权的普遍愿望,是如何在锻炼着、并使我们互相较量着我们的才能和力量;是如何在刺激着我们的欲望,并使欲望日益增多,以及如何使所有的人都相互竞争、对抗,或者毋宁说都成为仇敌,使无数有野心的人追逐于同一竞赛场上,因而每天都造成许多失败、成功和种种灾祸。我可以说明,正是由于每个人都渴望别人颂扬自己,正是由于每个人都几乎终日如疯似狂地想出人头地,才产生了人间最好和最坏的事物:我们的美德和我们的恶行;我们的科学和我们的谬误;我们的征服者和我们的哲学家;也就是说,在极少数的好事物之中有无数的坏事物。最后,我可以证明,人们所以会看见一小撮有钱有势的人达到了富贵的顶点,而群众却匍匐呻吟于

---

① 指当时的贵族而言。

黑暗和贫困之中，乃是因为前者对于他们所享有的一切，越是别人被剥夺了的东西，他们才越觉得可贵，如果情况并没有改变，只要人民不再是贫困的人，他们也就不再是幸福的人了。

如果我们仅就以上各点详细地加以论述，便可以写成一部巨著。在这一著作里，我们可以与自然状态中的权利相对比，权衡一下各种政府的利弊。我们还可以把迄今所呈现的和在未来世纪中由于政府的性质以及时间所必然引起的变革而会呈现的不平等的各种不同形态揭露出来。我们会看到人民大众为了防御国外的威胁而采取的一系列的措施，他们在国内却被同样的措施所压迫；我们会看到这种压迫不断地在增长，而被压迫者永远不知道这种压迫有无尽期，也不知道为了制止这种压迫，他们还剩有什么合法的方法；我们会看到公民的权利和民族的自由逐渐在消灭，弱者的要求被看作是叛乱的怨言；我们会看到一种政策，把保卫公共利益的荣誉，只限于一小部分的受雇佣的人；我们会看到，从此产生了征税的必要，在重税压迫下意志沮丧的农民即在太平年月，也甘愿离开田地，为了佩剑而放下锄头；我们会看到那些离奇的、不幸的荣誉法规的出现；我们会看到祖国的保卫者迟早会变成祖国的敌人，不断地拿起武器指向自己的同胞；最后，会出现这样一个时期，人们可以听到他们向国内的压迫者说：

> 如果你命令我把利剑刺入我父亲的胸膛，
> 刺入我的怀孕的妻子的脏腑，
> 我终于要完成你的命令，尽管我的臂膀在反抗。

从财产和社会地位的极端不平等中；从多种多样的欲望和才能、无益或有害的技术和肤浅的科学中，产生出无数的偏见。这些偏见都是同样地违反理性、幸福和道德的。我们可以看到：凡是足以离间已经结合起来的人们,从而削弱他们的力量的那种事件;凡是足以给社会一种和睦的假象,而实际上是在散布分裂种子的那种事件;凡是足以使各等级的人们因权利、利益的矛盾而相互猜疑和憎恨,因而有利于制服一切人并加强统治者的权力的那种事件,首领们无不在那里蓄意加以制造或煽动的。

正是在这种混乱和这些变革之中,暴君政治逐渐抬起它的丑恶的头,吞没它在国家各部门中所发现的一切善良和健全的东西,终于达到了蹂躏法律和人民,并在共和国的废墟上建立起它的统治的目的。在这最后一次变化以前的时期,必然是一个骚乱和灾难的时期。但是最后,一切都被这恶魔吞没殆尽,人民既不再有首领,也不再有法律,而只有暴君。从这个时候起,无所谓品行和美德的问题了。因为凡是属于专制政治所统治的地方,谁也不能希望从忠贞中得到什么。专制政治是不容许有任何其他的主人的,只要它一发令,便没有考虑道义和职责的余地。最盲目的服从乃是奴隶们所仅存的唯一美德。

这里是不平等的顶点,这是封闭一个圆圈的终极点,它和我们所由之出发的起点相遇。在这里一切个人之所以是平等的,正是因为他们都等于零。臣民除了君主的意志以外没有别的法律;君主除了他自己的欲望以外,没有别的规则。这样,善的观念,正义的原则,又重新消失了。在这里一切又都回到最强者的唯一权力上来,因而也就是回到一个新的自然状态。然而这种新的自然状态并不同于我们曾由之出发的那种自然状态,因为后者是纯洁的自然状态,而前者乃是过度腐化的结果。但是,这两种状态之间在其他方面的差别则是那么小,而且政府契约已被专制政治破坏到这种程度,以致暴君只在他是最强者的时候,才是主子;当他被驱逐的时候,他是不能抱怨暴力的。以绞杀或废除暴君为结局的起义行动，与暴君前一日任意处理臣民生命财产的行为同样合法。暴力支持他；暴力也推翻他。一切事物都是这样按照自然的顺序进行着，无论这些短促而频繁的革命的结果如何，任何人都不能抱怨别人的不公正，他只能怨恨自己的过错或不幸。

　　曾把人类从自然状态引向文明状态的那些道德已经被人遗忘和迷失了，如果细心的读者这样地去发现和追溯这些道路，并根据我刚才指出的那些中间状况，将我因时间匆促而省略了的，或者因想象力所不及而没有想到的那些状况，一一用思考把它恢复起来，他们一定会惊讶自然状态和文明状态之间的距离是多么大。正是在事物的这种缓慢递嬗中，他们将可以找到哲学家们所不能解决的伦理上和政治上的无数问题的答案。他们一定会感觉到：此一时代的人类，不同于彼一时代的人类，狄欧若恩①之所以找不到人，是因为他想在他同时代的人中找一个已经不存在的那个时代的人。他们也一定会这样说：加东之所以与罗马和自由同归于尽，是因为生错了时代。假如他在五百年前掌握了统治权，这位最伟大的人恐怕是会震惊世界的。总之，读者们将会说明，人类的心灵和情欲是如何在不知不觉地变坏，变更了它们的本性。也就是说，为什么时间一久我们的需要和我们的乐趣的对象都有了改变；为什么在原始人逐渐消逝的时候，社会在贤者看来，只不过是一种失去纯朴本性的人和人为的情欲的集合体，而这样的人和情欲乃是所有新生关系的产物，并没有任何真正的天然基础。在这一问题上，我们由思考而知道的东西，已完全被观察所证实。野蛮人和文明人的内心和意向的深处是如此的不同，以致造成文明人至高

---

　　① 狄欧若恩（公元前413—公元前323），希腊哲学家，他厌恶社会，崇拜自然。他最有名的故事是白昼打着灯笼走路。人家问他为什么，他说："我在找人。"

幸福的东西,反而会使野蛮人陷于绝望。野蛮人仅只喜爱安宁和自由;他只愿自由自在地过着闲散的生活,即使斯多葛派的恬静①也比不上他对身外一切事物的那样淡漠。相反地,社会中的公民②则终日勤劳,而且他们往往为了寻求更加勤劳的工作而不断地流汗、奔波和焦虑。他们一直劳苦到死,甚至有时宁愿夫冒死亡的危险,来维持自己的生存,或者舍弃生命以求永生。他们逢迎自己所憎恶的显贵人物和自己所鄙视的富人,不遗余力地去博得为那些人服务的荣幸;他们骄傲地夸耀自己的卑贱,夸耀那些人对他们的保护;他们以充当奴隶为荣,言谈之间,反而轻视那些未能分享这种荣幸的人们。一位欧洲大臣那种繁重而令人羡慕的工作,在一个加拉伊波人看来会作何感想呢?这种悠闲的野蛮人宁愿意多少种残酷的死亡,也不愿过这样一种生活,这种生活之可怕,纵然有施展其抱负的快乐,也往往不能得到缓和!而且那个悠闲的野蛮人要了解如此劳神的目的何在,在他的头脑中就必须先具有权势和名望这些词汇的意义;就必须知道有一种人相当重视世界上所有其余的人对他们的看法,而他们所以认为自己是幸福的人并对自己感到满意,与其说是根据自己的证明,毋宁说是根据别人的证明。实际上,野蛮人和社会的人所以有这一切差别,其真正的原因就是:野蛮人过着他自己的生活,而社会的人则终日惶惶,只知道生活在他人的意见之中,也可以说,他们对自己生存的意义的看法都是从别人的判断中得来的。至于从这样一种倾向中,为什么会产生对善恶的漠不关心,纵然我们有许多谈论道德的卓越文章;为什么在一切都归结为现象的时候,一切都变为人为的和造作

---

① 指明智的斯多葛派以禁欲来达到灵魂上的安宁而言。
② 在这里公民一词的意义,不同于后来在"社会契约论"中的意义。这里是指作者那个时代的文明社会的人而言。

的;荣誉、友谊、美德,甚至恶行也不例外,从这一切中,我们终于发现了炫耀自己的秘诀。总之,尽管我们有那么多的哲学、仁义、礼仪和崇高的格言,为什么我们总问别人自己是怎样一个人,而从不敢拿这一题目来问自己?因此我们只有一种浮华的欺人的外表:缺乏道德的荣誉,缺乏智慧的理性以及缺乏幸福的快乐,要说明这一切,都不在我的主题范围之内。我认为既已证明下列两点也就够了,即:上述情况绝不是人类的原始状态;使我们一切天然倾向改变并败坏到这种程度的乃是社会的精神和由社会而产生的不平等。

  我已叙述了不平等的起源和进展,政治社会的建立和流弊。我所论述的这些事物,是尽量以仅凭理性的知识就可以从人类本性中推究出来的为限,并未借助于那些对最高权力予以神法上认可的神圣教义。根据我的说明,我们可以断言,在自然状态中,不平等几乎是不存在的。由于人类能力的发展和人类智慧的进步,不平等才获得了它的力量并成长起来;由于私有制和法律的建立,不平等终于变得根深蒂固而成为合法的了。此外,我们还可以断言,仅为实在法所认可的精神上的不平等,每当它与生理上的不平等不相称时,便与自然法相抵触。这种不相称充分决定了我们对流行于一切文明民族之中的那种不平等应持什么看法。因为,一个孩子命令着老年人,一个傻子指导着聪明人,一小撮人拥有许多剩余的东西,而大量的饥民则缺乏生活必需品,这显然是违反自然法的,无论人们给不平等下什么样的定义。

(李常山　译)

论社会公约

我设想，人类曾达到过这样一种境地，当时自然状态中不利于人类生存的种种障碍，在阻力上已超过了每个个人在那种状态中为了自存所能运用的力量。于是，那种原始状态便不能继续维持；并且人类如果不改变其生存方式，就会灭亡。

然而，人类既不能产生新的力量，而只能是结合并运用已有的力量；所以人类便没有别的办法可以自存，除非是集合起来形成一种力量的总和才能够克服这种阻力，由一个唯一的动力把它们发动起来，并使它们共同协作。

这种力量的总和，只有由许多人的汇合才能产生；但是，既然每个人的力量和自由是他生存的主要手段，他又如何能致身于力量的总和，而同时既不致妨害自己，又不致忽略对于自己所应有的关怀呢？这一困难，就我的主题而言，可以表述为下列的词句：

"要寻找出一种结合的形式，使它能以全部共同的力量来卫护和保障每个结合者的人身和财富，并且由于这一结合而使每一个与全体相联合的个人又只不过是在服从自己本人，并且仍然像以往一样地自由。"这就是社会契约所要解决的根本问题。

这一契约的条款乃是这样地被订约的性质所决定，以至于就连最微小的一点修改也会使它们变成空洞无效的；从而，尽管这些条款也许从来就不曾正式被人宣告过,然而它们在普天之下都是同样的,在普天之下都是为人所默认或者公认的。这个社会公约一旦遭到破坏,每个人就立刻恢复了他原来的权利,并在丧失约定的自由时,就又重新获得了他为了约定的自由而放弃的自己的天然的自由。

这些条款无疑地也可以全部归结为一句话,那就是:每个结合者及其自身的一切权利全部都转让给整个的集体。因为,首先,每个人都把自己全部地奉献出来,所以对于所有的人条件便都是同等的,而条件对于所有的人既都是同等的,便没有人想要使它成为别人的负担了。

其次,转让既是毫无保留的,所以联合体也就会尽可能地完美,而每个结合者也就不会再有什么要求了。因为,假如个人保留了某些权利的话,既然个人与公众之间不能够再有任何共同的上级来裁决,而每个人在某些事情上又是自己的裁判者,那么他很快就会要求事事都如此;于是自然状态便会继续下去,而结合就必然会变为暴政或者是空话。

最后,每个人既然是向全体奉献出自己,他就并没有向任何人奉献出自己;而且既然从任何一个结合者那里,人们都可以获得自己本身所渡让给他的同样的权利,所以人们就得到了自己所丧失的一切东西的等价物以及更大的力量来保全自己的所有。

因而,如果我们撇开社会公约中一切非本质的东西,我们就会发现社会公约可以简化为如下的词句:我们每个人都以其自身及其全部的力量共同置于公意的最高指导之下,并且我们在共同体中接纳每一个成员作为全体之不可分割的[①]一部分。

---

① "不可分割的",《日内瓦手稿》作"不可转让的"。

只是一瞬间,这一结合行为就产生了一个道德的与集体的共同体,以代替每个订约者的个人;组成共同体的成员数目就等于大会中所有的票数,而共同体就以这同一个行为获得了它的统一性、它的公共的大我、它的生命和它的意志。这一由全体个人的结合所形成的公共人格,以前称为城邦,现在则称为共和国或政治体;当它是被动时,它的成员就称它为国家;当它是主动时,就称它为主权者;而以之和它的同类相比较时,则称它为政权。关于结合者,他们集体的就称为人民;个别的,作为主权权威的参与者,就叫作公民;作为国家法律的服从者,就叫作臣民。但是这些名词往往互相混淆,彼此通用;只要我们在以其完全的精确性使用它们时,知道加以区别就够了。

(何兆武 译)

社会公约与财产权

集体的每个成员,在集体形成的那一瞬间,便把当时实际情况下所存在的自己——他本身和他的全部力量,而他所享有的财富也构成其中的一部分——献给了集体。这并不是说,由于这一行为,享有权便在转手之际会改变性质而成为主权者手中的所有权;然而城邦的力量既是无可比拟地要大过于个人的力量,所以公共的享有虽然没有更大的合法性——至少对于外邦人是如此——但在事实上却更为强而有力和更为不可变更。因为就国家对它的成员而言,国家由于有构成国家中一切权利的基础的社会契约,便成为他们全部财富的主人;但就国家对其他国家而言,则国家只是由于它从个人那里所得来的最先占有者的权利,才成为财富的主人的。

最初占有者的权利,虽然要比最强者的权利更真实些,但也唯有在财产权确立之后,才能成为一种真正的权利。每个人都天然有权取得为自己所必需的一切;但是使他成为某项财富的所有者这一积极行为,便排除了他对其余一切财富的所有权。他的那份一经确定,他就应该以此为限,并且对集体不能再有任何更多的权利。这就是何以原来在自然状态中是那样脆弱的最初占有者的权利,却会备受一切社会人尊敬的缘故了。人们尊重这种权利的,更多的倒是并不属于自己所有的东西,而是属于别人所有的东西。

一般说来,要认可对于某块土地的最初占有者的权利,就必须具备下列的条件:首先,这块土地还不曾有人居住;其次,人们只能占有为维持自己的生存所必需的数量;第三,人们之占有这块土地不能凭一种空洞的仪式,而是要凭劳动与耕耘,这是在缺乏法理根据时,所有权能受到别人尊重的唯一标志。

事实上,授予需要和劳动以最初占有者的权利,不就已经把这种权利扩展到最大可能的限度了吗?难道对于这一权利可以不加限制吗?难道插足于一块公共的土地之上,就足以立刻自封为这块土地的主人了吗?难道由于有力量把别人从这块土地上暂时赶走,就足以永远剥夺别人重新回来的权利了吗?一个人或者一个民族若不是用该受惩罚的篡夺手段——因为他们对其他的人夺去了大自然所共同赋给大家的居住地和生活品——又怎么能够攫取并剥夺全人类的广大土地呢?当努涅兹·巴尔波①在海边上以卡斯提王冕的名义宣布占领南太平洋和整个南美洲的时候,难道这就足以剥夺那里全体居民的土地并把全世界的君主都排斥在外了吗?然而就在这个立足点上,这种仪式却枉然无益地一再为人们所效颦;而那位天主教的国王②在他的暖阁里只消一举就占有了全世界,只要随后把别的君主已经占有的地方划入他自己的帝国版图就行了。

我们可以想象,各个人毗邻的和相连的土地是怎样变成公共的土地的,以及主权权利从臣民本身扩大到臣民所占有的土地时,

---

① 巴尔波(Nunez Balbao,1475—1517),西班牙航海家,于1513年发现南美洲及太平洋,并以卡斯提王斐迪南第五(1474—1516)的名义宣布占有。
② 指卡斯提王斐迪南第五。

又怎样变成为既是对于实物的而同时又是对于人身的权利;这就使得土地占有者们陷于更大的依附地位,并且把他们力量的本身转化为使他们效忠的保证。这种便宜似乎古代的国君们并不曾很好地感觉到,他们仅只称为波斯人的王、塞种人的王或是马其顿人的王,好像他们只不过自认为是人民的首领而不是国土的主人。今天的国王们就聪明得多地自称为法兰西王、西班牙王、英格兰王,等等;这样,他们就既领有土地,同时又确实领有土地上的居民。

这种转让所具有的唯一特点,就是集体在接受个人财富时远不是剥夺个人的财富,而只是保证他们自己对财富的合法享有,使据有变成为一种真正的权利,使享用变成为所有权。于是享有者便由于一种既对公众有利、但更对自身有利的割让行为而被人认为是公共财富的保管者,他们的权利受到国家全体成员的尊重,并受到国家的全力保护以防御外邦人;所以可以说,他们是获得了他们所献出的一切。只要区别了主权者与所有者对同一块地产所具有的不同权利,这个两难推论是不难解释的。

也可能有这种情形:人们在尚未享有任何土地之前,就已开始相结合了,然后再去占据一块足敷全体之用的土地;他们或是共同享用这块土地,或是彼此平分或按主权者所规定的比例来加以划分。无论用什么方式进行这种占领,各个人对于他自己那块地产所具有的权利,都永远要从属于集体对于所有的人所具有的权利;没有这一点,社会的联系就不能巩固,而主权的行使也就没有实际的力量。

我现在就要指出构成全部社会体系的基础,以便结束本章与本卷:那就是,基本公约并没有摧毁自然的平等,反而是以道德的与法律的平等来代替自然所造成的人与人之间的身体上的不平等;从而,人们尽可以在力量上和才智上不平等,但是由于约定并且根据权利,他们却是人人平等的。

(何兆武　译)

社会公约与生死权

有人问:个人既然绝对没有处置自身生命的权利,又何以能把这种他自身所并不具有的权利转交给主权者呢?这个问题之显得难于解答,只是因为它的提法不对。每个人都有权冒自己生命的危险,以求保全自己的生命。难道有人会说,一个为了逃避火灾而跳楼的人是犯了自杀罪吗?难道有人会追究,一个在风浪里被淹死的人是在上船时犯了不顾危险的罪吗?

社会条约以保全缔约者为目的。谁要达到目的也就要拥有手段,而手段则是和某些冒险、甚至是和某些牺牲分不开的。谁要依靠别人来保全自己的生命,在必要时就应当也为别人献出自己的生命。而且公民也不应当自己判断法律所要求他去冒的是哪种危险;当君主对他说,"为了国家的缘故,需要你去效死",他就应该去效死;因为正是由于这个条件他才一直都在享受着安全,并且他的生命也才不再单纯地只是一种自然的恩赐,而是国家的一种有条件的赠礼。

对罪犯处以死刑,也可以用大致同样的观点来观察:正是为了不至于成为凶手的牺牲品,所以人们才同意,假如自己做了凶手的话,自己也得死。在这一社会条约里,人们所想的只是要保障自己的生命,而远不是要了结自己的生命;绝不能设想缔约者的任何一个人,当初就预想着自己要被绞死的。

而且,一个为非作恶的人,既然他是在攻击社会权利,于是便由于他的罪行而成为祖国的叛逆;他破坏了祖国的法律,所以就不再是国家的成员,他甚至是在向国家开战。这时保全国家就和保全他自身不能相容,两者之中就有一个必须毁灭。对罪犯处以死刑,这与其说是把他当作公民,不如说是把他当作敌人。起诉和判决就是他已经破坏了社会条约的证明和宣告,因此他就不再是国家的成员了。而且既然他至少也曾因为他的居留而自认为是国家的成员,所以就应该把他当作公约的破坏者而流放出境,或者是当作一个公共敌人而处以死刑。因为这样的一个敌人并不是一个道德人,而只是一个个人罢了;并且唯有这时候,战争的权利才能是杀死被征服者。

然而人们也许会说,惩罚一个罪犯乃是一桩个别的行为。我承认如此,可是这种惩罚却不属于主权者;这是主权者只能委任别人而不能由自己本身加以执行的权利。我的全部观念是前后一贯的,不过我却无法一下子全部都阐述清楚。

此外,刑罚频繁总是政府衰弱或者无能的一种标志。决不会有任何一个恶人,是我们在任何事情上都无法使之为善的。我们没有权利把人处死,哪怕仅仅是以儆效尤,除非对于那些如果保存下来便不能没有危险的人。

至于对一个已受法律处分并经法官宣判的罪犯实行赦免或减刑的权利,那只能是属于那个超乎法律与法官之上的人,也就是说,只能是属于主权者;然而就在这一点上,他的权利也还是不很明确的,而且使用这种权利的场合也是非常之罕见的。在一个政绩良好的国家里,刑罚是很少见的,这倒不是因为赦免很多,而是因为犯罪的人很少。唯有当国家衰微时大量犯罪的出现,才保障了罪犯不受到惩罚。在罗马共和国之下,无论是元老院或是执政官都从来没有想要行使赦免;就连人民也不曾这样做过,尽管人民有时候会撤销自己的判决。频繁的赦免就说明不久罪犯就会不再需要赦免了,大家都看得出来那会引向哪里去的。但是我觉得我自己满腔幽怨,它阻滞了我的笔;让那些从未犯过错误而且也永远不需要赦免的正直人士去讨论这些问题吧。

(何兆武　译)

主权权力的界限

如果国家,或者说城邦,只不过是一个道德人格,它的成员的结合就是它的生命所在,并且如果它最主要的关怀就是要保存它自身,那么它就必须有一种普遍的强制性的力量,以便按照最有利于全体的方式来推动并安排各个部分。正如自然赋予了每个人以支配自己各部分肢体的权力,社会公约也赋予了政治体以支配它的各个成员的权力。正是这种权力,当其受公意所指导时,如上所述,就获得了主权这个名称①。

可是,除了这个公共人格之外,我们还得考虑构成公共人格的那些私人,他们的生命和自由是天然地独立于公共人格之外的。因此,问题就在于很好地区别与公民相应的权利和与主权者相应的权利②,并区别前者以臣民的资格所应尽的义务和他们以人的资格所应享的自然权利。

我们承认,每个人由于社会公约而转让出来的自己一切的权

---

① 《日内瓦手稿》此下尚有:"正像在人的构成方面,灵魂对于集体的作用问题乃是哲学的尖端;同样在国家的构成方面,公意对于公共力量的作用问题则是政治学的尖端。"

② 细心的读者们,我请求你们不要急于责备我在这里自相矛盾。由于语言的贫乏,所以我在用语上未能避免这种矛盾,请你们少待吧。——原注

力、财富、自由,仅仅是全部之中其用途对于集体有重要关系的那部分;但是也必须承认,唯有主权者才是这种重要性的裁判人。

凡是一个公民能为国家所做的任何服务,一经主权者要求,就应该立即去做;可是主权者这方面,却决不能给臣民加以任何一种对于集体是毫无用处的约束;他甚至于不可以有这种意图,因为在理性的法则之下,恰如在自然的法则之下一样,任何事情绝不能是毫无理由的。

把我们和社会体联结在一起的约定之所以成为义务,就只因为它们是相互的;并且它们的性质是这样的,即在履行这些约定时,人们不可能只是为别人效劳而不是同时也在为自己效劳。如果不是因为没有一个人不是把每个人这个词都当成他自己,并且在为全体投票时所想到的只是自己本人的话;公意又何以能总是公正的,而所有的人又何以能总是希望他们之中的每个人都幸福呢?这一点就证明了,权利平等及其所产生的正义概念乃是出自每个人对自己的偏私,因而也就是出自人的天性。这一点也就证明了公意若要真正成为公意,就应该在它的目的上以及在它的本质上都同样地是公意。这就证明了公意必须从全体出发,才能对全体都适用;并且,当它倾向于某种个别的、特定的目标时,它就会丧失它的天然的公正性,因为这时我们判断的便是对我们陌生的东西,于是便不能有任何真正公平的原则在指导我们了[①]。

实际上,一项个别的事实或权利只要有任何一点未为事先的公约所规定的话,事情就会发生争议。在这样的一场争议里,有关的个人是一造,而公众则是另一造;然而在这里我既看不到有必须

[①] 《日内瓦手稿》:"实际上,由社会公约而得出的第一条法律,也是唯一真正根本的法律,就是每个人在一切事物上都应该以全体的最大幸福为依归。"

遵循的法律，也看不到有能够作出判决的审判官。这时，要想把它诉之于公意的表决，就会是荒唐可笑的了；公意在这里只能是一造的结论，因而对于另一造就只不过是一个外部的、个别的意志，它在这种场合之下就会带来不公道而且容易犯错误。于是，正如个别意志不能代表公意一样，公意当其具有个别的目标时，也就轮到它自己变了质，也就不能再作为公意来对某个人或某件事作出判决了。例如，当雅典人民任命或罢免他们的首领，对某人授勋或对另外某人判刑，并且不加区别地以大量的个别法令来执行政府的全部行为时，这时候人民就已经不再有名副其实的公意了；他们的行动已经不再是主权者，而是行政官了。这好像是与通常的观念正好相反，但是请容许我有时间来阐述我的理由。

我们由此应当理解：使意志得以公意化的与其说是投票的数目，倒不如说是把人们结合在一起的共同利益；因为在这一制度中，每个人都必须要服从他所加之于别人的条件。这种利益与正义二者之间可赞美的一致性，便赋予了公共讨论以一种公正性；但在讨论任何个别事件的时候，既没有一种共同的利益能把审判官的准则和当事人的准则结合并统一起来，所以这种公正性也就会消失。

无论从哪方面来说明这个原则，我们总会得到同样的结论，即社会公约在公民之间确立了这样的一种平等，以致他们大家全都遵守同样的条件并且全都应该享有同样的权利。于是，由于公约的性质，主权的一切行为——也就是说，一切真正属于公意的行为——就都同等地约束着或照顾着全体公民；因而主权者就只认得国家这个共同体，而并不区别对待构成国家的任何个人。可是确切说来，主权的行为又是什么呢？它并不是上级与下级之间的一种约定，而是共同体和它的各个成员之间的一种约定。它是合法的约定,因为它是以社会契约为基础的;它是公平的约定,因为它对一切人都是共同的;它是有益的约定,因为它除了公共的幸福而外就不能再有任何别的目的;它是稳固的约定,因为它有着公共的力量和最高权力作为保障。只要臣民遵守的是这样的约定,他们就不是在服从任何别人,而只是在服从他们自己的意志。要问主权者与公民这两者相应的权利究竟到达什么限度,那就等于是问公民对于自己本身——每个人对于全体以及全体对于每个个人——能规定到什么地步。

由此可见,主权权力虽然是完全绝对的、完全神圣的、完全不可侵犯的,却不会超出,也不能超出公共约定的界限;并且人人都可以任意处置这种约定所留给自己的财富和自由。因而主权者便永远不能有权对某一个臣民要求得比对另一个臣民更多;因为那样的话,事情就变成了个别的,他的权力也就不再有效了。

一旦承认这种区别以后,那么在社会契约之中个人方面会做出任何真正牺牲来的这种说法便是不真实的了。由于契约的结果,他们的处境确实比起他们以前的情况更加可取得多;他们所做的并不是一项割让而是一件有利的交易,也就是以一种更美好的、更稳定的生活方式代替了不可靠的、不安定的生活方式,以自由代替了天然的独立,以自身的安全代替了自己侵害别人的权力,以一种由社会的结合保障其不可战胜的权利代替了自己有可能被别人所制胜的强力。他们所献给国家的个人生命也不断地在受着国家的保护;并且当他们冒生命之险去捍卫国家的时候,这时他们所做的事不也就是把自己得之于国家的东西重新给国家吗?他们现在所做的事,难道不就是他们在自然状态里,当生活于不可避免的搏斗之中必须冒着生命的危险以保卫自己的生存所需时,他们格外频繁地、格外危险地所必须要做的事情吗？诚然，在必要时，人人都要为祖国而战斗；然而这样也就再没有一个人要为自己而战斗了。为了保障我们的安全，只需去冒一旦丧失这种安全时我们自身所必须去冒的种种危险中的一部分，这难道还不是收益吗？

（何兆武　译）

主权不可分割

以上所确立的原则之首先的而又最重要的结果,便是唯有公意才能够按照国家创制的目的,即公共幸福,来指导国家的各种力量;因为,如果说个别利益的对立使得社会的建立成为必要,那么,就正是这些个别利益的一致才使得社会的建立成为可能。正是这些不同利益的共同之点,才形成了社会的联系;如果所有这些利益彼此并不具有某些一致之点的话,那么就没有任何社会可以存在了。因此,治理社会就应当完全根据这种共同的利益。

因此我要说:主权既然不外是公意的运用,所以就永远不能转让;并且主权者既然只不过是一个集体的生命,所以就只能由他自己来代表自己;权力可以转移,但是意志却不可以转移。①

---

① 《山中书简》第 6 书:"是什么使得国家成为统一体的?那就是它的成员的结合。它的成员的结合又从何而来?那就来自把他们联系在一起的义务。而什么是这种义务的基础呢?在这一点上,作者们就意见分歧了。有人认为是强力,又有人认为是父权,还有人认为是天意。每个人都树立了自己的原则并攻击别人的原则。我自己也不例外。我提出,国家成员之间的约定乃是政治共同体的基础。……因为人与人之间的义务,还能有什么基础比他们相互之间的自由缔约更为确切不移的呢?可是这一约定的性质又是怎样的呢?""社会契约的成立乃是一种特殊的公约,由于这一公约每个个人就和所有的人订了约,由此也就产生了所有的人对每个人的反约;这就是结合的直接目的。我所谓这(转下页)

事实上，纵使个别意志与公意在某些点上互相一致并不是不可能的，然而至少这种一致若要经常而持久却是不可能的；因为个别意志由于它的本性就总是倾向于偏私，而公意则总是倾向于平等。人们要想保证这种一致，那就更加不可能了，即使它总该是存在着的；那不会是人为的结果，而只能是机遇的结果。主权者很可以说，"我的意图的确就是某某人的意图，或者至少也是他自称他所意图的东西"；但是主权者却不能说，"这个人明天所将意图的仍将是我的意图"，因为意志使自身受未来所束缚，这本来是荒谬的，同时也因为并不能由任何别的意志来许诺任何违反原意图者自身幸福的事情。因此，如果人民单纯是诺诺地服从，那么，人民本身就会由于这一行为而解体，就会丧失其人民的品质；只要一旦出现一个主人，就立刻不再有主权者了，并且政治体也从此就告毁灭。

这绝不是说，首领的号令，在主权者有反对它的自由而并没有这样做的时候，也不能算是公意了。在这样的情况下，普遍的缄默就可以认为是人民的同意。这一点，下面还要详加解说。

由于主权是不可转让的，同理，主权也是不可分割的。因为意志要么是公意，要么不是；它要么是人民共同体的意志，要么就只是一部分人的。在前一种情形下，这种意志一经宣示就成为一种

（接上页）一订约是一种特殊的订约，就在于它是绝对的、无条件的、无保留的，它永远不可能是不正义的或者为人所滥用，因为共同体不可能想要伤害它自己，而全体也只能是为着全体。它之所以是一种特殊的订约，还在于它把订约者联系在一起，使他们不受役于任何人，而且在以他们的唯一意志为律令的时候，它还使他们仍然一如既往那样地自由。从而，大家的意志就是至高无上的秩序与律令；而这一普遍的、人格化了的律令，就是我所称为的主权者。由此可见，主权是不可分割的、不可转让的，而且它在本质上就存在于共同体的全体成员之中。"

主权行为,并且构成法律。在第二种情形下,它便只是一种个别意志或者是一种行政行为,至多也不过是一道命令而已。

可是,我们的政论家们不能从原则上区分主权,于是便从对象上区分主权①:他们把主权分为强力与意志,分为立法权力与行政权力,分为税收权、司法权与战争权,分为内政权与外交权②。他们时而把这些部分混为一谈,时而又把它们拆开。他们把主权者弄成是一个支离破碎拼凑起来的怪物;好像他们是用几个人的肢体来凑成一个人的样子,其中一个有眼,另一个有臂,另一个又有脚,都再没有别的部分了。据说日本的幻术家能当众把一个孩子肢解,把他的肢体一一抛上天空去,然后就能再掉下一个完整无缺的活生生的孩子来。这倒有点像我们政论家们所玩的把戏了,他们用的不愧是一种江湖幻术,把社会共同体加以肢解,随后不知怎么回事又居然把各个片断重新凑合在一起。

这一错误出自没有能形成主权权威的正确概念,出自把仅仅是主权权威所派生的东西误以为是主权权威的构成部分。例如,人们就这样把宣战与媾和的行为认为是主权的行为;其实并不如此,因为这些行为都不是法律而只是法律的应用,是决定法律情况的一种个别行为。只要我们把法律一词所附有的观念确定下来,就会很明显地看出这一点。

在同样考察其他分类时,我们就会发现,每当人们自以为看出

---

① 见孟德斯鸠《论法的精神》第 11 卷,第 6 章。
② 《山中书简》第 7 书:"根据社会契约所奠定的原则,我们就可以看出:和通常的见解正好相反,国与国之间的联盟、宣战与媾和都不是主权的行为,而是政府的行为;并且这种思想是符合最能理解政治权利原理的那些民族的习惯的。"

了主权是分立的,他们就要犯错误;而被人认为是主权各个部分的那些权利都只是从属于主权的,并且永远要以至高无上的意志为前提,那些权利都只不过是执行最高意志而已。

当研究政治权利的作家们,想要根据他们已经确定的原则来判断国王与人民的相应权利时,我们简直无法述说这种缺乏确切性的结果给他们的种种论断投下了怎样的含混不清。每个人都可以看出在格老秀斯的著作的第一卷,第三、第四两章中,这位渊博的学者以及该书的译者巴贝拉克①是怎样地纠缠于并迷失在自己的诡辩之中的;他们唯恐把自己的见解说得太多或者太少,并唯恐冒犯了他们所要加以调和的各种利益②。格老秀斯不满意自己的祖国,逃亡到法国;他有意讨好路易十三③,他的书就是献给路易十三的,所以他不遗余力地要剥夺人民的一切权利,并且想尽种种办法要把它们奉献给国王。这一定也投合了巴贝拉克的胃口,巴贝拉克是把自己的译书献给英王乔治第一④的。然而不幸雅各第二⑤的被逐——他是称之为逊位的——使他不得不小心谨慎,回避要害,含糊其词,以免把威廉⑥弄成是个篡位者。假如这两位作家能采取真正的原则的话,一切难题就都可以迎刃而解,而他们也就可以始终一贯了。他们本该是忍痛说出真理来的,他们本该是只求讨好人民的。然而,真理却毕竟不会使他们交运,而人民也不会给他们以大使头衔或教授讲席或高薪厚俸的。

---

① "格老秀斯的著作"指《战争与和平法》。此书的法文译本于1746年出版,译者是巴贝拉克(J. Barbeyrac,1674—1744)。
② 此处指格老秀斯《战争与和平法》第2卷,第3章。
③ 路易十三(1610—1643年在位),法国国王。
④ 乔治第一(1714—1727年在位),英国国王。
⑤ 即詹姆斯第二(1685—1688年在位),英国国王。1688年"光荣革命",国会拥护奥兰治·威廉取代詹姆斯第二为英国国王。
⑥ 即威廉第三(1688—1702年在位),英国国王。

由以上所述,可见公意永远是公正的,而且永远以公共利益为依归;但是并不能由此推论说,人民的考虑也永远有着同样的正确性,人们总是愿意自己幸福,但人们并不总是能看清楚幸福。人民是绝不会被腐蚀的,但人民却往往会受欺骗,而且唯有在这时候,人民才好像会愿意要不好的东西。

众意与公意之间经常总有很大的差别①;公意只着眼于公共的利益,而众意则着眼于私人的利益,众意只是个别意志的总和。但是,除掉这些个别意志间正负相抵消的部分②而外,则剩下的总和仍然是公意。

如果当人民能够充分了解情况并进行讨论时,公民彼此之间没有任何勾结;那么从大量的小分歧中总可以产生公意,而且讨论的结果总会是好的。但是当形成了派别的时候,形成了以牺牲大集体为代价的小集团的时候,每一个这种集团的意志对它的成员来说就成为公意,而对国家来说则成为个别意志;这时候我们可以说,投票者的数目已经不再与人数相等,而只与集团的数目相等了。分歧在数量上是减少了,而所得的结果却更缺乏公意。最后,当这些集团中有一个是如此之大,以至于超过了其他一切集团的时候,那么结果你就不再有许多小的分歧的总和,而只有一个唯一的分歧;这时,就不再有公意,而占优势的意见便只不过是一个个别的意见。

---

① 这句话作者最初写作:"公意也就是众意,这是极其罕见的事。"
② 阿冉松侯爵说:"每种利益都具有不同的原则。两种个别利益的一致是由于与第三种利益相对立而形成的。"〔此处引文见阿冉松《法国古代与近代政府论》第2章;引文中的"相对立"原文作"相反的理由"。〕他还补充说,全体的利益一致是由于与每个人的利益相对立而形成的。如果完全没有不同的利益,那么,那种永远都碰不到障碍的共同利益,也就很难被人感觉到;一切都将自行运转,政治也就不成其为一种艺术了。

因此，为了很好地表达公意，最重要的是国家之内不能有派系存在，并且每个公民只能是表示自己的意见①。伟大的莱格古士②的独特而高明的制度便是如此。但如果有了派系存在的话，那么就必须增殖它们的数目并防止它们之间的不平等，就像梭伦③、努玛④和赛尔维乌斯⑤所做的那样。这种防范方法是使公意可以永远发扬光大，而且人民也决不犯错误的唯一好办法。

（何兆武　译）

---

① 马基雅弗里说："Vera cosa é che alcuni divisioni nuocono alle republiche e alcune giovano; quelle nuocono che sono dalle sette e da partigiani accompagnate; quelle giovano che senza sette, senza partigianoi si mantengono. Non potendoadunque provedere un fondatore d'una repubbi ca che non siano nimizicie in quella, ha da proveder almeno che non vi siano sette."["事实上，有些划分是有害于一个共和国的，有些则是有益的；那些会激起宗派与党争的是有害的，而那些不会引起宗派与党争的则是有益的。既然一个国家的创业者无法禁止敌对者的存在，至少他也应该防止他们成为宗派。"]（《佛罗伦斯史》，第7卷）

② 莱格古士（Lycurgue，即 Lycurgus），为传说中公元前8世纪斯巴达的国王、著名的立法者。他采取均分土地的方法以消除等级与党派的对立。事见普鲁塔克《英雄传》第1卷。

③ 梭伦（Solon），公元前594年任雅典首席执政官。

④ 努玛（Numa，即 Numa Pompilius），传说中罗马王政时期的第二个国王。

⑤ 赛尔维乌斯（Servius，即 ServiusTullius），传说中罗马王政时期的第六个国王。

论法律

　　由于社会公约，我们就赋予了政治体以生存和生命；现在就需要由立法来赋予它以行动和意志了。因为使政治体得以形成与结合的这一原始行为，并不就能决定它为了保存自己还应该做些什么事情。

　　事物之所以美好并且符合秩序，乃是由于事物的本性所使然而与人类的约定无关。一切正义都来自上帝，唯有上帝才是正义的根源；但是如果我们当真能从这种高度来接受正义的话，我们就既不需要政府，也不需要法律了。毫无疑问，存在着一种完全出自理性的普遍正义；但是要使这种正义能为我们所公认，它就必须是相互的。然而从人世来考察事物，则缺少了自然的制裁，正义的法则在人间就是虚幻的；当正直的人对一切人都遵守正义的法则，却没有人对他遵守时，正义的法则就只不过造成了坏人的幸福和正直的人的不幸罢了。因此，就需要有约定和法律来把权利与义务结合在一起，并使正义能符合于它的目的。在自然状态中，一切都是公共的，如果我不曾对一个人作过任何允诺，我对他就没有任何义务；我认为是属于别人的，只是那些对我没有用处的东西。但是在社会状态中，一切权利都被法律固定下来，情形就不是这样的了。

然则，法律究竟是什么呢？只要人们仅仅满足于把形而上学的观念附着在这个名词之上的时候，人们就会始终是百思不得其解；而且，纵使人们能说出自然法是什么，人们也并不会因此便能更好地了解国家法是什么。

我已经说过，对于一个个别的对象是绝不会有公意的。事实上，这种个别的对象不是在国家之内，就是在国家之外。如果它是在国家之外，那么这一外在的意志就其对国家的关系而言，就绝不能是公意；如果这一个别对象是在国家之内，则它便是国家的一部分；这时，全体和它的这一部分之间便以两个分别的存在而形成了一种对比关系，其中的一个就是这一部分，而另一个则是减掉这一部分之后的全体。但是全体减掉一部分之后，就绝不是全体；于是只要这种关系继续存在的话，也就不再有全体而只有不相等的两个部分；由此可见，其中的一方的意志比起另一方来，就绝不会更是公意。

但是当全体人民对全体人民作出规定时，他们便只是考虑着他们自己了；如果这时形成了某种对比关系的话，那也只是某种观点之下的整个对象对于另一种观点之下的整个对象之间的关系①，而全体却没有任何分裂。这时人们所规定的事情就是公共的，正如作出规定的意志是公意一样。正是这种行为，我就称之为法律。

我说法律的对象永远是普遍性的，我的意思是指法律只考虑臣民的共同体以及抽象的行为，而绝不考虑个别的人以及个别的行为。因此，法律很可以规定有各种特权，但是它却绝不能指名把

---

① "某种观点之下的整个对象"指作为主权者（制定法律）的全体人民。"另一种观点之下的整个对象"指作为臣民（服从法律）的全体人民。

特权赋予某一个人；法律可以把公民划分为若干等级，甚至于规定取得各该等级的权利的种种资格，但是它却不能指名把某某人列入某个等级之中；它可以确立一种王朝政府和一种世袭的继承制，但是它却不能选定一个国王，也不能指定一家王室。总之，一切有关个别对象的职能都丝毫不属于立法权力。

根据这一观念，我们立刻可以看出，我们无须再问应该由谁来制定法律，因为法律乃是公意的行为；我们既无须问君主是否超乎法律之上，因为君主也是国家的成员；也无须问法律是否会不公正，因为没有人会对自己本人不公正；更无须问何以人们既是自由的而又要服从法律，因为法律只不过是我们自己意志的记录。

我们还可以看出，法律既然结合了意志的普遍性与对象的普遍性，所以一个人，不论他是谁，擅自发号施令就绝不能成为法律；即使是主权者对于某个个别对象所发出的号令，也绝不能成为一条法律，而只能是一道命令；那不是主权的行为，而只是行政的行为。

因此，凡是实行法治的国家——无论它的行政形式如何——我就称之为共和国；因为唯有在这里才是公共利益在统治着，公共事物才是作数的。一切合法的政府都是共和制的①，我随后就将阐明政府是什么。

确切说来，法律只不过是社会结合的条件。服从法律的人民就应当是法律的创作者；规定社会条件的，只能是那些组成社会的人们。然而这些人该怎样来规定社会的条件呢？是由于突然灵机一动而达成共同一致的吗？政治体具备一个可以表达自己意志的

---

① 我理解这一名词不仅是指一种贵族制或者一种民主制，而且是一般地指一切被公意，也不是被法律所指导的政府。政府要成其为合法的，就绝不能与主权者混为一谈，而只能是主权者的执行人；这样，君主制本身也还是共和制。

机构吗？谁给政治体以必要的预见力来事先想出这些行为并加以公布呢？或者，在必要时又是怎样来宣告这些行为的呢？常常是并不知道自己应该要些什么东西的盲目的群众——因为什么东西对于自己好，他们知道得太少了——又怎么能亲自来执行像立法体系这样一桩既重大而又困难的事业呢？人民永远是希望自己幸福的，但是人民自己却并不能永远都看得出什么是幸福。公意永远是正确的，但是那指导着公意的判断却并不永远都是明智的①。所以就必须使它能看到对象的真相，有时还得看到对象所应该呈现的假象；必须为它指出一条它所寻求的美好道路，保障它不至于受个别意志的诱惑，使它能看清时间与地点，并能以遥远的隐患来平衡当前切身利益的引诱。个人看得到幸福却又不要它；公众在愿望着幸福却又看不见它。两者都同等地需要指导②。所以就必须使前者能以自己的意志顺从自己的理性；又必须使后者学会认识自己所愿望的事物。这时，公共智慧的结果便形成理智与意志在社会体中的结合，由此才有各个部分的密切合作，以及最后才有全体的最大力量。正是因此，才必须要有一个立法者。

(何兆武　译)

---

① 这句话初稿作："公意永远是正确的，根本不发生需要加以纠正的问题，但却必须善于及时加以审查"。
② "两者都同等地需要指导"，指个人需要道德的指导，公众需要经验与知识的指导。

论教育

（致里昂德莱塞特夫人）：

你按照天性，感到有必要使你的孩子们得到父亲的指导，以加速他们的成长。对这一点，我不感到奇怪。父亲肯定是最好的指导，但他不能什么都干。从他所作的安排中，我想你已决定由他负责，我坚持品质比学问重要，一个贤明的人比一个博学的人重要。我经常不厌其烦地重复，好的教育应该是纯粹否定性的，教育不是做，而是防止，真正的老师是本性，其他的老师只是排除妨碍成长的障碍，甚至错误也只随着邪恶而来，而好的判断则来自善良的心。儿童教育只不过是使儿童形成好的习惯。一个孩子长到12岁，身心健康，没有堕入懒惰和养成恶习，在两三年内，在学习方面，取得的真正进展比被强迫学习的同龄人要大，被强迫学习的人从来没有兴趣。根据这些我认为已由经验证实的原则，我得出的结论，是人们对孩子的家庭教师所要求的，不是出众的才能或好的性格，而只是能掌握自己和尽心尽责的品质。他应是温和、随时注意，特别是要有极大的耐心。这些都是不可缺少的品质。

（何祚康　曹丽隆　译）

论人民

一

正如建筑家在建立一座大厦之前,先要检查和勘测土壤,看它是否能担负建筑物的重量一样;明智的创制者也并不从制定良好的法律本身着手,而是事先要考察一下,他要为之而立法的那些人民是否适宜于接受那些法律。正是因此,所以柏拉图才拒绝为阿加狄亚人①和昔兰尼人②制定法律,他知道这两个民族是富有的,不能够忍受平等。正是因此,我们才看到在克里特有好法律而有坏人民,因为米诺王③所治理的乃是一个邪恶多端的民族。

有千百个从不能忍受良好法律的民族都曾在世上煊赫过;而且纵然那些能够忍受良好法律的民族,也只是在他们全部岁月里的一个极为短暂的时期内做到了这一点。大多数民族,犹如个人一样,只有在青春时代才是驯顺的;他们年纪大了,就变成无法矫正的了。当风俗一旦确立,偏见一旦生根,再想加以改造就是一件

---

① 阿加狄亚(Arcadie,即 Arcadia),古希腊的一邦,位于伯里奔尼苏半岛上。传说阿加狄亚的梅加拉(Mégare,即 Megara)城曾请求柏拉图为该城立法。
② 昔兰尼(Cyréne,即 Cyrene),非洲北岸的古希腊殖民地。柏拉图曾拒绝为昔兰尼人立法,事见普鲁塔克《英雄传》。
③ 米诺王(Minos),传说中古代克里特之王,以智慧著称。

危险而徒劳的事情了;人民甚至于不能容忍别人为了要消灭缺点而碰一碰自己的缺点,正像是愚蠢而胆小的病人一见到医生就要发抖一样。

正如某些疾病能振荡人们的神经,并使他们失去对于过去的记忆那样,在国家的经历上,有时候也并不是不能出现某些激荡的时期;这时,革命给人民造成了某些重症,给个人所造成同样的情形,这时是对过去的恐惧症代替了遗忘症;这时,被内战所燃烧着的国家——可以这样说——又从死灰中复活,并且脱离了死亡的怀抱而重新获得青春的活力。莱格古士时代的斯巴达便是如此;塔尔干①王朝以后的罗马便是如此;我们当代驱逐了暴君之后的荷兰和瑞士也曾经是如此②。

然而这种事情是非常罕见的,它们只是例外;而其成为例外的缘故,又总是可以从这种例外国家的特殊体制里找到的。这种例外在同一个民族甚至不会出现两次;因为只有在一个民族是野蛮的时候,它才能使自己自由,可是当政治精力衰竭时,它就不再能如此了。那时候,忧患可以毁灭它,而革命却不能恢复它;而且一旦它的枷锁被打碎之后,它就会分崩离析而不复存在。自此而后,它就只需要一个主人而不是需要一个解放者了。自由的人民啊,请你们记住这条定理:"人们可以争取自由,但却永远不能恢复自由。"

青春不是幼年。每个民族正像个人一样,是有着一个青春时期的,或者也可以说是有着一个成熟时期的,必须等到这个时期才

---

① 塔尔干(Tarquin,即 Tarquinius),公元前 7 至 6 世纪的罗马王朝。
② 荷兰原为西班牙属地,瑞士原为神圣罗马帝国属地。荷兰于 16 世纪末 17 世纪初驱逐西班牙人获得独立;瑞士在 14 世纪末,逐渐脱离神圣罗马帝国,获得独立。两国的独立在 1648 年威斯特法里亚条约中得到承认。

能使他们服从法律;然而一个民族的成熟往往不容易识别,而且人们若是提早这个时期的话,这项工作就要失败的。有些民族生来就是能受纪律约束的,另有些民族等上一千年之久也还是不能。俄罗斯人永远也不会真正开化的,因为他们开化得太早了。彼得①有模仿的天才;但他并没有真正的天才,没有那种创造性的、白手起家的天才。他做的事有些是好的,但大部分却是不合时宜的。他看到了他的人民是野蛮的,但他一点也没有看到他们还没有成熟到可以开化的地步;他想要使他们文明,而当时所需要的却只是锻炼他们。彼得首先是想造就出来德国人或者英国人,而当时却应该是先着手造就俄国人②;由于说服他的臣民们相信他们自己乃是他们本来并不是的那种样子,从而彼得也就永远妨碍了他的臣民们变成为他们可能变成的那种样子。有一位法国教师也是这个样子培养他的学生,要使学生在幼年时候就显姓扬名,然而到后来却始终一事无成。俄罗斯帝国想要征服全欧洲,但是被征服的却将是它自己。它的附庸而兼邻居的鞑靼人将会成为它的主人以及我们的主人的;在我看来,这场革命是无可避免的。全欧洲所有的国王们都在努力配合加速着它的到来。

二

正如大自然对于一个发育良好的人的身躯给定了一个限度,过了这个限度就只能造成巨人或者侏儒那样;同样地,一个体制最

---

① "彼得"指俄罗斯的彼得大帝(1672—1725年)。
② 卢梭《科西嘉制宪拟议》:"我们必须遵循的第一条规则就是民族特性。一切民族都有、或者应该有民族特性;如果他们缺少民族特性,就必须先着手赋予他们以民族特性。"又,卢梭《波兰政府论》:"应该小心翼翼地保存那种好处(民族性——译者);对于那样傲慢的沙皇的所作所为,我们恰好应该是反其道而行之。"

良好的国家所能具有的幅员也有一个界限，为的是使它既不太大以致不能很好地加以治理，也不太小以致不能维持自己。每个政治体都有一个它所不能逾越的力量极限，并且常常是随着它的扩大而离开这个极限也就愈加遥远。社会的纽带愈伸张，就愈松弛；而一般说来，小国在比例上要比大国更坚强得多。

有千百种理由证明这条准则。首先，距离愈远，行政也就愈发困难，正好像一个杠杆愈长则其顶端的分量也就会愈重。随着层次的繁多，行政负担也就越来越重：因为首先每个城市都有它自己的行政，这是人民所要负担的；每个州又有它自己的行政，又是人民所要负担的；再则是每个省，然后是大区政府、巡抚府①、总督府；总是愈往上则所必须负担的也就愈大，并且总是由不幸的人民来负担的；最后还有那压垮了一切的最高行政。如此大量的超额负担，都在不断地消耗着臣民；这种种不同的等级，远没有能治理得更好，而且比起在他们之上若是只有一个行政的话，反而会治理得更坏。同时，他们简直没有余力来应付非常的情况；而当有必要告急的时候，国家往往已经是濒于灭亡的前夕了。

还不仅如此；不只是政府会缺少勇气与果断来执行法律，来防止骚动，来矫正渎职滥权的行为，来预防遥远地方所可能发生的叛乱；而且人民对于自己所永远见不到面的首领，对于看来有如茫茫世界的祖国以及对于大部分都是自己所陌生的同胞公民们，也就会更缺少感情。同一个法律并不能适用于那么多不同的地区，因为它们各有不同的风尚，生活在迥然相反的气候之下，并且也不可能接受同样的政府形式。而不同的法律又只能在人民中间造成纠纷与混乱；因为他们生活在同样的首领之下，处于不断的交往之

---

① "巡抚府"原文为 Satrapie，指古波斯的地方政府。

中，他们互相往来或者通婚，并顺从了别人的种种习俗，所以永远也不知道他们世袭的遗风究竟还是不是他们自己的了。在这样一种彼此互不相识而全靠着一个至高无上的行政宝座才把他们聚集在一起的人群里，才智就会被埋没，德行就会没有人重视，罪恶也不会受到惩罚。事务繁多的首领们根本就不亲自视事，而是由僚属们在治理国家。最后，为了要维持公共权威——而这正是那些遥远的官吏们要规避的，或者要窃据的——所必须采取的种种措施，会耗尽全部的公共精力；这样，他们就再也没有余力关心人民的幸福了，在必要的关头，他们也几乎毫无余力来保卫人民；就是这样，一个体制过于庞大的共同体，就会在其自身的重压之下而削弱和破灭。

另一方面，国家应该被赋予一个可靠的基础，使之能够具有坚固性，并能够经受住它少不了要遭到的种种震荡以及为了自存所不得不作的种种努力；因为所有的民族都有一种离心力，使他们彼此不断地互相作用着，并且倾向于要损害邻人来扩张自己，就好像是笛卡儿的漩涡体那种样子①。这样，弱者就随时有被吞并的危险，而且除非是大家能处于一种平衡状态，使得压力在各方面都接近于相等，否则就谁也难以自保。

由此可见，既有需要扩张的理由，又有需要收缩的理由；能在这两者之间求得一种对于国家的生存最为有利的比例，那就是很不小的政治才能了。我们可以一般地说，前者既然只是外在的、相对的，就应该服从于后者；后者乃是内在的、绝对的。一个健全有力的体制乃是人们所必须追求的第一件事；我们应该更加重视一

---

① 笛卡儿(R.Descartes，1596—1650)《世界论》："自然界的一切运动都是某种兜圈子式的。一个物体离开了原来的位置，就必定占据另一个物体的位置；""物质以各种不同的形状、大小和速度经常处于兜圈子的漩涡状态。"

个良好的政府所产生的活力,而不只是看到一个广阔的领土所提供的富源。

此外,我们也曾见过有这样体制的国家,其体制的本身就包含着征服的必要性;这些国家为了能维持下去,便不得不进行无休止的扩张。也许它们会暗自庆幸这种幸运的必要性;然而随着它们的鼎盛之极,那也就向它们显示了无可避免的衰亡时刻。

三

我们可以用两种方式来衡量一个政治体,即用领土的面积和用人口的数目;这两种衡量彼此之间存在着一个适当的比率,可以使一个国家真正伟大。构成国家的是人,而养活人的则是土地;因此,这一比率就在于使土地足以供养其居民,而居民又恰好是土地所能够养活的那么多。正是在这一比例之中,才可以发现一定数目的人民的最大限度的力量;因为如果土地过多,防卫就会艰难,开发就会不足,物产就会过剩,而这就是形成防御性战争的近因;如果土地不敷,国家就要考虑向它的四邻寻找补充,而这就是形成攻击性战争的近因。一个民族所处的地位,若是只能抉择商业或者战争,它本身必然是脆弱的;它要依赖四邻,它要依赖局势,它只能有一个短促不安的生命。它或者是征服别人而改变处境,或者是被别人所征服而归于乌有。它只有靠着渺小或者伟大,才能够保全自己的自由。

使土地的广袤与人口的数目这两者得以互相满足的确切比率,我们是无从加以计算的;这既因为土地的质量、它的肥沃程度、物产的性质、气候的影响有着种种差异;同时,也因为我们察觉到的各种居民的体质也有着种种的差异;有的人居住在肥沃的地方而消耗甚少,另外也有人居住在贫瘠的土壤上却消耗很大。还必须顾及妇女生育力的大小、国土对于人口有利与否的情况、立法者的各种制度可望起作用的程度，等等；从而立法者便不应该依据自己所见到的，而是应该依据自己所能预见到的来做判断；也不应该只站在人口的实际状况上，而应该站在人口自然会达到的状况上。最后，各地方特殊的偶然事件还有千百种情况，迫使人们或允许人们拥有多于必要的土地。因而，山地的人们就要扩展他们的土地；山地的自然物产，即森林、饲草，只需较少的劳动，而经验也告诉我们这里的妇女比平原上的妇女生育力更强，并且大片倾斜的山地上也只有小块的平地才能指望耕种。反之，在海滨，人们便可以紧缩土地，哪怕在几乎是荒凉不毛的岩石和沙滩上；因为渔业可以弥补一大部分土地上的出产，因为居民更需要聚集在一起以便抵御海盗，也因为人们在这里更容易以殖民的办法来减轻国土上负担过多的人口。

要为一个民族创制，除了这些条件而外，还须再加上另外的一条；这一条虽然不能代替其他任何一条，但是没有这一条则其他条件便会全归无效；那就是人们必须享有富足与和平。因为一个国家在建立时，就像一支军队在组编时一样，也就正是这个共同体最缺乏抵抗力而最易于被摧毁的时刻。人们即使在绝对无秩序时，也要比在酝酿时刻更有抵抗力；因为酝酿时，人人都只顾自己的地位而不顾危险。假如一场战争、饥馑或者叛乱在这个关键的时刻临头的话，国家就必定会倾覆。

在这些风暴期间，也并不是不曾建立过许多政府；然而这时候，正是这些政府本身把国家摧毁了。篡国者总是要制造或者选择多难的时刻，利用公众的恐惧心来通过人民在冷静时所绝不会采纳的种种毁灭性的法律的。创制时机的选择，正是人们可以据之以区别立法者的创作与暴君的创作的最确切的特征之一。

然则，是什么样的人民才适宜于立法呢？那就是那种虽然自己已经由于某种起源、利益或约定的结合而联系在一起，但还完全不曾负荷过法律的真正羁轭的人民；就是那种没有根深蒂固的传统与迷信的人民；就是那种不怕被突然的侵略所摧毁的人民；就是那种自身既不参与四邻的争端，而又能独立抵抗任何邻人或者是能借助于其中的一个以抵御另一个的人民；就是那种其中的每一个成员都能被全体所认识，而他们又绝不以一个人所不能胜任的过重负担强加给某一个人的人民；就是那种不需要其他民族便可以过活，而所有其他的民族不需要他们也可以过活的人民；就是那种既不富有也不贫穷而能自给自足的人民；最后，还得是那种能结合古代民族的坚定性与新生民族的驯顺性的人民。立法工作之所以艰难，倒不在于那些必须建立的东西，反而更在于那些必须破坏的东西；而其成功之所以如此罕见，就正在于不可能发现自然的单纯性与社会的种种需要结合在一起。的确，这一切条件是很难于汇合在一起的；于是我们也就很少能见到体制良好的国家了。

欧洲却还有一个很可以立法的国家，那就是科西嘉岛①。这个勇敢的民族在恢复与保卫他们的自由时所具有的豪迈与坚决，的确是值得有一位智者来教导他们怎样保全自由。我有一种预感，总有一天那个小岛会震惊全欧洲的。

（何兆武　译）

---

① 科西嘉18世纪时属热那亚。

公意不可摧毁

只要有若干人结合起来自认为是一个整体,他们就只能有一个意志,这个意志关系着共同的生存以及公共的幸福。这时,国家的全部精力是蓬勃而单纯的,它的准则是光辉而明晰的;这里绝没有各种错综复杂、互相矛盾的利益,公共福利到处都明白确切地表现出来,只要有理智就能看到它们。和平、团结、平等是政治上一切尔虞我诈的敌人。纯朴正直的人们正由于他们单纯,所以难于欺骗;诱惑和甜言蜜语对他们都用不上,他们甚至还不够精明得足以当傻瓜呢。当我们看到在全世界上最幸福的人民那里,一群群的农民在橡树底下规划国家大事,而且总是处理得非常明智;这时候,我们能不鄙视其他那些以种种伎俩和玄虚使得自己声名远扬而又悲惨不堪的国家的精明吗?

一个这样治理着的国家只需要很少的法律,而随着颁布新法律之成为必要,这种必要性早已普遍地被人看到了。第一个提议那些法律的人,只不过是说出了大家都已经感到了的东西罢了;使人人都已经决意要做的事情变成法律,这既不是一个阴谋问题,也不是一个雄辩问题,只要他能肯定别人也会照他这样做。

使理论家们陷于错误的,就在于他们只看到了那些从一开始体制就不好的国家,所以他们就认定在这些国家里是不可能维持这样一种政治制度的。他们喜欢想象一个机警的骗子或者一个巧妙的说客所能用以诱说巴黎人民或伦敦人民的种种无稽之谈。他们不知道克伦威尔是会被伯尔尼的人民关进钟楼的,波佛公爵也会被日内瓦人严加管束的。

但是当社会团结的纽带开始松弛而国家开始削弱的时候,当个人利益开始为人所感觉而一些小社会开始影响到大社会的时候;这时候,公共利益就起了变化并且出现了对立面。投票就不再由全体一致所支配了,公意就不再是众意,矛盾和争论就露头了;于是最好的意见也都不会毫无争论地顺利通过。

最后,国家在濒于毁灭的时候,就只能以一种幻觉的而又空洞的形式生存下去,社会的联系在每个人的心里都已经破灭了,最卑鄙的利益竟厚颜无耻地伪装上公共幸福的神圣名义;这时候,公意沉默了,人人都受着私自的动机所引导,也就再不作为公民而提出意见了,好像国家从来就不曾存在过似的;人们还假冒法律的名义来通过仅以个人利益为目的的种种不公正的法令。

是不是因此之故公意就会消灭或者腐化了呢?不会的,公意永远是稳固的、不变的而又纯粹的;但是它却可以向压在它身上的其他意志屈服。每一个要使自己的利益脱离公共利益的人都看得很清楚,他并不能把两者完全分开;然而在和他所企求获得的排他性的私利相形之下,则他所分担的那份公共的不幸对他来说就算不得什么了。但除了这种私利之外,则他为了自己的利益也还是会和任何人一样强烈地要求公共福利的。甚至于是为了金钱而出卖自己选票的时候,他也并未消灭自己内心的公意,他只是回避了公意而已。他所犯的错误乃是改变了问题的状态,乃是对于人们向他所提出的问题答非所问;从而他不是以自己的投票在说:"这是有利于国家的",反倒是在说,"通过了这样或那样的意见,乃是有利于某个人或某个党派的"。于是集会中的公共秩序的法则就不完全是要在集会中维持公意了，反而更是要对公意经常加以质疑，并由它来经常作出答复。在主权的一切行为中，仅就投票这一项权利——这是任凭什么都不能剥夺于公民的权利——我在这里就有很多的意见可写。此外，还有关于发言权、提议权、分议权、讨论权等等，这些权利政府总是煞费苦心地要全部保留给它自己的成员。……

（何兆武　译）

论自由

一

我要探讨在社会秩序之中,从人类的实际情况与法律的可能情况着眼,能不能有某种合法的而又确切的政权规则。在这一研究中,我将努力把权利所许可的和利益所要求的结合在一起,以便使正义与功利二者不致有所分歧。

我并未证明我的题旨的重要性,就着手探讨本题。人们或许要问,我是不是一位君主或一位立法者,所以要来论述政治呢?我回答说,不是;而且正因为如此,我才要论述政治。假如我是个君主或者立法者,我就不会浪费自己的时间来空谈应该做什么事了;我会去做那些事情的,否则,我就会保持沉默。

身为一个自由国家的公民并且是主权者的一个成员,不管我的呼声在公共事务中的影响是多么微弱,但是对公共事务的投票权就足以使我有义务去研究它们。我每次对各种政府进行思索时,总会十分欣幸地在我的探讨之中发现有新的理由来热爱我国的政府!

二

人是生而自由的,但却无所不在枷锁之中。自以为是其他一切的主人的人，反而比其他一切更是奴隶。这种变化是怎样形成的？我不清楚。是什么才使这种变化成为合法的？我自信能够解答这个问题。

如果我仅仅考虑强力以及由强力所得出的效果，我就要说："当人民被迫服从而服从时，他们做得对；但是，一旦人民可以打破自己身上的桎梏而打破它时，他们就做得更对。因为人民正是根据别人剥夺他们的自由时所根据的那种同样的权利，来恢复自己的自由的，所以人民就有理由重新获得自由；否则别人当初夺去他们的自由就是毫无理由的了。"社会秩序乃是为其他一切权利提供了基础的一项神圣权利。然而这项权利绝不是出于自然，而是建立在约定之上的。问题在于懂得这些约定是什么。但是在谈到这一点之前，我应该先确定我所要提出的东西。

三

一切社会之中最古老的而又唯一自然的社会，就是家庭。然而孩子也只有在需要父亲养育的时候，才依附于父亲。这种需要一旦停止，自然的联系也就解体。孩子解除了他们对于父亲应有的服从，父亲解除了他们对于孩子应有的照顾以后，双方就都同等地恢复了独立状态。如果他们继续结合在一起，那就不再是自然的，而是志愿的了；这时，家庭本身就只能靠约定来维系。

这种人所共有的自由，乃是人性的产物。人性的首要法则，是要维护自身的生存，人性的首要关怀，是对于其自身所应有的关怀；而且，一个人一旦达到有理智的年龄，可以自行判断维护自己生存的适当方法时，他就从这时候起成为自己的主人。

因而，我们不妨认为家庭是政治社会的原始模型：首领就是父亲的影子，人民就是孩子的影子；并且，每个人都生而自由、平等,他只是为了自己的利益,才会转让自己的自由。全部的区别就在于:在家庭里,父子之爱就足以报偿父亲对孩子的关怀了;但是在国家之中,首领对于他的人民既没有这种爱,于是发号施令的乐趣就取而代之。

格老秀斯否认人类一切权力都应该是为了有利于被统治者而建立的。他引了奴隶制为例。他最常用的推论方式,一贯都是凭事实来确定权利。人们还可以采取另一种更能自圆其说的方法,但也不见得对于暴君更为有利。

按格老秀斯的说法,究竟全人类是属于某一百个人的,抑或那一百个人是属于全人类的,仍然是个疑问;而且他在他的全书里似乎是倾向于前一种见解的;而这也正是霍布斯的看法。这样,人类便被分成一群群的牛羊,每一群都有它自己的首领,首领保护他们就是为了要吃掉他们。

正犹如牧羊人的品质高出于羊群的品质,作为人民首领的人类牧人,其品质也就同样地高出于人民的品质。据费龙①的记载,卡里古拉皇帝②便是这样推理的,他从这种类比竟然作出结论说:君王都是神明,或者说,人民都是牲畜。

这位卡里古拉的推论复活成为霍布斯和格老秀斯两人的推论。亚里士多德早在他们之前也曾说过,人根本不是天然平等的,而是有些人天生是做奴隶的,另一些人天生是来统治的。

亚里士多德是对的,然而他却倒果为因了。凡是生于奴隶制度之下的人,都是生来做奴隶的;这是再确凿不过的了。奴隶们在枷锁之下丧失了一切,甚至丧失了摆脱枷锁的愿望;他们爱他们自

---

① 费龙(Philon,即 Philo),公元 1 世纪时亚历山大城的犹太哲学家;公元 39—40 年曾出使罗马见过卡里古拉。
② 卡里古拉(Caligula),公元 37—41 年罗马皇帝。

己的奴役状态，有如优里赛斯①的同伴们爱他们自己的牲畜状态一样。因而假如真有什么天然的奴隶的话，那只是因为已经先有违反了天然的奴隶。强力造出了最初的奴隶，他们的怯懦则使他们永远当奴隶。

　　我完全没有谈到亚当王或者挪亚皇，也就是那划分了全世界的三大君王的父亲，虽然有人认为在他们的身上也可以看到像萨土林的儿子一样的行为。我希望人们会感谢我的这种谦逊；因为，作为这些君主之一的一个直系苗裔，或许还是长房的后代，何以知道考订起族谱来，我就不会被发现是全人类合法的国王呢？无论如何，人们决不会不同意亚当曾是全世界的主权者，正如鲁滨逊只要是他那荒岛上的唯一居民，便是岛上的主权者一样。并且这种帝国还有着这样的好处，即国君可以安享王位，无须害怕叛乱、战争或者谋篡。

（何兆武　译）

---

① 优里赛斯（Ulysse，即 Ulysses）为希腊史诗《奥德赛》（Odyssée，即 Odysseus）中的英雄，他的同伴们在归途中遇险，被变为猪。

治国与治家

许多作家说国家和家庭两者大有相似之处，即使这话是对的，也不能得出结论说，适合于这一集体的行为准则也适合于那一集体。两者的范围大小悬殊，不能以同样方式加以管理。在治家和治国之间，存在着很显著的差别；在前者，家长对一切家事能亲自闻问，在后者，首长不借助于别人的耳目，很难了解任何事情。在这一点上，要使两者处于同等地位，家长的才能、精力和一切本领必须随其家业的扩大而增加，而一个有权威的君主的精神能力与一个普通庶民的精神能力之比，也必须等于他的国土大小与一个私人所有的土地大小之比。

它们各自的基础如此不同，治国怎能和治家一样呢？父亲的身心自然强于子女，只要子女需要父亲的保护，父权就可以合理地说是天所赋予的。但是，在一个大家庭里面，它的全部成员都天然平等，政权就其制度来说是全然专断的，所以只能建立于协议基础之上，而行政官除了依靠法律就无法对百姓行使权力。父亲所负的义务乃是天性所委予他的，天性不容许他忽视这些义务。统治者就不是这样，他们只要在自己答应人民去做，因而人民有权要求他们去做的事情上，才真正对人民负有责任。还有一个更加重要的区别：子女除了得自父亲的东西之外，原来是一无所有的，所有财产权显然是属于父亲，或由父亲那里分散出来的；而在大家庭里，情形适得其反，在那里，建立管理机关只是为了保护个人财产，个人财产是在政府之先的。整个家庭工作的主要目的，在于保存并增殖父亲的家产，以便他有朝一日可将财产分给子女，而不致使他们受穷；财政当局所持有的财富却只是用来保持平民平安富庶的一种手段，而这东西往往被人误解了。总之，小家庭是注定要消灭的，迟早会分散为同一性质的若干家庭；至于大家庭，它既然以万古永存为其建立目的，就无须像小家庭那样也去为繁荣而扩展，而只需使自己能够永远维持下去。扩展对它利少害多，这是不难证明的。

很明显，在家庭里，由于一些内在的原因，应由父亲来发号施令。第一，权力不能由父母平分掌握，管理必须是单一的，每逢意见有分歧时，必须只有一个占优势的意见来作出决定。第二，我们不论怎样看轻妇女特有的弱点，可是，由于她们一定会有一些不便活动的时间，我们有充分理由把她们排除于这种最高权力之外——因为当天平处于分毫不差的平衡状态时，加一根草也足以使它一边偏重。而且，丈夫应当能够监督妻子的行为，因为确信他不得不承认并抚养的那些子女只属于他，这事对他是十分重要的。第三，子女必须服从父亲，开头是由于不得不然，后来是由于感恩。他们前半生既然靠父亲满足了种种需要，就应该贡献出后半生来赡养父亲。第四，仆人要为他服务，以换取他给他们预备的衣食，虽然当他们一感到这种约定不再适合时，也可以中途废约。我这里不谈奴隶制度，因为它违反自然，是任何法律或正义所不能许可的。

所有这一切在政治社会里都是不存在的。政治社会的首领对于人们的幸福绝没有任何自然的兴趣，他倒常常从人们的痛苦中追求自己的幸福。如果行政官是世袭的,这种人类集体就往往由一个孩子执政。假使是选举的,这种选举就会发生数不胜数的不便之处;可是,两者都没有父权的好处。如果你只有一个统治者,你就得听凭这个没有什么理由喜欢你的主子的摆布;如果你有好几个统治者,你就得同时受他们的虐待和瓜分。总之,在公益和法律没有自然力量,而不断被统治者和成员们的私利和感情所侵袭的每个社会中,流弊是避免不了的,而且会产生严重的后果。

虽然一家之父和行政长官的职能的目标应该是一致的,但他们一定会以非常不同的方式来发挥他们的职能,而且他们的权利和义务也根本不同,所以如果我们把两者混淆起来,就一定会对社会的基本规律形成非常不正确的概念,并陷入非常有害于人类的错误。事实上,如果天性是父亲在尽本分时可以听从的最好的顾问,对于不为极崇高的美德所约束的行政官来说,它却会把他引向歧途,往往妨碍他执行义务,迟早会害得他家破国亡。一家之父唯一需要小心的是谨防堕落,并保持自然欲望的纯洁,而使行政官腐化的正是这些东西。为求行为正确,前者只消扪心自问就够了,后者若一旦随心所欲就会变成叛逆。对于行政官来说,连他自己的理智都是靠不住的,除了公众的理智即法律以外,他什么规律都不应该听从。因此,天性曾造成了许多善于治家的父亲,可是,亘古以来人类智慧所造成的严明长官,却只有少数的几个。

……国家与家庭,除了它们的首长都有为其成员谋幸福的义务以外,毫无共同之处;没有对两者都适用的行为规律。

(何祚康　曹丽隆　译)

论文学

一

（致雅冬布·维恩先生）：

先生们，这样你们就成了期刊的作者。说老实话，我对你们的计划完全不像你们那样高兴。看到那些生来就可以建立丰碑的人却满足于做资料的传递人，建筑师却甘于从事手工劳动我很难过。期刊究竟是什么呢？那是一种过眼烟云的东西，既无价值亦无用途，为有修养的人所不屑一顾的；它只是一种为妇女或蠢人提供虚荣心，却不给人以任何启迪的东西，它注定在妇女的房中度过一个短暂光辉的早晨后，晚上便死在橱内。再说，你能使自己只是从报纸上甚至从《信使报》上摘录片断就能编纂成册吗？虽然你不是不可能偶尔在什么地方读到一篇好文章，但是你不会不感到厌烦，因为你只是要从所阅读的许多令人生厌的文章中去搜寻一些有价值的东西。如果头脑中塞进了这些垃圾，那么为心灵的安宁所付出的代价就太大了。即使你很热心，以致能不厌其烦地阅读这些，谁又能保证你所作的选择是恰如其分的，保证你个人的偏爱不会压倒为公众谋福利的目的，保证在你只考虑取悦于人这一目的时，作品不受到损害？你不会不知道，对文学作品，选择是极好的鉴赏力的结果；你不会不知道，从可以想象得到的智力与学识来看，在一个小城市内，鉴赏力不可能完美到具有必要的判断力以确定所选作品的恰当性。

假如你的作品是极好的,有谁能欣赏它? 如果是平庸之作,因而也是令人生厌的,如像瑞士的《信使报》那样可笑的话,那么在给澳洲地区的蠢妇们消遣几个月后就寿终正寝了。

先生,请相信我,这不是你们所应从事的工作。严肃而深奥的文章也许会使人们尊敬我们,但所有烦琐哲学的光辉却于我们是不适合的。遗憾的是这正是今日时髦之物。美德与自由等伟大主题可扩大并加强我们的心智,而那些如诗歌美术等纤巧的东西则赋予它以更多的优雅和灵巧。对于前者来说,我们需要的是望远镜,而后者则需要显微镜。那些习惯于观测天地的人们是不知道如何解剖苍蝇的。这就是为什么瑞士成为智慧与理智的土地,而巴黎则成为鉴别的中心。我们还是把鉴别的妙法交与那些近视的文化名人,他们一生都致力于观察自己鼻尖下的寄生虫。他们以拥有这种鉴赏力而骄傲,而我们却应懂得,正因为缺乏这种鉴赏力而更感到自豪。就在他们为妇女沙龙编纂期刊和无聊的小册子时,我们不妨努力写些今后有用的并且具有不朽价值的作品吧!

写以上这段话是出于我们之间的友谊,但我不会忘记礼节上的需求,如果你坚持实现你的计划,我会尽力寄上一篇你所需要的文章,以期能填满你为我所留下的篇幅。

二

(致伏尔泰):

先生,正是我应该向你致谢①。当我把我的伤感梦想概述给

---

① 伏尔泰曾写信,对卢梭的有关人类的新作表示感谢,并称颂了文章,同时又请卢梭喝"我们奶牛产的奶",吃"我们的药草"。

你时,我并不认为这是我送给你的一份值得你一顾的礼物,其实我只是在尽自己的责任,并向你,我们的领袖,致以崇高的敬意。此外,由于你对我们国家的尊敬,我和我的同胞都非常感激,并希望当我的同胞从你所给的教导中得益时,能更多地表达我们的感激之情。请使你已挑选的庇护所成为一处美丽的场所吧,请给不会辜负你的教导的民族以启迪吧;你善于描绘美德与自由,请教导我们如何在我们国内就像我们在读你的著作时那样重视它们吧,一切走近你的人们都应该向你学习如何沿着那条真正的光荣道路前进。

我并不热望使我们处于消沉的简朴境界,虽然就我自己来说,仅由于失去了它而颇感遗憾。至于你自己,先生,这种回归自然会成为奇迹。这种奇迹如此伟大又如此有害,因此只有上帝一人才能创造出来,而且也只有魔鬼才希望创造它。然而不要匍匐在地上,世上没有一个人能比你更好地做到这一点,为了让我们能挺直地站起来而宁愿牺牲自己的直立。

在依次发生的事件中有一些隐秘的联系,它们不易为普通人所察觉,但却逃不过圣贤的眼睛,如果他愿意思考它们。不是特伦斯、西塞罗、弗吉尔、塞尼卡或塔西特斯,也不是学者和诗人导致罗马帝国的不幸或促使罗马人犯罪。但是要不是有那种缓慢的、不为人知的毒素在日益腐败着最强有力的政府(这是历史上常提到的政府),就不会有西塞罗、柳克里舍斯和萨勒斯特,他们也不可能写出任何东西。拉利厄斯和特伦斯的迷人的时代预示了奥古斯塔斯和霍勒斯的光明的时代,终于最后导致了塞尼卡、尼罗、德米申、马舍尔恐怖时代的到来。内在的弱点在民族中产生了对文学和艺术的热爱。假如人类的一切进展真的对人种有害,假如人类心灵和理智方面的进展真的使我们愈益自傲,谬误倍增,从而加速了受苦的日子的到来,那么由于现在罪恶已如此严重,我们必须保留引起罪恶的根源,以便使情况不至于再进一步深化,——如同人们由于害怕拔出武器反会使受伤的人死亡,因而不得不把武器留在他的身上一样。

就我而言,如果我仍然从事开始的职业而且也未谈过或写过什么东西的话,毫无疑问我会更加幸福些。然而目前如果废除了文学,那么留存给我的唯一的乐趣也就被剥夺了。正是在它们的怀抱中,我所受的忧患得到了慰藉;正是在培育文学的人群中,我尝到了友谊的甜蜜,学会了愉快地生活,对死亡无所畏惧,我能有幸结识你也要归功于文学。

回顾一下社会动乱的最原始的起因,我们就会发现,一切灾难之所以降临到人类的头上,不是因为无知,而是因为谬误。愚蠢带给我们的伤害远不如我们自以为是所带来的伤害大。还有什么比渴求认识所有事物的一时狂热更能使我们不断陷入重重错误之中?假如人们不声称地球是静止不动的,他们就不会因为伽利略说地球在转动而惩罚他;假如哲学家的头衔只加在真正的重理性的人的头上,就不会有任何人指控《百科全书》了;假如众多的自吹自擂的警官们不追求荣誉,你就可以在宁静中愉快地生活,至少,你就会有值得你一争的对手了。

然而,不要因为加在伟大的天才头上的花环总带有刺而感到吃惊。敌人的污蔑只是你获胜的嘲讽的呼叫,正是公众对你作品的热忱欢迎导致了你所抱怨的剽窃。但这种伪造并非易事,因为铁和铅终不能与金子形成合金。请允许我告诉你这一点。因为我关心你的宁静以及我们的共同利益,不要理睬那些空洞的号叫,他们之所以如此,不是要伤害你,而只是迫使你停止做好事。他们越是批评你,你就要越发努力使人敬羡你。一本好著作是对书面污蔑的沉重回击。只要你所创作的是他们无法模仿的,谁又敢把不是你创作的东西强加在你的身上?

感谢你对我的邀请。如果今冬过去,明春我回到祖国居住的话,我将不负你的好意。我宁愿饮你喷泉中的水,而不喝你奶牛产的奶。谈到你果园中的水果,我担心在那里除了忘忧草与有魔力的野草①,我将看不到其他,然而忘忧草不能供牲畜食用,而野草却能阻止人们变成禽兽。

衷心地向你致敬……

三

(致沙耶布):

先生,您请求我给你们庄严的君主们以及他们所资助的州内文学刊物写点东西以示敬意……

你在得到众多作者的肯定答复后,仍强要我就尊贵的君主们为他们首府的公共教育修建的宏伟建筑,以及捐助大笔资金一事的正确与否发表看法。但是,先生,我对此事没有足够的了解,不可能迅速作出反应;同时对贵国同胞的品行以及才能也缺乏认识,以致就此事提出确定的看法是不可能的。我的总的看法是,你应比我能更好地得出结论。

谈到品行,我的看法是,当人们已经腐败时,对他们来讲,有知识总比无知好;如果他们还是好的话;应该提防,科学只会腐蚀他们。

---

① 卢梭手稿中的注:忘忧草以及有魔力的野草是荷马在《奥德赛》中提到的,前者是供神灵食用的,尤利西斯的同伙视之为珍馐,以至他不得不用暴力迫使他们返回船上,而梅克里把野草给了尤利西斯,作为使他不受赛斯(荷马诗中使人变成猪的女巫)的诱惑的东西。

说到才能，我的看法是，对一个有才能的人，知识会使他们更完善、更强大；而对缺乏才能的人，学习只会更多地剥夺他的理智，使之成为一个平庸的、无才智的、迂腐的蠢人。

对这些我还想再谈点看法。且不论是否应该扶植科学的问题，真实情况是，任何时代出现了一个伟人时，他会是个不朽的伟人，因为他功绩的根源不在他的著作中，而在他的思想中，而且他所遭遇到的并予以克服的困难常常只会使他的地位日益增高，为人更伟大。人们可以收买科学，甚至科学家，但使知识成为真正有用的天才人物是不会被收买的，因为他心目中没有钱财，也没有君主们的命令。他们的作用不是去生产天才，而只不过是在天才出现时尊重他，由于他本性中就具有自由的品质，从而在斗争中活了下来，并成为不朽之人。贵国的杰出的梅泰斯塔西奥就是意大利的骄傲，当他受查理四世所称颂时。

我们应尽量不要把才能的真正进步与君主们所给予他们的保护混为一谈。可以这样说，科学在中国占优势，已有两千多年，但那儿却始终未能摆脱其幼稚状态；而在英国，政府并未为他们做任何事，科学却充满活力。欧洲满是文人，却毫无意义，因为有功之人仍然少见，不朽之作则更为罕见。我们的子孙后代会认为我们这个时代写的书太少了，而实际上我们却写了那么多。

（何祚康　曹丽隆　译）

论舞蹈艺术

（致梅里欧先生）：

我以极其愉快的心情拜读了你写给我的信，我向你保证，我发现这是对我的文章的一次最好的批评。你是马塞尔先生的学生和亲戚，你为你的老师辩护，这没有什么，而是值得称赞的。你以一种艺术为职业，认为我对之不公正，也不了解，你为这种艺术辩护，这当然是你的权利，我在你眼中至少是一个很特殊的人物，你惠书给我谈了你的意见，而没有公之于众——这是非常真诚坦率的，因而，你的批评使我处于必须感谢你的境地。

……

至于我谈到你的艺术时谈得不恰当，这是很自然的，而且是可原谅的：这是一个敢于谈论他所不了解的东西的人的错误。但是一个真诚的人，在有人给他指出错误后就应该改正错误，我想在这问题上我改正的最好办法就是坦然地公布你的信和你提出的改正意见，我认为这是我在适当的时机和地点应尽的责任。我非常愿意向"舞蹈"和马塞尔先生公开道歉，因为我对他们不恭。然而，我有一些理由认为，如果我的一些老的想法蒙你青睐的话，你的怒气可能会略为平静一点。你会看到我并不像你指责我的那样是你的艺术的敌人，而且指出在我自己的国家里也举办了公开舞会并不是对我的什么大的指责,因为是我自己提出应该举办公开舞会的,是我为他们制定计划的。阁下,请因为我所做的工作而原谅我的过错吧,如果我因你而伤害了正直的人的话,请原谅我关于艺术的一些胡言乱语吧。

然而,无论你的决定对我有多么大的权威,我承认,我仍然坚持应该将不同的人物引进舞蹈里去。我仍然想象不出,你认为不可行的是什么,我也不如你看得那样清楚,如果舞蹈更多样化些,为什么人们会感到厌倦。我从未看出,对一群观众来说,无休止的小舞步会是动人心弦的享受。你的舞会一开始,而且在整个舞会过程中,都是说着同一个意思的小舞步,因为只有一个人物,而你原可以使它们有至少两个人物,如金发的和黑发的,你可以用四种方式使之变化,这样就会使它们更为生动、有趣,如金发与黑发,黑发与金发,黑发与黑发,金发与金发。这只是一个大致的想法。你可以很容易地使之完善和扩展它,因为,阁下,你完全懂得人们不应对金发与黑发的差别过于苛求;肤色不总能决定性格,由于不活跃,原来黑色也就成为金色的,而金色的却由于有生气而成为黑色的,有才能的艺术家并不是根据头发的颜色来判断人物的。

我刚谈到了小步舞,现在为什么不谈谈小步舞里的四组舞和平板的对称呢?为什么在音乐里不使用更好的装饰、对比中使用的精巧的不规则变化呢?赫拉克利特与德谟克里特这两个角色在一起唱,很成功,为什么不让他们在一起跳舞呢?

一个有创造性的天才知道怎样将舞蹈从单纯的一致性提高一步,并将音乐似的语言和感情引进舞蹈中去。什么样的美好画面,什么样的多变的场景,他不能注入舞蹈中去呀!……你会成为你的艺术的创造者,你会对人类作出贡献,因为人类需要有人教他们怎样才能快乐,你会使你的名字不朽,而这一切你都要感谢一个可怜孤独的人,他从来没有得罪过你而你却毫无理由地憎恨他。

……

你批评我是个特殊的人,我认为你是对的……但是你还指责我不是一个哲学家,这就像你指责我不是一个舞蹈大师一样。一个人不知道他自己的工作是个错误,但如果他不知道别人的工作就不是个错误。我从来不冀求成为哲学家,我从来没有假装是个哲学家,我过去不是、现在不是,也不想成为哲学家。你能不顾一个人的意愿强迫他承担他不愿意承担的头衔吗?我知道只有哲学家才能发表哲学思想,但是每个人都可以谈论哲学,我所做的只不过是谈论哲学而已。虽然我不是舞蹈家,我有时也谈论舞蹈,如果我像说的那样谈论舞蹈谈得过多了,我的解释是我爱舞蹈而根本不爱哲学。

(何祚康　曹丽隆　译)

关于芭蕾

（致陶尔勃夫人）：

……

芭蕾是我剩下要对您讲的题目，它是这个歌剧院最辉煌的部分，如果分别地观察它，那是可爱的、美妙的和的确适于舞台上演的场面；可是它作为戏剧的组成部分，那就该从这个性质来考察它。您知道基诺的歌剧，您知道那里面怎样应用幕间歌舞节目的，在他的后继者那里差不多同样情况，或者还要糟些。在每一幕戏里正当剧情最有趣的地方，往往被安排给坐下来的演员们的取乐所打断，而让剧场正厅里的观众站着观看。这么一来，剧中人物完全被遗忘掉，或者观众直瞪着演员，而演员则瞧着其他东西。搞这类取乐的方法是简单的；如果国王在台上快乐，大家便分享他的快乐，于是便跳舞；如果他忧愁，大家要使他快活，于是大家也跳舞。

我不了解在宫廷里遇到国王心情不好时要为他们举行舞会是否是种习俗；但我了解在这里舞台上令人不胜惊讶的是，正当有时在幕后决定有关他们王冠或他们命运时，他们以怎样坚定沉着的态度欣赏着加沃特舞，或者听着歌曲。然而为了舞蹈有着很多其他的理由；生活中最重大的行为都在舞蹈中进行。教士跳舞，兵士跳舞，天神跳舞，魔鬼跳舞，直到送葬也跳舞，总之任何人为任何事都跳舞。

因此舞蹈是用于歌剧结构中的第四种美术；但那另外三种在促使模仿；这一种模仿什么？什么也没有。因此当它只单纯用作跳舞时，它处于戏剧之外：因为在悲剧中，小步舞、利戈登舞、西班牙慢三步舞有什么意义？我还要更进一步说，如果它们模仿什么东西，它们就不怎么合适，因为从所有的统一说，最不可少的是言语的统一；而歌剧的进行一半在歌唱，一半在舞蹈，要比歌剧一半讲法语，一半讲意大利语更可笑了。

　　他们不满足于引进舞蹈作为音乐表演的主要部分，甚至有时还把它作为基本的主题，于是他们有一种名叫芭蕾的歌剧，在题材里塞进些支离破碎的东西，所以比其他歌剧的舞蹈更不合适。大部分的这类芭蕾，有多少幕就有多少主题，而主题之间彼此只有玄乎的联系，如果作者不在序幕里注意把这些关系交代清楚，观众便无法理会。季节、时期、感觉、自然力量，试问这些主题跟舞蹈有什么关系，它们又能给想象力提供些什么？它们有些甚至是纯粹譬喻的，像狂欢节、疯狂等；而这些是最难忍受的，因为它们虽然设想得很好和很精巧，但是它们既没有感情，也没有表现力，也没有情景，也没有热力，也没有吸引力，也没有能引起音乐的灵感、给心灵以慰藉和给幻想以滋养的任何东西。在这些所谓的芭蕾里，动作总是通过歌唱表现，舞蹈总是打断动作，或者偶尔从中出现，而且什么也不模拟。其所以如此，是因为这些芭蕾比悲剧更少吸引力，那里这种间断较不易觉察；如果它们较少冷静，人们为此将更反感；然而一种缺点掩盖另一个缺点，为了不使观众对舞蹈感到厌倦，作者的技巧就使剧本变得枯燥乏味。

……

(伊信　译)

论歌剧院

(致陶尔勃夫人):

亲爱的表姐,现在我要向您谈谈歌剧院,因为虽然在您信里不曾提到过它,而于丽也为您保守秘密,但我知道她从哪儿来的这种好奇心。我为了满足我的好奇心,曾到那里去过一次,为了您我又到那儿去了两次。您接到这信后我请求您答应我了却了这笔账。为您服务,我还可以再到那儿去打呵欠、受罪、苦闷;然而要在那儿打起精神细心察看,这我可办不到了。

在向您说明我对这著名剧院的看法之前,我先向您转述这里人们对它的意见;如果我看错的话,行家的判断可以纠正我的看法。

巴黎歌剧院据认为是巴黎在人类艺术创造上最豪华、最迷人、最美妙的剧院。人们说它是路易十四最富丽堂皇的建筑物。对于这重大的话题每个人不能那么随便发表自己的意见;在这里除了音乐和歌剧院,大家对一切都可以争论;对于这唯一的一点出言不慎会有危险。法国的音乐保持着一种极严厉的镇压制度,对于所有来到这国家的外国人,人家第一桩事是以教导的形式暗示:全体外国人都同意世界上没有像巴黎歌剧院那么美丽的东西。事实是,最审慎的人都默不作声,而只在自己人之间才敢发笑。

然而应该承认在巴黎歌剧院，人们不惜耗费巨资，不仅演出一切自然的奇迹，而且还演出许多其他更大的、任何人都不曾见过的奇迹；而且波普[①]所说人们在那里看到的乱哄哄的天神、小妖精、魔鬼、国王、牧羊人、仙女、狂怒、快乐、火焰、吉加舞、战争、舞会的那番话肯定是想用来表示这种奇怪的戏剧的。

这种如此优美和很整齐的集合体，被看成是实际包含着它表演的一切。看到出现一所寺院，人们便肃然起敬；而只要出现漂亮的女神，正厅里的观众就有一半的异教徒。这里的观众比法兰西喜剧院的观众较为随便。这些同样的观众，他们不能把喜剧演员看作他所演的角色，在巴黎歌剧院里则不能把演员跟他的角色分开。仿佛人们的理智在抵抗合理的幻觉，而只有当它是荒谬和粗糙的时候才会接受它，或者也许天神比英雄对于他们比较容易想象。丘比特的形象与我们这里的并不一样，它的模样人们可以随心所欲地加给它；然而卡东却是一个人，因此能有多少人有权利说他曾存在过？

因此这里的歌剧院的剧团不像他处那样是为了给观众演出而受雇的团体；不错，那是接受观众的钱和登台演戏的人们；但这一切改变了性质，因为这是个皇家音乐学院，是一种在本身业务上的终审判决，并且不受其他法规和正确性约束的最高法院。[②] 表姐，请看，在某些国家里，事情主要靠文字，头头是道的话可使最不公道的事成为公道的。

---

① 波普（Alexander Pope 1688—1744），英国诗人、散文作家。

② 如果把话说得更显豁些，那么这种观察就更正确；但在这个问题上我是有偏见的，所以我应该沉默。在人治比法治占优势的地方，我们应该忍受不公正的决定。——卢梭原注

这尊贵的学院的成员不能降低身份;他们相反地是被开除出教的,这正好同其他国家的习惯相反;但可能因为有所选择,他们更喜欢的是贵族和被逐出教会的人而不喜欢平民和教徒。我在舞台上看到过一个现代的骑士①,他对自己职业的骄傲跟从前那个不幸的拉贝利于斯对自己职业的屈辱不相上下②,虽然他这样做是由于受到压力,而且只不过朗诵他自己的作品。因此古时的拉贝利于斯在竞技场上不能再坐到罗马骑士中间的位置上去,而现在的新人则每天能坐到法兰西喜剧院的长椅的国内第一等显贵中间的座位上;而且人们在罗马永远听不到如此恭敬地讲说罗马人民的威严,有像人们在巴黎讲说巴黎歌剧院的威严的那种情况。

这些便是我收集到的关于这辉煌的戏剧方面人家的谈话;现在我对您谈谈我自己所看到的。

可以设想一个宽十五尺和跟它相当的长度的匣子;这匣子就

---

① 这个现代的骑士是德·夏塞(de Chassé),他是著名的歌唱性男低音。卢梭对他的看法不是始终一致的,因为他在他的《音乐词典》的《演员》条目里对他有最高的赞誉。

② 被专横的人胁迫而登上舞台,他用十分感人并很能煽起所有正直的人对那个如此夸耀的恺撒表示激怒的诗句,以悲叹自己的命运道:"我在光荣地生活了六十年之后,我今晨离开了罗马骑士之家,我今晚作为丑角演员回到这里来。呜呼!我真不如从前就死掉的好。命运呀!假如我有一天命该出丑,你为什么不迫使我正当我青春精力旺盛时期至少能留给我一个可爱的形态!然而现在我来展现给罗马人民的废物堆上的,是多么悲惨的东西!一个就要消失的声音,一个羸弱的身躯,一具尸体,一个活动的坟墓,它没有我而只有我的名字。"他在这种情况下朗诵的整个序曲,被高贵的自由——他以此来报复他的凋谢的荣誉——所激怒的恺撒对他的不公平,他在竞技场上受到的侮辱,西塞罗对他的耻辱的讽刺的卑劣,拉贝利于斯给予他以机智和辛辣的答复,这一切都由奥吕—盖勒〔卢梭在这里说的事实是在马克劳勃(Macrobe)而不在奥吕—盖勒的书里。此外,根据马克劳勃所述,引起拉贝利于斯反驳的西塞罗的诗似乎并没有卢梭指摘的卑劣的侮辱的性质。——编者注〕给我们保存下来了;我认为这是他那乏味的集子中最奇妙和最有趣的片断。——卢梭原注

是舞台。人们在它两头隔开一定距离放置一些可以开阖的屏风，它们上面粗糙地画着演出要表示的事物。后面背景是个画着同样东西的巨大的幕，它往往总是洞穿的和撕破的，它按照配景表示地面上的深坑或者天上的窟窿。每个在舞台后面经过和碰着幕布的人，在摇晃它时会产生一种地震的样子，看起来很有趣。天空由某些浅蓝的、挂在棍子或绳子上的破烂布条，像洗衣妇的晾竿来表示。太阳（因为人们有时看得到）是放在灯罩里的火炬。天神和女神的马车是用四根木条组成的框架像秋千一样悬挂在一根粗绳上；在那些木条之间是一块斜的木板，上面坐着天神，前面挂着一块画得乱七八糟的粗布，当作那优美的马车的云彩。在这玩意儿下面，可以看见两三支臭味难闻的和结了烛花的蜡烛在照明，当戏里的角色在秋千上摇晃着活动和喊叫时，蜡烛平静地冒着烟：这是敬神的香烟。

由于马车是歌剧院的道具中最重要的部分；从这上面，您可以判断其他的东西。那汹涌的大海是由蓝色粗布或纸板的长幻灯组成的，人们把它们用平行的铁钎穿起来，并由儿童们来转动。雷声是由人们在舞台的地板上推动沉重的大车形成，它也并不是那种有趣的音乐的最不动人的道具。闪电是用几撮树脂，人们把它们淋到火炬上形成；霹雳是烟火顶上的鞭炮。

舞台地板上装着一些小方形的翻板活门，需要时可以打开，显示魔鬼将从地窖中出来。当它们应当飞到空中去时，人们用褐色粗布填塞稻草而制成的小魔鬼巧妙地替代它们，有时也用通烟囱工人来代替，他们用绳索吊着在空中晃动，直到庄严地消失在我上面说的破布条中间。可是造成真正的悲剧的却是当绳索牵引得不好，或要断裂时，地狱里的魔鬼和永生的天神都会掉下来变成残废，有时还会送命。这一切以外，还可添加一些妖魔鬼怪，使某些场面变得十分悲壮动人,诸如:龙、蜥蜴、乌龟、鳄鱼、大蛤蟆,它们以骇人的神气在舞台上漫步,让大家以为在歌剧院上演圣·安东尼的诱惑。每个这样的丑八怪都是由并不想做兽类的笨蛋萨伏人驱动的。

我的表姐,这便是巴黎歌剧院那庄严设备的大致情况,这是我在正厅里用我的观剧镜所能观察到的;因为您不要以为这些玩意儿都隐藏得很好,并能产生了不起的效果;我对您讲的这些只是我亲眼看见的东西,也是所有像我这样无忧无虑的观众能观察到的。可是人家肯定地说,那儿有多得不得了的机器被用来推动所有这一切东西动作起来。人家多次提出愿意指给我看;但我从来不会好奇到想看人家费那么大的劲干那么小的玩意儿。

在巴黎歌剧院里服务的人数是难以想象的。管弦乐队和合唱队一共近一百人;有无数的舞蹈演员;每个角色有两个和三个演员①,就是说那里总有一或两个附属演员预备代替主要演员,并且不干事而拿干薪,直到后者也心安理得地什么也不干,这种情形常有发生。那些演重要角色的第一演员在演了几场以后,不再赏光为观众表演:他们把位置让给了他们的代替者,代替者又让给了自己的代替者。人们永远收取同样价钱的门票,但不给同样的表演。每人买到的戏票像买到彩票,不知道能得什么彩;但无论如何,没有人敢发怨言,因为,为了使您知道这种情况,这学院的尊贵的成员对观众不应有任何尊敬态度,而是观众应该对他们表示尊敬。

---

① 在意大利没有预备演员这种概念,观众接受不了他们;所以演出所花的费用要省得多:假如事情做坏了,那就得花大钱。——卢梭原注

我不对您谈那音乐,那是您知道的。但您没有那种观念的是,在演出时响起来的那吓人的尖叫,是那长长的吼叫声。人们看到那些女演员几乎都痉挛着,从肺部猛烈地迸出尖叫声,紧握双拳对着胸口,脑袋向后仰着,脸涨得通红,血管激张,肚子鼓着;人们不知道对于眼睛或是耳朵起的作用最不愉快的究竟是哪一样;她们的努力对于观看她们的人跟听她们歌唱的人同样感到是种苦难;而最令人感到不可思议的是,那些吼叫声几乎总是观众喝彩的唯一的东西。从他们鼓掌的模样来看,有人会认为他们是聋人,由于抓住了这里或那里的几个刺耳的音,便想叫演员们再重复唱那几个音。在我看来,我确信人家对于歌剧院的女演员的叫喊声鼓掌,像在庙会上对卖艺者鼓掌一般;那种感觉是不愉快和难受的,当演员们继续在表演时人们忍受着,但看到他们没有出事而安然收场时,便感到十分高兴,因此很乐于表示自己的快乐。您可知道这种歌唱的方法是用以表达基诺①一切最优雅和最温和的作品的。请想象那些缪斯、美惠三女神、爱神,甚至维纳斯,都表达得如此精美,你再判断那造成的印象!至于那些魔鬼,似乎还过得去:那种音乐有点儿地狱的味道,对它们并非不合适。因此一切魔术、招魂和安息日的节日都是法国的歌剧院最受欣赏的。

这些优美的声音既正确又温和,它们跟管弦乐队的声音非常贴切地配合。请设想一种没有旋律的乐器的没完没了的不协调音乐,一种低音的单调缓慢和永恒的嗡嗡声,这是我生平听过的最凄凉、最令人厌倦的玩意儿,我听到半小时就会产生剧烈头痛而无法忍受。这一切形成一种唱圣诗的音调,其中往往既没有曲调也没

---

① 基诺(1635—1688),法国戏剧诗人。

有节拍。可是当偶尔出现几个有些跳跃的曲调时,便会发生普遍的跺脚;于是正厅里活跃起来,大家紧张和喧哗地跟着乐队的某个人①。大家由于刹那间感到他们原来很少感到的那种节拍而高兴起来,他们痛苦地紧张起自己的听觉、手臂、腿脚和全身,并追随着那总想准备逃避他们的节拍②;不像德国人和意大利人那样,后二者以整个存在接受着音乐,感觉到它,毫无困难地把握着它,用不着打拍子。至少雷齐阿尼诺常常对我说起,在意大利的一些歌剧院里,那儿节奏感是如此灵敏和生动,在乐队和观众中间人们永远听不到也看不见有表示打节拍的些微动作。但是在这国家里,一切都显示出音乐器官的粗陋;声音在那儿是生硬和不柔和的,声音的转变是不光滑和强烈的,声音是强制和不柔润的;在民间歌曲里没有节拍,没有悦耳的音调;军乐乐器,步兵短笛,骑兵喇叭,所有的号角,所有的双簧管,街头的歌者,小咖啡馆的小提琴,这一切都是些连最不灵敏的耳朵也觉得刺耳的假玩意儿。所有的才能并不是都赋予同一些人的,所以一般地说,法国人在欧洲一切民族里,好像是最没有音乐天赋的民族。爱多阿尔阁下认为英国人在这方面的禀赋也不多;可是他们的差别在于英国人自己明白而不为此忧虑,但法国人则仿佛有充分理由拒绝承认,他们对一切其他东西都可以接受批判,却不能同意自己不是世界上第一流的音乐家。甚至还有人很想把巴黎的音乐当作国家的事业,这也许因为在斯

---

① 指勒・皮歇隆(Le Bûcheron,此词原为普通名词,意为"伐木者",是巴黎歌剧院的乐队指挥的绰号,因他指挥时打节拍打得很响,像伐木者的斧击声)。——卢梭原注(括号内系译者所加)

② 我发现人们把法国的轻音乐跟奔跑的母牛的跑步和肥鹅的想飞翔作比较。这种比拟很确切。——卢梭原注

巴达发生过把提摩泰①的竖琴切去两根弦当作国家大事的缘故：您从这件事可以知道大家无话可说了。但无论如何，巴黎歌剧院即便是一个非常好的政治组织，但它并不因此使具有趣味的人们更喜欢它。

……

（伊信　译）

---

①　提摩泰（公元前446—公元前357），古希腊诗人、音乐家。他曾将古竖琴的七弦增加两根弦。当他去斯巴达参加比赛时，元老们迫使他截去两根弦。

于丽的画像

(致于丽):

亲爱的于丽,我还得对你谈你的画像;但不再谈那最初的喜悦(你曾对之如此敏感),正好相反,我是以一个被假的希望所欺骗,而且什么都不能补偿他的损失的人的懊恼心理来谈的。你的画像有它的秀丽和漂亮,甚至也有你的特点;它相当像,是由技艺高的人画的;但要人看了高兴,那人必须不认识你。

第一件我要责备他的事是画得像你,但又不是你,有你的容貌,但却是没有感觉的。那画家徒然认为已正确地表现了你的眼睛和脸部轮廓;他却没有表现出使之灵活生动的那温柔的感情,而没有它,无论怎样优美也是没有用的。我的于丽,你脸孔的美是在你的心里,而这一点却是无法模拟的。我承认这是由于艺术的不足;然而这至少是艺术家没有达到他自己应有的一切的准确性。比如说,那头发根,他把它画得离太阳穴太远了些,这就使前额的外形显得欠可爱些,使眼神欠锐敏些。他忽略了那地方画上几根紫红色线条,那是皮肤下面两三根小血管,它同我们有一天在克拉朗的花园里观赏过的蓝蝴蝶花上差不多一样的东西。脸颊上的红晕过于靠近了眼睛,也没有动人地向脸孔下部着成玫瑰色,像本人一样;看起来好像是贴上去的非自然的红颜色,就像这国家的妇女抹的胭脂红。这个缺点并非无足轻重,因为它使你的眼睛欠柔和而表情显得更大胆。

可是请你告诉我,他对于躲在你嘴角边以及我在幸福时刻我的嘴巴敢于取暖的那爱情之窝,是怎么处理的?他没有给这两只嘴角以它们的优美,他没有给这张嘴以愉快和严肃的转换,你微微一笑,它立即转变,并给心灵带来我不知道是什么样的喜悦,我不知是什么突然的、无法形容的陶醉。的确,你的画像不会从严肃转变为微笑。啊!这正是我要抱怨的地方:为了能表达你的一切娇媚,就应该描绘你生平的每时每刻。

我们可以原谅画家忽略了某些美丽之处;可是他在你的容貌方面所犯的并不算小的错误,就是他忽略了你的缺点。他没有画出你右眼下面几乎看不见的那颗痣,也没有画你脖子左边的那一颗。他没有画……啊上帝!这个人可是青铜铸的?……他忘记了你的嘴唇下边留下的一个小伤疤。他把你的头发和眉毛画成一个颜色,实际不是这样:眉毛的褐色更深些,头发则更浅些,带点灰色:

Bionda testa, occhi azurri, e bruno ciglio.①

他把你的面孔的下半部画成准确的椭圆形;他没有注意到轻微的曲折,这曲折把下颏和脸颊分开,使它们的轮廓较不匀称和更优美。这些便是最容易感觉到的缺点,他还忽略了许多其他的点,所以我对他很不满意:因为我钟情的不仅是你的美貌,而且是你所以是你的整个模样。如果你不愿意画笔给你增添什么东西,我却不愿意它忽略掉任何东西,我的心并不关心你所没有的美质,同

---

① 金黄色头发,蓝眼睛和褐色眉毛。

时却抱着嫉妒的心关切着你所固有的一切。

说到打扮,我对之特别不敢恭维,因为无论你着意修饰还是很随便,我总是看到你比在画像上有更多的风韵。头饰堆得太重;人们会说上面只是一些花,算了吧!这些花真是太多了。你还记不记得那次舞会,那时你穿了瓦莱妇女的服装,你的表姐那时还说我跳舞像哲学家?你当时的全部头饰只不过是一根长辫子盘在头上,用一只金簪子穿牢,样子像伯尔尼的乡村姑娘。不,光芒万丈的太阳也没有你照耀人们眼睛和心灵那样灿烂辉煌,而且任何人那一天见了你,肯定一辈子不会忘记你。我的于丽,你的头饰就应该是这样的,装饰你的面孔的是你头发的金色,而并不是把它隐藏起来并使你的脸色黯然无光的那玫瑰。请告诉你的表姐(因为我知道她的关心和她的选择),她用以遮盖和亵渎你头发的那些花,那趣味不比她采集在诗篇《阿多纳》①里的优美,这种花可以用来补充美而不是用来掩盖美。

至于画像的胸部,在这方面奇怪的是一个情人的眼光竟比一个父亲更为严格;可是实际上我发现你的服饰不怎么讲究。于丽的肖像应当像她一样朴实。爱神呀,这些秘密只能属于你。你说那画家所画的一切都得之于想象。我相信,我相信这话!啊!假如他瞧见了那遮掩着的美的一丁点儿的话,他的眼睛定会把它盯着,可是他的手并没有想把它画出来,那么为什么他那大胆的画笔必须企图把它进行想象呢?这不仅仅是礼貌上的缺点,我同意这还是一种趣味的缺点。是的,你的脸太端庄了,所以无法承受你袒露的酥胸;可见这二者之一应阻止另一个的显露:只有爱情的狂

---

① 《阿多纳》(1623年作),骑士玛利尼〔玛利民(1569—1625),意大利诗人。〕的诗篇。——原书编者注

热才能使二者协调；而当她那灼热的手敢于把为羞怯所掩盖的薄纱予以揭开时，你的眼睛的醉意和惊惶便会说你是为了把它忘掉而不是为了把它呈现出来的。

　　这便是我对于你的肖像在持续地观察后得出的批评意见。在这方面我按照自己的思想拟定了把它改作的计划。我把我的想法告诉了一位有才能的画家；根据他已经做的来看，我希望很快就能见到更像你本人的你。我怕搞坏那肖像，我们试着在我请他做的复制品上作改动，当我们对我那效果确有把握时，他才把结果移到原画上去。虽然我画得相当差劲，这位画家却不断地赞赏我的观察的精细；他不理解那指导我的那位大师比他要高明得多。有几次他还觉得我非常古怪：他说我是企图隐匿起为别人喜见乐闻的东西的第一个情人；而当我答复他说，我如此小心地给你穿戴起来，是为了能更清楚地看到你的全貌时，他当我是个疯子。啊！如果我能发明一些方法可以同时显示出你的精神和容貌，而且同时能把你的谦逊连同你整个的美丽一起表现出来，那么你的画像更将怎样动人了！我的于丽，我向你起誓，你的画像经过这一改作，一定会获益不少。人们从中看到的只是画家想象的模样，而激动的观察者将想象到原来应有的模样。在你的人格里，我不知道有着怎样神奇的魅力，但所有接触到它的都会为它所感染；谁只消看到你的衣服的一个角，就会赞美穿着它的那人儿。人们看到你的服饰，便会到处感到，那是优美的面纱掩盖着美质，你那朴素的打扮的趣味，仿佛向心灵宣示着它隐藏的魅力。

（伊信　译）

谈小说《朱丽》

1760年年底，久已付印的《朱丽》尚未出版，就已经开始哄传了。卢森堡夫人在宫廷里谈过它，乌德托夫人在巴黎谈过它。后者甚至还得到我的允许，让圣朗拜尔把手抄本给波兰国王读了，国王欣赏之至。我也叫杜克洛读过，他又在法兰西学士院里谈起它。全巴黎都急于要看这部小说：圣雅克路各书商和王宫广场的书商都被打听消息的人包围起来了。最后，它终于出版了，而它取得的成功，与常例相反，没有辜负人们期待它的那种急切心情。太子妃是最早读到它的人之一，她对卢森堡先生谈起它，说是一部绝妙的作品。在文学界，观感颇不一致。但在社会上却只有一个意见，特别是妇女界，她们对作品也好，对作者也好，都醉心到这样的程度，如果我真下手的话，即使在最上层的妇女当中，也很少是我所不能征服的。关于这一点，我有许多证据，不过我不愿意写出来，而这些证据无须验证，就能证实我的这个论断。说也奇怪，这部书在法国比在欧洲其他国家都更成功，虽然法国人不论男女，在这部书里都没有得到很好的对待。和我的预料完全相反，它在瑞士取得的成功最小，而在巴黎取得的成功最大。是不是友谊、爱情、道德在巴黎就比在别的地方地位更高呢？毫无疑问，当然不是。但是在巴黎还有那种精细的感觉，它使人的心神往友谊、爱情、道德的形象,使我们珍惜我们自己已经没有,却在别人身上发现的那种纯洁、缠绵、敦厚的感情。今天,到处一片腐化,风化和道德在欧洲都已荡然无存了。但是,如果说对风化和道德还有若干爱慕之情存在的话,那就必须到巴黎才能找到。①

要想透过那么多的成见和假装出来的激情,在人心中辨别出真正的自然情感,就必须善于分析人心。要想——如果我敢这样说——感觉到这部作品里充满着的那种种细腻的感情,就必须有精细入微的分寸感,而这种分寸感只能从高级社会的教养中得来。我不怕拿这部书的第四部分跟《克莱芙王妃》②相比,并且我肯定,如果这两部作品的读者都是外省人的话,他们永远不会感觉到它们的全部价值。因此,如果我这部书是在宫廷里获得了最大的成功,那也是不足为奇的。书中满是生动而含蓄的传神之笔,只有在宫廷里才能得到欣赏,因为宫廷里的人训练有素,易于体会弦外之音。不过这里还要区别一下,有一种机灵人的精细只表现在体察恶事上面,到只有善事可看的地方便什么也体察不到了,对于这种人,读这部书肯定是不相宜的。比方吧,如果《朱丽》是在我心中的某个国家③发表的话,我断定没有一个人能把它读完,它一出世就会夭折的。

人们关于这部作品给我写的许多信,大部分我都收集起来了,辑成一札,现存那达雅克夫人手中。万一这个函件集发表出来的话,人们会看到里边有好些稀奇古怪的言论,可以看到意见是如何分歧,说明跟社会大众打交道究竟是怎样一回事。有一点是人们

---

① 这些话是在 1769 年写的。——作者原注
② 《克莱芙王妃》(1678 年),法国女作家拉法耶特夫人写的言情小说,以细腻入微的心理描写著称。
③ 有人认为,卢梭心中指的是英国。

在这部书里所最忽视,而同时又将永远使这部书成为独一无二的作品的,就是题材的单纯和趣味的连贯。整个趣味集中在三个人物身上,贯穿了六卷,没有插叙,没有传奇式的遭遇,而无论在人物方面还是情节方面,没有任何邪恶之处。狄德罗曾大捧理查生①,说他的场面千变万化,人物层出不穷。诚然,理查生有他的长处,他把所有的场面和人物的特点都很好地描绘出来了,但是,在场面和人物的数量方面,他与最乏味的小说家同出一辙,他们总是拿大量的人物和奇遇来弥补他们思想的枯窘②,不断地表现闻所未闻的事件和走马灯似的一掠而过的新面孔,用这种办法来刺激读者的注意是容易的,但是要把这个注意力经常维持在同一个对象上,又不借助神奇的遭遇,那就显然比较困难了;如果在其他一切都相等的条件下,题材的单纯更能增加作品的美的话,那么理查生的小说虽然在许多方面都高人一等,在这一方面却不能和我这部小说并驾齐驱。然而我知道我这部小说现在死寂了,我也知道它死寂的原因何在,但是它将来是一定要复活的。

我的全部顾虑就是由于追求单纯而使故事的发展变得沉闷,我怕自己没有能力把趣味一直维持到底。有一个事实把我这种顾虑打消了,而单是这一事实,就比这部作品所给我招来的一切夸奖都更使我高兴。

这部书是在狂欢节开始时出版的。一天,歌剧院正要举行大舞会,一个书贩把这部书送到达尔蒙王妃③手里。晚饭后,她叫人

---

① 理查生(1689—1761),英国作家,著有《克莱丽莎·哈娄》《帕米拉》等;狄德罗、卢梭等均曾受其影响。

② 说也奇怪,浪漫派的始祖竟对艺术提出一种古典的、近乎拉辛式的观点。不过,使法国文学有别于英国文学的——不论是戏剧还是小说——正是它的单纯性。

③ 不是她,是另外一位我不知道姓名的贵妇人;但是事情是千真万确的。——作者原注

给她上装,好去跳舞,然后一面等候,一面就拿这部新小说读将起来。半夜,她命令套车,接着又继续读。有人来报告说车套好了,她没有答话。她的仆从看她读得忘形了,便来报告她说,已经两点了。她说:"还不急。"仍然读个不停。过了一阵子,因为她的表停了,便撳铃问几点钟,人家对她说四点钟了。"既然如此,"她说,"赴舞会太迟了,把车上的马卸下吧。"她叫人给她卸装,然后一直读到天亮。

自从有人把这件事告诉了我之后,我老想见见达尔蒙夫人,不但要从她口里知道这件事是否完全真实,也因为我老是这样想:一个人对《爱洛伊丝》发生这样强烈的兴趣,准是有那种第六感,那种道德感,而世界上具有这种第六感的心灵太少了,没有这第六感,谁也不能了解我的心灵。

使妇女们对我发生如此好感的一点,就是她们都深信我是写了自己的历史,我自己就是这部小说的主人公。这种信念太根深蒂固了,以至波立尼亚克夫人竟写信给韦尔德兰夫人,托她求我让她看看朱丽的肖像。大家都深信,一个人不可能把他没有体验过的情感写得那么生动,也只有根据自己的心灵才能把爱情的狂热这样地描绘出来。在这一点上,人们想得是对的,的确,我这部小说是在最炽热的心醉神迷中写出来的;但是人们以为必须有实在的对象才能产生出这种心醉神迷的境界,那就想错了:人们绝对意识不到我的心能为想象中的人物燃烧到什么程度。要不是有若干青年时代的遥远回忆和乌德托夫人的话,我所感到的和描写的那些爱情只能是以神话中的女精灵为对象了。我既不愿肯定,也不愿驳斥一个于我有利的错误。人们从我单印出来的那篇对话形式的序言中就可以看到,我是怎样在这一问题上让社会自己去捉摸的。要求严格的德育家们说我应该把真相爽爽快快地说出来。

而我呢，我就看不出有什么理由非这样做不可，并且我相信，如果没有必要而作此声明，那就不是坦率而是愚蠢了。

《永久和平》①差不多也就是在这个时候出版的。头一年我把稿子交给一位叫巴斯提德的先生了，他是《世界报》的主编，而且不管我愿不愿意，他一定要把我的全部手稿都塞到那家报纸去。他是杜克洛先生的熟人，就以杜克洛先生的名义来逼我帮他充实《世界报》。他听人说起《朱丽》，就要我把它拿到他的报上发表，他又要我把《爱弥尔》也在他的报上发表，如果他对《社会契约论》听到一点风声的话，也会要我送给他的报纸发表的。最后，我被他麻烦够了，便决定把我那部《永久和平》的提要以十二个金路易的代价让了给他。我们原来约定只在他的报上发表，但是手稿一归他所有，他就觉得出单行本合适——单行本有若干删节，都是审查官要求的。如果我把我对这书的评论也附上，那又该审查得怎样了呢？十分侥幸，我没有对巴斯提德先生谈起我那篇评论，它不在我们的合同范围之内。这篇评论现在还是手稿，同我的其他文稿在一起。万一有一天它被发表出来，人们将会看到，伏尔泰关于这一问题所开的那许多玩笑和所持的那种傲慢口吻，怎能不叫我哑然失笑！这个可怜人在他插嘴乱谈的那些政治问题上究竟见识如何，我可看得太清楚了。

（范希衡　译）

---

① 即圣皮埃尔神父的那部草稿的提要，卢梭受托为之整理而成。

我写《忏悔录》

……

如果这种生活是合我口味的,花大钱去买快乐,倒也可以聊以自慰,可是倾家荡产去买苦吃,这就太难堪了。我痛感这种生活方式的沉重压力,所以我就利用当时那一段自由生活的间隙,下决心把这种自由生活永远继续下去,完全放弃上层社交界,放弃写书工作,放弃一切文学活动,终我之身,隐遁在我自觉生而好之的那种狭小而和平的天地里。

《给达朗贝的信》和《新爱洛伊丝》这两部书的收入已经使我的经济状况稍有起色,而我的财源在此前退住隐庐时已经濒于枯竭了。眼前大约还有一千埃居可得。我写完《爱洛伊丝》后就正式动手写的《爱弥儿》已经搞得差不多了,它的收益应该至少可以把上面的数字翻一番。我计划把这笔款子存起来,作为一笔小小的终身年金,连同我抄缮的收入,可以维持我的生活,不必再写作了。我手头还有两部作品。一部是《政治制度论》,我检查了一下这部书的写作情况,发现还需要花好几年工夫。我没有勇气再往下写,没有勇气等到把它写完再执行我的决定。因此,我就把这部作品放弃了,决计把可以独立的部分抽出来,然后把其余的都付之一炬;我热忱地进行着这项工作,同时也并不间断《爱弥儿》的写作,不到两年，我就把《社会契约论》整理好了。

剩下的还有《音乐辞典》。这是个机动的工作，随时可以做，目的只在卖几个钱。我保留随意把它完成或放弃的自由，就看我别的收入总算起来使这笔收入对于我是必要的还是多余的。至于《感性伦理学》，一直停留在提纲阶段；我干脆把它放弃了。

我还有一个最后的计划，如果我能完全不靠抄写来生活的话，我就到远离巴黎的地方去住，因为在巴黎，不速之客络绎不绝，使得我的日用开支太大，又不让我有时间去挣钱。由于我有这样一个最后的计划，又由于一般人都说作家丢了笔就会陷入苦闷之中，所以，为着在我的孤独生活里防止这种苦闷，我还保留着一项工作，可以用来填补空虚，却绝对不想在生前付印。我不知道雷伊怎么想起来的，他长久以来就催我写我的回忆录。虽然直到那时为止，没有什么事实能使这样一部著作很有兴趣，可是我觉得，凭我自问能够放进去的那种坦率，它是可以变得有意思的；于是我决定以一种史无前例的真实性把这个回忆录写成一部独一无二的作品，使得人们至少能有一次看到一个人的内心世界。我老是笑蒙田①的那种假天真，他伴装承认自己的缺点，却小心翼翼地只给自己派上一些可爱的缺点。我呢，我一直就认为，并且现在还认为，总的说来，我还是最好的人，我也觉得，一个人的内心不论怎样纯洁，也不会不包藏一点儿可憎的恶习。我知道人们在社会上把我描绘得太不像我本来的面目了，有时竟把我的面目歪曲得太不成样子，所以，尽管我对我坏的方面不愿有丝毫隐瞒，我亮出真面目还是只有所得，毫无所失的。而且，如果要做这种事，就不能不把

---

① 蒙田(1533—1592)，法国文艺复兴时期的大师之一，著有《随笔集》，透过自己的心理分析人性，为现代哲学、科学和文学的先驱。

别的一些人的真面目也揭露出来,因此,这部作品只能在我和别的许多人死后才可以发表,这就更使我壮起胆来写我的《忏悔录》了,我将永远不会在任何人面前为这部《忏悔录》而脸红的。所以我决计把我的余暇用来好好地做这件工作,并且开始搜集足以引导或唤醒我的记忆的种种函件和资料,深深惋惜我在此以前撕掉、烧掉、丢掉的那些东西。

这种绝对隐遁的计划是我平生制定得最合情理的计划之一,它深深地印在我的脑海里,我已经在为执行这一计划进行准备了,可是上天偏偏又给我安排了另一个命运,把我投进一个新的漩涡之中。

……

(范希衡　译)

我喜爱音乐

……

这次的不幸①虽然给我对音乐所抱的热望泼了冷水,我却始终不遗余力地在研究拉摩的那本书,由于苦心钻研,终于对它有了理解,并且试写了几支小曲,成绩倒还不错,因而又增加了我的勇气。安特勒蒙侯爵的儿子贝勒加德伯爵在奥古斯特王②逝世以后就从德累斯顿③回来了。他在巴黎住过很久,非常喜爱音乐,对于拉摩的音乐更是爱之若狂。他的兄弟南济伯爵会拉小提琴,他们的妹妹拉尔杜尔伯爵夫人会唱歌。这一切便使音乐在尚贝里盛行起来。他们举办了一个公开的音乐会,最初曾打算请我担任指挥,然而不久就看出我不胜任,于是另做了安排。我仍然把我作的几支小曲拿去演奏,其中有一支合唱曲大受人们的欢迎,这当然还不能算作很成熟的作品,不过其中却充满着新的曲调和引人入胜的音节,人们决想不到作者就是我。这些先生们不相信我这个连乐谱还读不好的人竟能作出相当不错的曲子来,他们怀疑我可能是拿别人的劳动成果充当自己的。为了证明真伪,有一天早晨,南济

---

① 指一次从尚贝里回来行李被扣,一些音乐作品丢失。
② 这里指的是萨克森与波兰的国王奥古斯特三世。
③ 德累斯顿当时是萨克森公国的首都。

伯爵拿着克莱朗波的一支合唱曲来找我;他说,为了使这个曲子便于演唱,他已经给它变了调,但是由于一变调,克莱朗波写的伴奏部分就不能演奏了,要我给它另配个伴奏低音部。我回答说,这是一件相当繁重的工作,不能马上做到。他以为我是在寻找脱身的借口,就逼着我至少要写一个宣叙调的低音部。我答应了,当然作得不甚好,因为我不论做什么事,必须在毫不紧张的情况下从容不迫地去做,但这次我作的至少合乎规则,而且是当着他的面作的,这样他就不能怀疑我不懂作曲的基本原理了。也正因为这样,我的那些女学生才没退学,不过我对音乐的兴趣开始有些冷淡了,因为举行一个音乐会,人们竟没把我放在眼里。

差不多就在这个时候,和约缔结了,法国军队又越过山回来了。有许多军官来看望妈妈。其中有奥尔良团的团长劳特莱克伯爵,后来他当了驻日内瓦的全权大使,最后成了法兰西的元帅。妈妈把我介绍给他。他听了妈妈说的一番话后,似乎对我很关心,向我许下了不少诺言,可是,直到他临死的那一年,在我已不需要他的时候,他才想起了自己的那些诺言。年轻的桑奈克太尔侯爵也在同时到达尚贝里,他的父亲当时是驻都灵的大使。有一天,他在孟顿夫人家吃晚饭,正好我也在座。饭后大家谈起了音乐,他非常熟悉音乐,当时《耶弗大》这个歌剧正十分流行,他便谈起了这个歌剧,并叫人把谱子拿来。他提议要和我一同唱这个歌剧,使我感到十分狼狈,他打开曲谱,正碰上那段著名的二重唱:

人间,地狱,甚至天堂,
都要在主的面前战栗。

他问我:"你愿意唱几个音部?我来唱这六个音部。"我还不习惯法国音乐中的那种急促的节奏,虽然我有时也勉强唱过几段,但不了解一个人怎么能够同时唱六个音部,就是同时唱两个音部也不行啊。在音乐中,使我最感头痛的就是迅速地从一个音部跳到另一个音部,同时眼睛还要看着整个乐谱。由于看到我当时那种推托的样子,桑奈克太尔先生显然怀疑我不懂音乐。也许就是为了验证我到底会不会,他才要我把他打算献给孟顿小姐的一支曲子记录下来。这件事我是无法推辞的。于是他唱我记,我并没请他重唱多少次就记下来了。然后,他把我记录的谱子看了一遍,认为我所记的一点不差,非常准确。他因为亲眼看到了我刚才为难的情况,就对这项微小的成绩大加赞扬。说起来,这本是一件非常简单的事,其实,我是很通音乐的;我所缺乏的只是那种一看就会的聪明劲儿,这是我在任何事情上也不行的,而在音乐方面,只有经过长期的练习才能达到这种程度。不管怎样,难得他想得这么周到,要在大家和我个人的心目中消除当时我所受到的那点小小的挫折,他这种盛情美意我总是十分感激的。十二年或十五年之后,在巴黎各种人家里我又遇见了他,我曾多次想向他提起这件事,向他表示我到现在仍记忆犹新。但是,他在那以后双目失明了,我怕回忆当年那些事情会引起他的伤感,所以就没有谈。

……

(黎星 译)

歌剧《新世界的发现》

……

这些音乐和歌剧的题材到我养病时期还在我脑际萦回,不过比以前要平静一些。由于反复地甚至是不由自主地思考这个问题,我决心要弄个水落石出,试一试能不能独立写一部歌剧,连词带曲都由我一人包办。这已经不完全是我的首次尝试了。我在尚贝里就曾写过一部悲歌剧,题为《伊菲斯与阿那克撒莱特》,由于还有点自知之明,后来就投进火里烧了。在里昂,我又写过一部歌剧,题为《新世界的发现》,我把它念给博尔德先生、马布利神父、特昌布莱神父以及其他人听了之后,仍然付之一炬,虽然我已经为序幕和第一幕写了乐曲,而且达维看了这些曲子后说,有些片段可以与波农岂尼①媲美。

这一次,在动手之前,我先费了一番工夫去构思我的全剧纲要。我计划在一出英雄芭蕾舞剧里以各自独立的三幕写三个不同的题材,每个题材配以性质不同的音乐;由于每一个题材都是写一个诗人的爱情故事,所以我就给这部歌剧取名《风流诗神》。我的

---

① 波农岂尼(1665—1758),意大利名作曲家,周游欧洲各国,为当时音乐界泰斗。

第一幕配以刚劲的乐曲,演塔索①;第二幕配以缠绵的乐曲,演奥维德②;第三幕题为阿那克瑞翁③,应该弥漫着酒神颂歌的欢快气氛。我先拿第一幕试手,怀着满腔热情去埋头创作,这种热情使我第一次尝到作曲的快乐。有一天晚上,我正要进歌剧院大门,心里感到情潮澎湃,完全被万千思绪控制住了,便把买票钱放进口袋,赶快跑回去关起房门,把帘幕拉得紧紧的,不让透进半点亮光,然后躺到床上。在床上,我沉醉于诗情乐兴之中,七八个小时就把我那一幕的绝大部分构思出来了。我可以说,我对斐拉拉公主之爱(因为那时我自己就是塔索)以及我在她那位不义的兄长面前表现出来的那种高傲和豪迈的感情,使我度过了妙趣无穷的一夜,比我真正在公主怀中度过的还要高出百倍。到了早晨,我所写成的乐曲只有很小一部分自己还记得,但是,就是这几乎被疲倦和睡意完全冲蚀掉的一星半点,也仍然能使人看出它所代表的那些乐章的气魄。

……

(黎星 译)

---

① 塔索(1544—1595),意大利文艺复兴时期的著名诗人,叙事诗《解放了的耶路撒冷》的作者。据说他与斐拉拉城的公主雷奥妮相爱,被后者的哥哥幽禁达7年之久。
② 奥维德(公元前13—公元17),拉丁诗人,《变形记》及《爱情诗》的作者。
③ 阿那克瑞翁(公元前560—前478),希腊诗人,所作多歌颂醇酒和爱情。

歌剧《乡村卜师》演出

……

　　这些日子之有益于我,主要是因为住在乡下,而不是因为服用矿泉水。缪沙尔会拉大提琴,酷爱意大利音乐。有一天晚上,我们在就寝前畅谈意大利音乐,特别是谈我们两人都在意大利看过并且十分喜欢的那种喜歌剧。夜里,我睡不着,就净想着怎样才能让法国人对这种体裁得出一个概念,因为《拉贡德之爱》①根本不是这种歌剧。早晨,我一面散步,服用矿泉水,一面就仓促地做了几句似诗非诗的歌词,配上我做诗时想起的歌曲。在花园的高处有一个圆顶小厅,我就在里面把词和曲都草草写出来了。早茶时,我情不自禁地把这些歌曲拿给缪沙尔和他的管家、十分善良而可爱的迪韦尔努瓦小姐看。我草拟的这三段一个是独白《我失去了我的仆人》,二是卜师的咏叹调《爱情感到不安便增长起来》,三是最后的二重唱《科兰,我保证永远……》等等。我绝没想到这点东西是值得继续写下去的,要是没有他们两人的喝彩和鼓励,我都要把我这点破纸扔到火里,不再去想它了;我写出的很多东西至少跟这一样好,却都被我付之一炬了。但是,他们却极力鼓励我,

---

① 《拉贡德之爱》是德图什所作歌剧,由穆莱配乐。

全剧六天工夫就写完了,只欠几行诗。全部谱子也有了初稿,到巴黎只要添点儿宣叙曲和全部中音部就行了;所有这一切,我完成得那么快,只三个星期我的全剧各幕各场都誊清了,达到可以上演的程度。所缺的只是一段幕间歌舞,这是很久以后才写出来的。

由于完成了这部作品,我太兴奋了,渴望能听到它的演奏。我恨不得付出一切代价关起门来看到它依我的意思演出,就和当年吕利①一样——据说他有一次叫人专为他一个人把《阿尔米德》演了一遍。由于我不可能有这样的乐趣而只能与公众同乐,我就必须使我的作品被歌剧院接受。可惜它属于一种全新的体裁,听众的耳朵毫不习惯,而且,《风流诗神》的失败使我预料到,如果我把《乡村卜师》一剧再拿我的名义送去,它还是注定要失败的。杜克洛解决了我的困难,他负责把作品拿去试演,不让人家知道作者是谁。为着不暴露我自己,排练时我没有到场;连指导排练的"小小提琴手"②都只在全场欢呼、证明作品绝佳之后,才知道它的作者是谁。凡是听到这部作品的人都十分满意,第二天,在所有的社交场中,人们就不谈别的事了。游乐总管大臣居利先生看过试演后,就要拿这部作品到宫廷去演出。杜克洛知道我的心意,而且认为我的剧本一拿到宫廷,就不能像在巴黎那样由我作主了,所以不肯把剧本交给他。居利恃权强索,杜克洛坚持不肯,两人的争执变得十分剧烈。有一天在歌剧院里,如果不是有人把他们分开的话,他们俩要出去交手了。人家来找

---

① 吕利(1632—1687),名作曲家,原籍意大利,为法国宫廷音乐总监,所写歌剧及乐曲甚多。《阿尔米德》为其歌剧之一。

② 大家就是这样称呼勒贝尔和费朗科尔的;他们俩从小就一同到人家演奏小提琴,因而得名。——卢梭原注

我，我就推给杜克洛先生去决定，因此还是得去找他。奥蒙公爵先生出面了。杜克洛最后认为应该向权力让步，就把剧本拿出来，准备在枫丹白露演出。

我最得意的部分，同时也是离老路子最远的部分，就是宣叙曲。我的宣叙曲以崭新的方式决定抑扬，与唱词的吐字相一致。人家不敢保留这种可怕的革新，生怕那些盲从惯了的耳朵听了会起反感。我同意让弗兰格耶和热利约特去另写一套宣叙曲，我自己可不愿插手进去。

一切都准备好了，演出的日期也定了，人们便建议我到枫丹白露去一趟，至少看看最后一次的彩排。我跟菲尔小姐、格里姆，可能还有雷纳尔神父，同乘一辆宫廷的车子去了。彩排还算过得去，比我原先预料的要令人满意些。乐队人数很多，是由歌剧院的乐队和国王的乐队合组而成的。热利约特演科兰，菲尔小姐演科莱特，居维烈演卜师，合唱队就是歌剧院的合唱队。我没有说多少话。一切都由热利约特主持，我不愿意把他做过的事再来检查一遍；而且，尽管我的表情严肃，在这一群人中间却羞得简直像个小学生一样。

第二天是正式演出的日子，我到大众咖啡馆去用早餐。那里人很多，大家都谈昨晚的彩排，入场怎样困难。有一个军官说他没费多大事就进去了，把场内情形从头到尾叙述了一通，并把作者描写一番，说他做了些什么，说了些什么。但是使我奇怪的倒是：这段相当长的叙述说得那么肯定、自然，里面却没有一句话是真的。我看得非常清楚，把这次彩排谈得那么头头是道的那位先生，当时根本没有在场，因为他说他看得那么清楚的作者现在就在他眼前，而他却并不认识。在这个滑稽场面里，更离奇的是当时它在我心上所产生的效果。那个人有相当的年岁了，绝无狂妄、骄矜的态度和口吻;他的面貌显得是个有地位的人,他的圣路易勋章也说明他曾经当过军官。尽管他那么不害羞,尽管我心里不愿意,我对他还是很感兴趣;他在那儿大撒其谎,我在这儿面红耳赤,不敢抬头看人,真是如坐针毡;我心里在想,有没有办法认为他是弄错了,而不是存心撒谎呢?最后,我唯恐有人把我认出来,当面给他难堪,就一声不响地赶快喝完我的可可茶,然后低着头打他面前走过,尽早跑了出去,这时在场的许多人还正在就他的叙述高谈阔论着呢。到了街上我发现自己浑身是汗;我断定,如果在我出门之前有人认出了我,喊出我的名字来的话,单凭我在想到那可怜的人的谎言被戳穿时心里那份难过的表情,人家就一定会看出我像个犯了罪的人那样羞惭和局促不安。

我现在正处在平生那种最严重的关头之一,很难只作单纯的叙述,因为叙述本身就几乎不可能不带上一点或褒或贬的色彩。不过,我还是要尝试一下,只说明我是怎样做的,出于什么动机,不加任何褒奖或谴责之词。

那一天,我穿着跟我平常一样的便服,满脸胡须,假发蓬乱。我把这种不合时宜的装束当作一种勇敢的表现,就这样走进国王、王后、王室和整个朝廷都即将来临的那个大厅里去了。我跑去坐在居利先生把我领进的那个包厢里,这是他自己的包厢。这是一个在舞台侧旁的大包厢,面对着一个较高的小包厢,国王和蓬巴杜尔夫人就坐在那里。我四周都是贵妇人,只有我一个男的,我不怀疑人家是有意把我放在那里好让大家都看见。灯一亮,我看到我这样装束,在那么多个个打扮得花团锦簇的人们中间,就开始感到不自在了。我不免自问,我坐的是不是我该坐的地方?我的打扮又是不是恰当?我感到不安,但几分钟之后,我以一种大无畏的精神对自己的问题作出了回答:"是的,不错。"这种大无畏的精神也许来自骑虎难下者多,来自理直气壮者少,我自言自语地说:"我坐的是我该坐的地方,因为我是在看我的剧本演出,我是被邀请来的,我也正是为此而写这个剧本的,而且严格说来,谁也不比我自己更有权享受我的劳动和才能的成果。我穿得和我平时一样,既不更好,也不更坏;如果我又开始在某一件事情上向时俗的见解低头,不久就会事事都要重新受到时俗见解的奴役了。为着永远保持我的本色,我就不应该在任何地方因为按照我选定的职业来打扮自己而感到羞惭:我的外表是朴素的,不修边幅,但也并不腌脏肋胲;胡子本身也并不脏,因为它是大自然赋予我们的,而且按照时代和风尚,胡子有时还是一种装饰呢。人们会认为我可笑无礼!嗨!那又有什么关系?我应该学会经得起笑骂,只要这笑骂不是我应该受到的。"经过这一番自言自语之后,我就勇气百倍了,以至于,如果有必要的话,我能够赴汤蹈火。但是,也许是由于国王在座的关系,也许是出于人心的自然趋向,我在以我为对象的那种好奇心之中,所看到的却只有殷勤和礼貌。我大为感动了,乃至又为我自己,为我的剧本的成败不安起来,生怕辜负这样盛情的期待,因为大家都仿佛一心等着为我喝彩呢。我本来是有思想准备去对付讥嘲的,但是他们这种亲热的态度,我却没有料到,这一下子就把我征服了,以至开始演出时我像小孩子一样直发抖。

不久我就有理由放下心来了。就演员而论,演得并不好,但就音乐来说,唱得好,演奏得也好。第一场真是纯朴动人,从那时起我就听到那些包厢里响起了惊奇叹赏的窃窃私语,在这一类剧本的演出中,还从来没有听到过呢。这种继续增高的激动情绪,很快就感染了全场,用孟德斯鸠的话来说,这就是从效果本身来提高效果。在一对男女农民对话的那一场,这种效果达到了顶点。国王在场是不许鼓掌的,这就使每句台词都听得清清楚楚:剧本和作者都占了便宜。我听到四周有许多美若天仙的女人在喊喊喳喳,彼此在低声说:"真美啊。真好听。没有一个音符不打动你的心。"我把那么多可爱的人全都感动了,这种乐趣使我自己也感动得要流出眼泪来;到第一段二重唱时,我的眼泪真忍不住了,同时我注意到哭的人也并不只是我一个。我有一阵子凝神自思,回想起在特雷托伦先生家里开音乐会的那一幕。这种回忆大有奴隶把桂冠捧上凯旋者头上的那种滋味;但是这个回忆转瞬即逝,我马上就充分地、一心一意地享受着体味自身光荣的那种乐趣了。然而,我深信,在当时,性的冲动远远超过作为作者的虚荣心;毫无疑问,如果在场的都是男人,我就绝不会像当时那样不断地浑身火热,恨不得用我的嘴唇去吸尽我令人流出的那些香甜的泪水。我曾见过一些剧本激起了更热烈的赞赏之情,但是从没见过这样普遍、这样美妙、这样动人让人陶醉的场景摄住了整个剧场的观众,特别是在宫廷里,又是首场演出。凡是看到这个场面的人应该都还记得,因为它的效果是空前的。

……

1753年的狂欢节,《乡村卜师》在巴黎演出了。在这以前,我抽空写了前奏曲和幕间歌舞。这个幕间歌舞,像印刷出的那样,应该从头到尾都是表演的动作,而且是用一个题材贯串下去,以便提供一些有趣的场景。但是,当我把这个意见向歌剧院提出的时候,人家连听都不肯听,因此,只好照常例杂缀一些歌唱和舞蹈。这样一来,这个穿插尽管充满了许多美妙的意趣,不使正剧减色,但只取得了平平常常的成功。我把热利约特的宣叙曲取消了,恢复了我原来的那首,也就是现在印出的那首。这段宣叙曲,我承认是稍微法国化了一点,也就是说,被演员们拖得冗长了一点,然而它不但没有使听众感到刺耳,而且取得的成功绝不在咏叹调之下,听众甚至觉得至少写得和咏叹调一样好。我把我的剧本题献给杜克洛,因为他是它的保护人。我并且声明,这将是我唯一的题献。但是我后来又征得他同意,作了第二次题献,不过,他应该认为他有了这个例外比没有这个例外还要光荣。

关于这个剧本,我有很多有趣的轶事可说,不过我还有更重要的事要谈,没有空闲时间在这里多讲了。也许有一天我在补编里还要谈到这些轶事。然而,尽管如此,有一则轶事我却不能不提一下,它与整个下文都可能有些关系。我有一天在霍尔巴赫男爵的书房里参观他的乐谱。当我浏览了各种各样的乐谱以后,他指着一部钢琴曲的集子对我说:"这是人家特别为我写的,都别有风味,也适合于歌唱。除了我之外,谁也不知道,将来也永远不会看到。你应该选一首用在你的幕间歌舞里去。"我脑子里的歌曲和合奏曲的题材比我所能用的要多得多,我当然很不在意他那些曲子。然而他再三敦促,我碍于情面,就选了一段牧歌,把它压缩了,改成三重唱,作科莱特的女伴们上场时之用。几个月后,当《乡村卜师》还上演的时候,我有一天到格里姆家,发现许多人围在他的钢琴旁边。格里姆一见我到,便立刻从他的钢琴那儿站起来。我无意识地对他的谱架看了一眼,发现正是霍尔巴赫男爵那个乐曲集,打开的正是他敦促我采用、并保证永远不会离开他手的那支曲子。不久以后,有一天埃皮奈先生家里正举行演奏会,我又看到那同一本乐曲集摊开在他的钢琴上。格里姆也好,任何别人也好,从来都没有谈到过这支曲子;如果不是若干时日以后有谣言散布出来,说我不是《乡村卜师》的作者,我也不会在这里提起这件事情的。因为我从来不是什么了不起的音乐家,我深信,要不是我那部《音乐辞典》,人们最后会说我根本不懂音乐。①

在演出《乡村卜师》以前的若干时候,巴黎来了一些意大利滑稽剧的演员,人家让他们在歌剧院舞台上演唱,没有预料到他们会产生什么影响。虽然他们很拙劣,而乐队当时也很糟糕,把他们演的剧本糟蹋得不成样子,然而他们的演出还是使法国的歌剧大为逊色,一直到现在还没能恢复过来。法国和意大利的两种音乐,在同一天,同一个舞台上演奏,这就把法国人的耳门打开了:在听了意大利音乐那活泼而强烈的曲调之后,没有一个人的耳朵再能忍受他们本国音乐的那种拖拉劲儿;那些滑稽剧演员一演完,听众就走光了。人们迫不得已,只好改变次序,让滑稽演员最后演出。那时正演《厄格勒》《皮格马利翁》《天仙》,但都站不住脚。只有《乡村卜师》还能比一比,即使在《Serva Padrona》(《女仆情妇》)②演出之后还有人听。当我写我那个短剧的时候,我脑子里是充满了那一类曲子的,而我也是从这一类曲子当中得到了启发。但是我万万想不到有人会把我们的短剧跟那一类曲子一个一个地核对。如果我是个剽窃手的话,那我该有多少剽窃行为被揭露出来,人家又该要费多少心机去揭露这些剽窃行为啊!然而,并无其事:他们费尽心机也没有在我的音乐里找到任何别种音乐的最微小的痕迹。

……

正当歌剧院演《乡村卜师》的时候,法兰西喜剧院也在谈它的作者,不过结果稍差一点。由于七、八年来我都没有能使我的《纳

---

① 我当时没有料到,虽然我编过《音乐辞典》,人们最后还要这样说。——卢梭原注

② 意大利演稽歌剧,奈利词,拜尔高来斯曲,作于1733年。这部歌剧在法国演出后,引起了有名的拥护和反对意大利派音乐之争。

尔西斯》在意大利剧院演出，我也就讨厌这个剧院了，觉得那些演员用法语演剧并不高明，我很想把我的剧本拿给法国演员演，而不再给他们演。我把我这个愿望对演员拉努说了，我跟拉努本来就认识，并且，大家都知道，他是个出色的人物，又是个作家。《纳尔西斯》很合他的意，他负责使它作为无名氏的作品演出，并在事先就送了我一些入场券，这使我很高兴，因为我一直是喜欢法兰西剧院超过那另外两个剧院的。剧本被鼓掌通过了，并且不宣布作者姓名就演出了，但是我有理由相信，演员们和很多其他的人并不是不知道作者是谁。古桑和格兰瓦尔两位小姐饰多情女郎的角色；虽然，据我看，全剧的精神没有被掌握，但也不能因此就说绝对演得不好。不过，我对观众的宽厚是很惊讶的。并且也很感动，他们竟有耐性安安静静地从头听到尾，甚至还容许它第二次演出，没有丝毫不耐烦的表现。在我这方面，初演时就感到那么厌烦，以致无法坚持到底。我一出剧院就钻进普罗高普咖啡馆，在那里遇到波瓦西和其他几个人，他们大概也是和我一样，厌烦得坐不下去了。我在那里公开地表示了我的 Peccavi（真诚的认错），谦卑地、或者说自豪地承认了我是那个剧本的作者，并且说出了大家心里想说的话。写了一个垮了台的坏剧本而且还公开承认自己是作者，这一行径博得了大家的赞赏，而我也并不觉得怎样难堪。我这种坦白承认的勇气还使自尊心得到了某种补偿。我现在仍然相信，在这种情况下，直说出来的骄傲，实在多于不说出来的无谓的羞惭。这个剧本，演出虽然是冷冰冰的，但能够读得下去，所以我把它印出来了。前面的那篇序是我的佳作之一，我在这篇序里，开始阐述我的许多原理，比我直到那时为止所曾阐述的要多一些。不久我就有机会在一个更为重要的作品里把这些原理彻底地发挥出来了。我记得，就是在 1753 年，第戎学院发表了以《人类不平等的起源》为题的征文章程。这个大题目使我产生了强烈的印象，很惊讶这个学院居然敢把这样一个问题提出来。但是，它既然有这样的勇气提，我也就有这样的勇气写，于是我就动手写了。

（范希衡　译）

歌剧《风流诗人》的创演

……

我的歌剧写出来了,现在的问题是要卖出去:这等于要我另写一部更加困难的歌剧。在巴黎,你一个人与世隔绝是什么也干不成的。果弗古尔先生从日内瓦回来,曾把我介绍给德·拉·波普利尼埃尔先生,我就想借他的力量来出头。德·拉·波普利尼埃尔先生是拉摩的麦西那斯①,波普利尼埃尔夫人又是拉摩的谦恭的学生;而拉摩呢,大家都知道,当时在这家人家有翻手为云覆手为雨的势力。我估计他会乐意保护他的一个弟子的作品的,因而就想把我的作品拿给他看看。但他却拒绝去看,说他不能看谱,看谱太吃力。拉·波普利尼埃尔先生就说,可以演奏给他听听,并且建议替我找些乐师来演奏几段。我当然是求之不得的了。拉摩也同意了,不过还是嘀嘀咕咕的,一个劲儿说,一个人不是科班出身,全凭自修学会了音乐,作出曲来还能好得了?我赶快挑出五六段最精彩的曲子。他们找来了十来个合奏乐手,演唱的有阿尔贝、贝拉尔和布尔朋内小姐。序曲一演奏,拉摩就以他那过甚其词的

---

① 麦西那斯,古罗马的贵族,极力提倡文艺,保护诗人如维吉尔、贺拉斯等。后转为"文艺保护人"之通称。

赞美，暗示这不可能是我作的。每奏一段他都表示出不耐烦的样子。但是到了男声最高音那一曲，歌声既雄壮嘹亮，伴奏又富丽堂皇，他就按捺不住了，他直喊着我的名字，粗暴得使大家愕然，对我说，他方才听到的乐曲，一部分是音乐界老手做的，其余的都出自无知者之手，这个人根本不懂得音乐。有一点倒是真的：我的作品的质量参差不齐，又不合常规，有时十分出色，有时平淡无奇。一个人全靠几阵子才气，没有扎实的功夫做基础，他的作品必然是这个样子。拉摩说我是个小剽窃手，既无才能，又无美感。在场的其他人，特别是主人，却不是如此想法。黎塞留先生那时候常见到拉·波普利尼埃尔先生，并且，众所周知，也常见到拉·波普利尼埃尔夫人，他听人说起我的作品，想全部都听一听，如果满意的话，还有意拿到宫廷里去演出。我的作品就在御前游乐总管博纳瓦尔先生家里，由宫廷出钱，用大合唱队和大乐队演奏了。指挥是弗朗科尔。效果惊人，公爵先生不断惊呼喝彩，而且在塔索那一幕里，一段合唱完毕后，他就站起来，走到我面前，握着我的手对我说："卢梭先生，这是沁人心脾的和声。我从来没听到过比这更美的了。我要把这部作品拿到凡尔赛宫去演出。"拉·波普利尼埃尔夫人当时在场，却一言不发。拉摩虽曾被邀请，这天却没有来。第二天，拉·波普利尼埃尔夫人在她的梳妆室里十分冷漠地接待了我，她故意贬低我的剧本，对我说，虽然起初一些浮光虚彩使黎塞留先生眩惑了一下，但后来他醒悟过来了，她劝我对我这部歌剧别存什么希望。一会儿，公爵先生也到了，对我说的话却完全不同，他对我的才能恭维了一番，似乎依然打算把我的歌剧拿到国王面前去演奏。"只有塔索那一幕，"他说，"不能拿到宫廷里去演，得另外写一幕。"凭这一句话，我就跑回家关起门来修改，三星期后我把塔索换掉了，另写好了一幕,主题是赫希俄德[1]受到一个缪斯的启示。我设法把我的才华的部分发展过程和拉摩居然对我的才华显出的那种忌妒,都写到这一幕里去了。新写的这一幕没有塔索那幕那样奔放,却是一气呵成。音乐也同样典雅,而且写得好得多;如果另外两幕都能抵得上这一幕,全剧一定会演得很像样的。可是,当我正要把这个剧本整理完毕的时候,另一项工作又把这部歌剧的演奏耽搁下来了。

在丰特诺瓦战役[2]后的那个冬季,凡尔赛宫开了许多庆祝会,其间有好几部歌剧要在小御厩剧院演出。在这些歌剧之中,有拉摩配乐的伏尔泰的剧本《纳瓦尔公主》,这次经过修正改编,易名为《拉米尔的庆祝会》。这个新题材要求把原剧好几场幕间歌舞都换掉,词和曲都要改写。问题是难找到一个能担任这双重任务的人。伏尔泰当时在洛林,他和拉摩两人都忙着搞《光荣之庙》那部歌剧,顾不过来。黎塞留先生想到了我,建议由我来担任。为了使我能更好地弄清该做些什么,他把诗和乐曲分开送给我。我第一件事就是要得到原作者同意才去修改歌词,因此我就给他写了一封很客气甚至很恭敬的信。下面就是他的答复,原件见甲札,第一号:

一九四五年十二月十五日

先生,直到现在为止,两者不可得兼的才能,你竟能兼而有之,这对我来说,这就是两条充分的理由,使我钦佩你,仰慕你。我为你很抱歉,因为你把这两种才能用在一部不太值得你修改的作品上。几个月前,黎塞留公爵先生一定要我在瞬

---

[1] 赫希俄德,公元前8世纪的希腊诗人,诗中充满道德箴规及农业知识。
[2] 丰特诺瓦战役,指1745年路易十五御驾亲征、萨克森元帅击败英荷联军之役。

息之间拟出几场既乏味又支离破碎的戏的梗概,原是要配合歌舞的,而这些歌舞跟这几场戏又很不合宜。我只好谨遵雅命,写得又仓促又糟糕。我把这个毫无价值的初稿寄给黎塞留公爵先生,原指望不予采用,或者再由我修改一番。幸而现在交到你手里了,就请你绝对自由支配吧。所有那一切,我早就记不清了。它只是一个初稿,写得那么仓促,必然会有错误,我毫不怀疑你已经纠正了一切错误,补充了一切不足之处。

我还记得,在许多缺陷之中有这样一点:在连缀歌舞的那些场景里,就没有提到那位石榴公主怎么刚从牢房里出来就忽然到了一座花园或者一座宫殿。既然为她举行宴会的不是一个魔术师,而是一位西班牙的贵人,所以我觉得什么事都不能带上魔术意味。先生,我请你再检查一下这个地方,我已经记不太清楚了。请你看看是不是需要演出牢房门一开我们的公主就被人从监狱请到为她特备的金碧辉煌的宫殿里去这一场。我深知这些都毫无价值可言,一个有思想的人把这些无谓的东西当作正经事去做,实在不值得;但是,既然要尽可能不使人产生不快之感,就必须尽可能做得合理,即使是在一场无聊的幕间歌舞中也应该如此。

我一切都信托你和巴洛先生,希望不久就有向你致谢的荣幸。专复即颂。

这封信,和以后他写给我的那些近乎目中无人的信比起来,真是太客气了,请大家不必惊讶。他以为我在黎塞留先生面前正吃香呢,大家都知道他有官场的圆滑,这种圆滑就使他不得不对一个新进的人多客气一点,到他看出这个新进的人有多大影响的时候,那就不一样了。

我既得到了伏尔泰先生的允许,又不必顾忌拉摩——他是一心要损害我的,我就动手干了起来,两个月就完成了。歌词方面困难不多,我只是尽量使人感觉不到风格上的不同,并且我自信我是做到了这一点的。音乐方面的工作,费时较多,困难也较大。除了要另写好几支包括序曲在内的过场曲子以外,我负责整理的全部宣叙调都困难到万分,很多合奏曲和合唱曲的调子极不一样,都必须连缀起来,而且常常只能用几行诗和极快的转调,因为我不愿意更改或挪动拉摩的任何一个曲子,免得他怪我使原作失真。这套宣叙调我总算整理得很成功,它音调适宜,雄健有力,特别是转折巧妙。人家既惠然让我跟两个高手结合在一起,我一想到他们两位,我的才气也就迸发出来了;我可以说,在这个无名无利的、外人甚至根本就不能知道内情的工作里,我差不多总是不辱没我那两位榜样的。

这个剧本就照我整理的那样,在大歌剧院里彩排了。三个作者之中,只有我一个人在场。伏尔泰不在巴黎,拉摩没有去,或者是躲起来了。

第一段独白词很凄怆。开头一句是:

啊!死神。来把我这苦难的一生了结吧!

当然要配上与此相应的音乐。然而,拉·波普利尼埃尔夫人正是根据这一点批评我,尖酸刻薄地说我写的是送葬的音乐。黎塞留先生很公正地表示先要查一查是谁写的这段独白的唱词。我就把他送给我的手稿拿给他看了,手稿证明是伏尔泰的手笔。"既然这样,"他说,"过错全在伏尔泰一人身上。"在彩排过程中,凡是我作的,都受到拉·波普利尼埃尔夫人的批评,得到黎塞留先生的辩护。但是,毕竟我碰到的对手太强大了,我接到通知说,我作的曲子有好几处要修改,还必须请教拉摩先生。我原期待的是夸奖,而且我的确是应该受到夸奖的,现在却得到了这样一个结论。我伤心极了,满怀颓丧地回到家里,累得有气无力,愁得肝肠俱碎。我病倒了,整整六个星期出不了门。

拉摩负责担任拉·波普利尼埃尔夫人指定的那些修改工作,就派人来找我,要我那部大歌剧的序曲,用来代替我新写的那一个。幸而我感觉到他那手鬼把戏,就拒绝了。由于只有五六天就要演出,来不及另写,所以只好仍旧用我写的那个序曲。这个序曲是意大利式的,当时在法国还是一种颇为新颖的风格。然而,它却得到了听众的欣赏,据我的亲戚和朋友缪沙尔先生的女婿、御膳房总管瓦尔玛来特先生告诉我,音乐爱好者都很满意我的作品,听众都没有能辨别出哪是我写的,哪是拉摩写的。但是拉摩却和拉·波普利尼埃尔夫人勾结好了,想尽种种办法不让别人知道我在这里面也有一份功劳。在散发给观众的小册子上,作者一般都是一个一个署名的,而这本小册子却只署了伏尔泰一人的名字,拉摩宁愿自己的名字不写上,也不愿意看到我的名字和他的并列在一起。

……

那时,弗兰格耶先生正在学博物学和化学,办了一个陈列室。我相信他是想进学士院当院士的,为此,他就需要著一本书,认为我在这方面可能对他有点用处。杜宾夫人那边呢,她也想写一本书,在我身上打着差不多同样的主意。他们俩很想合聘我担任一种秘书的职务,这就是蒂埃利约责怪我不去登门的理由。我首先要求弗兰格耶先生利用他和热利约特的力量把我的作品拿到歌剧院去排演。他同意了。结果《风流诗神》有了排演的机会,先在后台,后在大剧院,排了好几次。彩排那一天,观众很多,有好几段都得到了热烈喝彩。然而,我自己在勒贝尔指挥得很不好的那个演奏过程中,感觉到这个剧本是通不过的,甚至不经重大修改就不能演出。因此我没说一句话就把剧本收回了,免得遭人拒绝;但是,有好些迹象使我清楚地看出,纵然剧本尽善尽美,也还是通过不了。弗兰格耶先生明明白白答应我使剧本有机会排演,而不是使它有机会演出。他的确实践了他的诺言,我始终觉得,在这件事上和在许多别的事上,都看出他和杜宾夫人不想让我在社会上成名,也许是因为怕人家在看到他们的著作时,猜疑他们是把我的才能移花接木接到他们的才能上的。然而,杜宾夫人一直认为我的才能有限,而且她利用我的地方,始终也只是要我照她的口述作点笔录,或者叫我找点纯属参考性质的资料,因此,如果出现这种谴责,特别是对她来说,似乎又有失公平。

这最后一次的失败使我完全泄气了。我放弃了任何进取和成名的计划;从此以后再也不想什么才能不才能了。这些才能,我真有也好,假有也好,反正都不能叫我走运,我只有把时间和精力用来维持我自己和戴莱丝的生活,谁能帮助我们,我就讨谁的欢心。因此,我就全心全意地跟着杜宾夫人和弗兰格耶先生了。这并不能使我过得很富裕,就拿我头两年每年所得的那八九百法郎来说,这笔钱只能勉强维持我最基本的生活,因为我不能不在他们家附近——房租相当高的地区——租公寓住下,另一方面还要在位于巴黎边缘的圣雅克路的尽头另付一笔房租,而不论阴晴,我差不多每晚都要到那里去吃饭。不久我也就习惯了,甚至对我这种新的工作还发生了兴趣。我爱上了化学,跟弗兰格耶先生到鲁埃尔先生[①]家听了好几次课,于是我们就对粗知其皮毛的这门科学不识好歹地开

[①] 鲁埃尔(1703—1770),著名化学家。

始涂写起来。1747年,我们到都兰去度秋季,住在舍农索府,这座府第是歇尔河上的离宫,是亨利二世为狄安娜·德·普瓦提埃盖的,用她姓名起首字母组成的图案还依稀可见。现在这座府第归包税人杜宾先生所有了。在这个秀丽的地方,我们尽情欢乐,吃得也极好,我胖得像个僧侣了。我们在那里大搞其音乐。我写了好几首三重唱,都相当和谐。如果将来有机会写补篇的话,也许还要再提一提的。我们在那里还演喜剧。我用十五天时间写了一部三幕剧,名叫《冒昧订约》。读者在我的文稿中可以看到这个剧本,它别无所长,只是欢情洋溢而已。我在那里还写了几篇小作品,其中有一篇诗剧,题为《西尔维的幽径》,这本是沿着歇尔河的那片园子里的一条小径的名字。我搞了这些东西,并没有中断我在化学方面的工作和我在杜宾夫人身边所担任的工作。

……

(范希衡 译)

上流社会

（致于丽）：

我①怀着秘密的恐怖走进世界这辽阔的沙漠中来。那混乱在我看来只是一种可怕的孤独，有如沉闷的静寂的王国。我受压迫的灵魂想在那里发泄，却到处都受到挤压。一位古人说过："我独自一人时最不感到孤独"；我只有在人群中感到孤独，那儿我既不属于你，也不属于众人。我的心想说话，它觉得没有人听；它想答话，人家对它说的却没有一句达到它。我听不懂这地方的话，这里也没有人懂我的话。

倒不是人家不殷勤接待、友好、体贴，也不是对我没有千百种亲切的照顾；但这正是我要抱怨的所在。从来不曾见过面的人有办法一下子成为朋友吗？对人类的高贵的同情以及坦诚的

---

① 我不来迎合读者和于丽对于这些书信的观点，我认为可以说的是：如果由我来做的话，我虽不能写得更好，至少会写得很不一样。我曾多次准备把这些信去掉，并用我写的来代替；最后我还是把它们留了下来，而且为我这种勇气自鸣得意。我认为一个初踏进社会的二十四岁的年轻人，不应该像一个五十岁的人那样看社会，后者对社会的经验知道得太多了。我还认为自己虽然不曾在社会里当一个很重要的角色，但不再能说公道话。那么我们不妨让这些信原封不动，让那一般旧地名一仍其旧，让那些粗俗的意见也照旧保留。这一切都是小毛病；但对于朋友重要的是真实，即直到他生命结束，他的激情没有玷污他的书信。——卢梭原注

心灵的简单和动人的流露,它们使用的言语是跟虚有其表的谦恭和世俗要求的虚言客套完全不同。我非常害怕一个初次见面而把我当作二十年的老朋友的人;在二十年后,当我有重要事情请他帮忙时,却把我当作陌生人;当我看到一些很轻浮的人,对那么多的人产生极大的兴趣时,我敢相信他们多半对谁都不会感兴趣的。

然而这一切也有真实的东西在:因为法国人生性善良、坦率、好客、乐善好施;可是也有些法国人有各种各样说话不算数的,也有上千种虚伪的、准备被人谢绝的赠与,也有上千种礼节上欺骗乡村老实人的圈套。我从来不曾听到像他们那样总是说:"需要时可以指望我帮您,我的信誉、我的钱囊、我的房屋、我的车辆可以随您使用。"如果这些话都是诚恳的和算数的话,那么再没有一个对于财富更为慷慨的民族;财富共同体在这里差不多已建立起来;更富有的人不断地贡献出来,最贫苦的不断地接受,大家自然会站在一个水平上,因此即使斯巴达①的分配制度,也比不上巴黎那样均等了。但正好相反,它也许是世界上财富最不平均的城市,那里既存在着最豪华的富裕,同时又存在着最可悲的贫困。用不着更多说明,便可了解这种表面的同情——它仿佛总是会迎合别人的需要和心灵的那种廉价的温情——它一时间会跟永久的友谊相结合——的意义了。

我所寻求的不是所有这些可疑的感情和那种骗人的信任,而是智慧和知识,正是在这里有我喜欢它的源泉;初来这里,不仅跟学者和文人们,而且也跟一切等级甚至妇女的谈话里,人们能从中发现许多知识和道理而兴高采烈;谈话的语气是欢畅和自然的;既

---

① 斯巴达,古希腊奴隶制城邦。

不沉重也不轻浮;它聪明而没有学究气,快活而不杂乱,文雅而不装腔作势,殷勤而不庸俗,有风趣而不暧昧。这些既不是论文也不是短诗;人们用它们说理而不进行辩论;作取笑而不作文字游戏;人们巧妙地把智慧和理论、箴言和俏皮话、尖锐的讽刺、机灵的奉承和严肃的伦理结合在一起。人们在这里什么都谈,好让每人都有话可说;人们对问题不作深入讨论,为了怕人厌烦;人们仿佛顺便把问题提出来,把它们迅速处理;确切可以导致简洁明了;每人表达自己的意见,简短地作些论证;没有人热烈地攻击他人的意见;没有人顽固地为自己的意见作辩护;人们讨论为了澄清问题,一到快发生争论时就刹车,每人在学习,每人以此自娱;大家高高兴兴地分手,即便是饱学之士也能从这些交谈中带回值得静下来时进行思索的问题。

可是在听着如此愉快的谈话时实质上能学到些什么,对此你是怎么想的?是合理地探讨世上的事物,好好地利用社会吗?至少为了认识人们与之生活的那些人吗?完全不是那回事,我的于丽:这儿人们学到的是怎样技巧地为谎言辩护,依靠哲学以动摇道德的一切原则,用最精细的诡辩来打扮自己的激情和偏见,给自己的谬误加上某种色彩以适合现今的时髦思想。你完全用不着认识人们的性格而只需认识他们的利益,以便基本上猜到他们对每件事要说的话。当一个人说话时,表达感情的可以说是他的衣裳而不是他自己;他可以随便改变他的感情,就像改变他的身份一般。你依次给他以一顶长的假发、一套制服和一个十字架胸饰;你便会依次听到他以同样的热诚宣传法律、专制政治和宗教裁判所。有一套共同的道理为制服说话,另有一套理由为财政说话,另有一套为宝剑说话。每一套都很能很好地证明另外的两套是坏的,三套都很容易引出各自的结论①。这样便没有人说出他所想的,而是示意别人来适合于他所想的;于是外表上对真理的热诚,在他们那里只不过是私利的假面具而已。

您以为独立自主地生活的离群索居的人们至少会有属于自己的思想吧;完全没有那回事;那是没有思想的另一种机器,人们用发条使它思想。只消打听一下他们的社会、他们的小集团、他们的朋友、他们来往的女人、他们认得的作者;人们就能从那里预先建立起他们对于预备出版而他们没有读过的书、一出预备上演而他们不曾看过的戏、他们不认识的这个或那个作家、他们没有丝毫概念的这个或那个体系等等的他们未来的感情;而且像钟表一般都是二十四小时上弦,所有这些人每个晚上都要到他们的协会去学习好明天将要思考的东西。

这样便有少数的男人和女人为所有其他的人去想,而所有其他的人都为那些人说话和行动;因为每人都想自己的利益而没有人想公共福利,又因为个人的利益总是相互矛盾的,这便形成阴谋和诡计的永久的冲突,偏见、相反意见的此起彼落,其中最激烈的被其他的所刺激,竟几乎永远不知道问题症结所在了。每个小集团有自己的规章、意见、原则,到别处是不通行的。一家认为是正直的人到隔壁家里却成了骗子手。善、恶、美、丑、真、德之类都只有地区和有限的存在。谁喜欢交际并出入多个团体,他必须比阿

---

① 人们对于一个瑞士人,应该谅解这种议论。他认为他的国家被治理得很好,虽然三种职业没有一种在那儿建立起来,什么!国家没有防卫能存在吗? 不,国家必须有保卫者;但所有公民都有当兵的义务而不作为职业。同样的人在罗马和希腊人那儿,在兵营里是军官,在城市里是行政官员,而这两种功能从来都是完成得最好的,因为那时并不知道后来把它们划分并败坏了它们名声的那奇怪的等级偏见。——卢梭原注

尔西比亚特①更有伸缩性，像团体之间改变原则，可以说每走一步就要修正自己的思想，用尺子来衡量自己的格言；每次作访问，在进门时应该抛弃自己的灵魂（假如他有灵魂的话）；他要另外拿一个跟那家同样颜色的灵魂，就像仆役拿件号衣一般；他出门时要一样放好并重新拿回（如果他愿意的话）他自己的灵魂，直到新的出访。

还有更甚的：那就是每个人不断地使自己跟自己发生矛盾，但没有人认为这是坏事。人们有进行交谈的原则，为了应用，也有别的原则；没有人对它们之间的矛盾感到气愤，他们都同意它们之间不会集合到一起；人们甚至不要求作家尤其是伦理学家说的要像他的书一般，也不要求他的行为要像他说的一样；他的著作、言论、行为是三个不同的东西，并非必须一致。总而言之，一切都很荒谬，但丝毫不会引起反感，因为大家对此已习惯了；而且对于这种言行不一致甚至会表示好感，好多人还以此为荣。其实虽然大家都热心鼓吹他们职业的准则，他们却夸耀有另外一种调子；法律家摆着骑士的模样；税务官装作贵人；主教说些风雅的话；内侍臣大谈其哲学；政治家卖弄聪明；甚至除了自己本色以外不能装做任何其他模样的普通手艺匠，也在礼拜天穿起黑色服装，这样便有宫里人的派头。唯有军人瞧不起所有其他等级，他们肆无忌惮地保持着他们原来的派头，好人看了讨厌。这并不是德·缪拉②先生没有道理，他偏爱他们的团体；但在他那个时代是正确的，今天可就不正确了。在文学进步的影响之下，一般的派头向更好的方面

---

① 阿尔西比亚特（公元前450—公元前404），希腊将军、政治家，以政治上多变得名。
② 德·缪拉（de Muralt），瑞士伦理学家、作家。他的《论英国人和法国人书简》(1726)颇著名。

发展；只有军人不愿意改变；从前他们的派头是最好的，最后却变得最坏了。①

这样，人们与之说话的并不是人们与之交谈的人；他们的感情并不从他们心坎里发出来，他们的智慧并不在他们的脑筋里，他们的议论并不代表他们的思想；人们只看到他们的外形，进入这样的社会，就像面前出现一张动画，里面只有平静的旁观者自己在活动。

这便是我在巴黎看到的大社会给我形成的观念，这种观念可能同我特殊的状况有关系而并不关乎事情的实际情况，而且在新的启发下无疑会改变的。此外，我涉足的社会只是爱多阿尔阁下的朋友们带我去的地方，我深信要想了解一个国家的真实的风俗，应该深入到其他阶层中去，因为富裕的阶层几乎到处都是一样的。往后我要努力了解得更清楚些。目前，你来判断一下：我把这群人称为一片沙漠，并害怕自己陷于孤独，在那里我看到感情和真实只是空洞的表面，它随时都在变化和自行消灭；在那里我看到些幽灵和幻影，它们在你眼前出现了一会儿，等到你想抓住它时却立刻消失。我上面所说是否有道理？我至今看到了许多面具，什么时候我才能看到人们真正的面孔呢？

（伊信　译）

---

① 这种判断（正确的或虚假的）只能适用于下级的和不住在巴黎的；因为在王国中的一切知名之士都服兵役，甚至一切宫内官员也都是军人。但就沾染的派头而论，在战争时期作战的和在卫戍部队生活的之间有很大的区别。——卢梭原注

生活在大自然的怀抱里

为了到花园里看日出，我比太阳起得更早；如果这是一个晴天，我最殷切的期望是不要有信件或来访扰乱这一天的清宁。我用上午的时间做各种杂事。每件事都是我乐意完成的，因为这都不是非立即处理不可的急事，然后我匆忙用膳，为的是躲避那些不受欢迎的来访者，并且使自己有一个充裕的下午。即使最炎热的日子，在中午一时前我就顶着烈日带着芳夏特①出发了。由于担心不速之客会使我不能脱身，我加紧了步伐。可是，一旦绕过一个拐角，我觉得自己得救了，就激动而愉快地松了口气，自言自语说："今天下午我是自己的主宰了！"从此，我迈着平静的步伐，到树林中去寻觅一个荒野的角落，一个人迹不至因而没有任何奴役和统治印记的荒落的角落，一个我相信在我之前从未有人到过的幽静的角落，那儿不会有令人厌恶的第三者跑来横隔在大自然和我之间。那儿，大自然在我眼前展开一幅永远清新的华丽的图景。金色的燃料木、紫红的欧石南非常繁茂，给我深刻的印象，使我欣悦；我头上树木的宏伟、我四周灌木的纤丽、我脚下花草的惊人的纷繁使我目不暇给，不知道应该观赏还是赞叹；这么多美好的东西争相

---

① 卢梭养的一条狗。

吸引我的注意力,使我眼花缭乱,使我在每件东西面前流连,从而助长我懒惰和爱空想的习气,使我常常想:"不,全身辉煌的所罗门也无法同它们当中任何一个相比。"

我的想象不会让如此美好的土地长久渺无人烟。我按自己的意愿在那儿立即安排了居民,我把舆论、偏见和所有虚假的感情远远驱走,使那些配享受如此佳境的人迁进这大自然的乐园。我将把他们组成一个亲切的社会,而我相信自己并非其中不相称的成员。我按照自己的喜好建造一个黄金的世纪,并用那些我经历过的给我留下甜美记忆的情景和我的心灵还在憧憬的情境充实这美好的生活,我多么神往人类真正的快乐,如此甜美、如此纯洁、但如今已经远离人类的快乐。甚至每当念及此,我的眼泪就夺眶而出!啊!这个时刻,如果有关巴黎、我的世纪、我这个作家的卑微的虚荣心的念头来扰乱我的遐想,我就怀着无比的轻蔑立即将它们赶走,使我能够专心陶醉于这些充溢我心灵的美妙的感情!然而,在遐想中,我承认,我幻想的虚无有时会突然使我的心灵感到痛苦。甚至即使我所有的梦想变成现实,我也不会感到满足:我还会有新的梦想、新的期望、新的憧憬。我觉得我身上有一种没有什么东西能够填满的无法解释的空虚,有一种虽然我无法阐明、但我感到需要的对某种其他快乐的向往。然而,先生,甚至这种向往也是一种快乐,因为我从而充满一种强烈的感情和一种迷人的感伤——而这都是我不愿意舍弃的东西。

我立即将我的思想从低处升高,转向自然界所有的生命,转向事物普遍的体系,转向主宰一切的不可思议的上帝。此刻我的心灵迷失在大千世界里,我停止思维,我停止冥想,我停止哲学的推理;我怀着快感,感到肩负着宇宙的重压,我陶醉于这些伟大观念的混杂,我喜欢任由我的想象在空间驰骋;我禁锢在生命的疆界内的心灵感到这儿过分狭窄,我在天地间感到窒息,我希望投身到一个无限的世界中去。我相信,如果我能够洞悉大自然所有的奥秘,我也许不会体会这种令人惊异的心醉神迷,而处在一种没有那么甜美的状态里;我的心灵所沉湎的这种出神入化的佳境使我在亢奋激动中有时高声呼唤:"啊,伟大的上帝呀!啊,伟大的上帝呀!"但除此之外,我不能讲出也不能思考任何别的东西。

……

(冯至 译)

圣皮埃尔岛

在我住过的地方当中(有几处是很迷人的),只有比埃纳湖中的圣皮埃尔岛①才使我感到真正的幸福,使我如此亲切地怀念。这个小岛,讷沙泰尔人称之为土块岛,即使在瑞士也很不知名。据我所知,没有哪个旅行家曾提起过它。然而它却非常宜人,对一个想把自己禁锢起来的人来说,位置真是出奇地适宜;尽管我是世上唯一命定要把自己禁锢起来的一个人,我却并不认为这种爱好只有我一个人才有——不过我迄今还没有在任何他人身上发现这一如此合乎自然的爱好。

比埃纳湖边的岩石和树林离水更近,也显然比日内瓦湖荒野些、浪漫色彩也浓些,但和它一样的秀丽。这里的田地和葡萄园没有那么多,城市和房屋也少些,但更多的是大自然中青翠的树木、草地和浓阴覆盖的幽静的所在,相互衬托着的景色比比皆是,起伏不平的地势也颇为常见。湖滨没有可通车辆的大道,游客也就不常光临,对喜欢悠然自得地陶醉于大自然的美景之中,

---

① 卢梭从莫蒂埃村被逐后(此村在讷沙泰尔邦的特拉维尔山谷中,当时受普鲁士统治),于1765年9月18日迁往四公里外的该岛,于10月25日再度被迫离开,逃往斯特拉斯堡,再经巴黎去英国休谟处(参看《忏悔录》第12章),卢梭当年在岛上住过的房子现在是家旅馆,年轻的浪漫主义者经常到这里来朝圣。

喜欢在除了莺啼鸟啭、顺山而下的急流轰鸣之外别无声息的环境中进行沉思默想的孤独者来说,这是个很有吸引力的地方。这个差不多呈圆形的美丽的湖泊,正中有两个小岛,一个有人居住,种了庄稼,方圆约半里约①;另一个小些,荒无人烟,后来为了不断挖土去修大岛上被波涛和暴风雨冲毁之处而终于遭到破坏。弱肉总为强食。

岛上只有一所房子,然而很大,很讨人喜欢,也很舒适,跟整个岛一样,也是伯尔尼医院的产业,里面住着一个税务官和他的一家人以及他的仆役。他在那里经营一个有很多家禽的饲养场、一个鸟栏、几片鱼塘。岛虽小,地形和地貌却变化多端,景色宜人的地点既多,也能种各式各样的庄稼。有田地、葡萄园、树林、果园、丰沃的牧地,浓阴覆盖,灌木丛生,水源充足,一片清新;沿岛有一个平台,种着两行树木,平台中央盖了一间漂亮的大厅,收摘葡萄的季节,湖岸附近的居民每星期天都来欢聚跳舞。

在莫蒂埃村住所的投石事件以后,我就是逃到这个岛上来的。我觉得在这里真感到心旷神怡,生活和我的气质是如此相合,所以决心在此度过余年。我没有别的担心,就怕人家不让我实现我的计划,这计划是跟有人要把我送到英国去的那个计划很不协调的,而后者会产生什么结果,我那时已经有所感觉了。这样的预感困扰着我,我真巴不得别人就把这个避难所作为把我终身监禁的监狱,把我关在这里一辈子,消除我离去的可能和希望,禁止我同外界的任何联系,从而使我对世上所发生的一切一无所知,忘掉它的存在,也让别人忘掉我的存在。

---

① 一里约约为四公里。

人们只让我在这个岛上待了两个月，而我却是愿意在这里待上两年，待上两个世纪，呆到来世而不会有片刻厌烦的，尽管我在这里除了我的伴侣①以外来往的就只有税务官、他的太太还有他的仆人。他们确实都是好人，不过也就是如此而已，而我所需要的却也正是这样的人。我把这两个月看成是一生中最幸福的时刻，要是能终生如此，我就心满意足，片刻也不作他想了。

这到底是种什么样的幸福？享受这样的幸福又是怎么回事？我要请本世纪的人都来猜一猜我在那里度过的是怎样的生活。可贵的 far niente(闲逸)的甘美滋味是我要品尝的最主要的第一位的享受，我在居留期间所做的事情完全是一个献身于闲逸生活的人所必须做的乐趣无穷的活动。

有人求之不得地盼望我就这样与世隔绝，画地为牢，不得外力的援助就不可能在众目睽睽之下离开，没有周围的人帮忙就既不能同外界联系，也不能同外界通讯。他们的这个希望使我产生了在此以前所未曾有过的就此安度一生的指望。想到我有充分时间来悠悠闲闲地处理我的生活，所以在开始时我并没有作出任何安排。我被突然遣送到那里，孤独一人，身无长物，我接连把我的女管家②叫去，把我的书籍和简单的行李运去。幸而我没有把我的大小箱子打开，而是让它们照运到时的原样摆在我打算了此一生的住处，就好像是住一宿旅馆一样。所有的东西都原封不动地摆着，我连想都没有想去整理一下。最叫我高兴的是我没有把书箱打开，连一件文具也没有。碰到收到倒霉的来信，使我不得不拿起笔来时，只好嘟囔着向税务官去借，用毕赶紧归还，但愿下次无需

---

① 指戴莱丝·勒·瓦瑟。卢梭自 1745 年起即和她同居，直到 1768 年才正式结婚。
② 即戴莱丝·勒·瓦瑟。

开口。我屋里没有那讨厌的文具纸张,却堆满了花木和干草;我那时生平第一次对植物学产生了狂热的兴趣,这种爱好原是在狄维尔诺瓦博士①启发下养成的,后来马上就成为一种嗜好。我不想做什么正经的工作,只想做些合我心意,连懒人也爱干的消磨时间的活儿。我着手编《皮埃尔岛植物志》,要把岛上所有的植物都描写一番,一种也不遗漏,细节详尽得足以占去我的余生。听说有个德国人曾就一块柠檬皮写了一本书;我真想就草地上的每一种禾本植物、树林里的每一种苔藓、岩石上的每一种地衣去写一本书;我也不愿看到任何一株小草、任何一颗植物微粒没有得到充分的描述。按照这个美好的计划,每天早晨我们一起吃过早饭以后,我就手上端着放大镜,腋下夹着我的《自然分类法》②,去考察岛上的一个地区,为此我把全岛分成若干方块,准备每一季节都在各个方块上跑一圈。每次观察植物的构造和组织,观察性器官在结果过程中(它的机制对我完全是件新鲜事物)所引起的作用时,我都感到欣喜若狂,心驰神往,真是奇妙无比。各类植物特性的不同,我在以前是毫无概念的,当我把这些特性在常见的种属身上加以验证,期待着发现更罕见的种属时,真是心醉神迷。夏枯草两根长长的雄蕊上的分叉,荨麻和墙草雄蕊的弹性,凤仙花的果实和黄杨包膜的爆裂,以及我首次观察到的结果过程中的万千细微现象使我心中充满喜悦。拉封丹曾问人可曾读过《哈巴谷书》③,我也要问大家可曾见过夏枯草的角。两三个小时以后,我满载而归,下午如

---

① 卢梭在莫蒂埃村时结识的朋友,博士头衔是卢梭开玩笑加的。
② 瑞典博物学家、双名命名法的创立者林奈(1707—1778)最重要的著作。
③ 此系卢梭之误。拉封丹曾问人可曾读过《巴录书》,而不是《哈巴谷书》。前者是次经(即历史上有过争议,最后才被列入正典的经卷)中的一卷,后者是《圣经·旧约》中的一卷。

果遇雨的话,在家也就不愁没有消遣的东西了。上午剩下的时间,我就用来跟税务官、他的妻子和戴莱丝一起去看他们的工人和庄稼,经常也动手帮帮忙;也时常有伯尔尼人来看我,他们常看到我骑在大树枝上,腰里围了一个装果子的口袋,满了就用绳子坠下来。早上的活动,加上由此而必然产生的愉快心情,使得我午饭吃得很香;但当用餐时间过久,天气又好时,我不耐久等,就在别人还没有散席的时候溜了出去,独自跳进一只小船,如果湖面平静,就一直划到湖心,仰面躺在船中,双眼仰望长空,随风飘荡,有时一连漂上几个小时,沉浸在没有明确固定目标的杂乱而甘美的遐想之中。在我心目中,这样的遐想比我从所谓的人生乐趣中得到的甜蜜不知要好上几百倍。有时夕阳西下,告诉我踏上归途的时刻已经来到,那时我离岛已经很远,不得不奋力划桨,好在天黑以前赶到家里。有时,我不奔向湖心,却沿着小岛青翠的岸边划行,那里湖水清澈见底,岸畔浓阴密蔽,叫我如何不跳下水去畅游一番!但最经常的还是从大岛划到小岛,在那里弃舟登岸,度过整个下午,有时漫步于稚柳、泻鼠李、春蓼和各式各样的灌木之间,有时坐到长满细草、欧百里香、岩黄芪和苜蓿的沙丘顶上,这苜蓿看来是从前有人播下的,特别适于喂兔,兔子可以在那里安然成长,一无所惧,也不至于糟蹋什么。我把这种想法跟税务官讲了,他就从讷沙泰尔买了几只回来,有公有母,他妻子和小姨、戴莱丝和我四个人浩浩荡荡地把它们护送到这小岛上,它们在我走以前就开始繁殖起来,如果能耐住严冬的话,肯定是可以繁荣昌盛的。这小小的殖民地的建立真是一个欢庆的节日。我踌躇满志地领着我们这支队伍跟兔子从大岛来到小岛,比阿耳戈号的指挥[①]还要神气;我也骄

[①] 即希腊神话中带领五十名英雄乘舟前往高加索去寻找金羊毛的伊阿宋。

傲地注意到这样一个事实：税务官的太太向来是怕水怕得要命的，一到水上就要头晕眼花，这次却信心百倍地登上我划的船，一路上一点也没有害怕。

当湖面波涛汹涌，无法行船时，我就在下午周游岛上，到处采集植物标本，有时坐在最宜人、最僻静的地点尽情遐想，有时坐在平台或土丘上纵目四望，欣赏比埃纳湖和周围岸边美妙迷人的景色。湖的一边近处是起伏的山冈，另一边为丰沃的原野，一直可以望到天际蔚蓝的群山。

暮色苍茫时分，我从岛的高处下来，高高兴兴地坐到湖边滩上隐蔽的地方；波涛声和水面的涟漪使我耳目一新，驱走了我心中任何其他的激荡，使我的心浸沉在甘美的遐想之中，就这样，夜幕时常就在不知不觉中垂降了。湖水动荡不定，涛声不已，有时訇的一声，不断震撼我的双耳和两眼，跟我的遐想在努力平息的澎湃心潮相互应答，使我无比欢欣地感到自我的存在，而无须费神去多加思索。我不时念及世间万事的变化无常，水面正提供着这样一种形象，但这样的思想不但模糊淡薄，而且倏忽即逝；而轻轻抚慰着我的平稳安静的思绪马上就使这些微弱的印象化为乌有，无须我心中有何活动，就足以使我流连忘返，以至回归时还不得不作一番努力，才依依不舍地踏上归途。

晚饭以后，如果天色晴和，我们再一次一起到平台上去散步，呼吸湖畔清新的空气。我们在大厅里休息，欢笑闲谈，唱几支比现代扭扭捏捏的音乐高明得多的歌曲，然后带着一天没有虚度的满意心情回家就寝，一心希望明天也是同样的欢快。

除了有不速之客前来探望之外，我在这岛上逗留的日子就是这样度过的。那里的生活是那么迷人，我心中的怀念之情是如此强烈、亲切、持久,事隔十五年[①],每当我念及这可爱的住处时,总免不了心驰神往。

在这饱经风霜的漫长一生中,我曾注意到,享受到最甘美、最强烈的乐趣的时期并不是回忆起来最能吸引我、最能感动我的时期。这种狂热和激情的短暂时刻,不管它是如何强烈,也正因为是如此强烈,只能是生命的长河中稀疏散布的几个点。这样的时刻是如此罕见、如此短促,以致无法构成一种境界;而我的心所怀念的幸福并不是一些转瞬即逝的片刻,而是一种单纯而恒久的境界,它本身并没有什么强烈刺激的东西,但它持续越久,魅力越增,终于导人于至高无上的幸福之境。

人间的一切都处在不断流动之中。没有一样东西保持恒常的、确定的形式,而我们的感受既跟外界事物相关,必然也随之流动变化。我们的感受不是走在我们前面,就是落在我们后面,它或是回顾已不复存在的过去,或是瞻望常盼而不来的未来:在我们的感受之中丝毫不存在我们的心可以寄托的牢固的东西。因此,人间只有易逝的乐趣,至于持久的幸福,我怀疑这世上是否曾存在过。在我们最强烈的欢乐之中,难得有这样的时刻,我们的心可以真正对我们说:"我愿这时刻永远延续下去。"当我们的心忐忑不安、空虚无依、时而患得、时而患失时,这样一种游移不定的心境,怎能叫作幸福?

假如有这样一种境界,心灵无须瞻前顾后,就能找到它可以寄托、可以凝聚它全部力量的牢固的基础;时间对它来说已不起作用,现在这一时刻可以永远持续下去,既不显示出它的绵延,又不留下任何更替的痕迹;心中既无匮乏之感也无享受之感,既不觉苦

---

① 卢梭在圣皮埃尔岛居住是在1765年,而在1778年即去世,相隔仅十三年。

也不觉乐,既无所求也无所惧,而只感到自己的存在,同时单凭这个感觉就足以充实我们的心灵;只要这种境界持续下去,处于这种境界的人就可以自称为幸福,而这不是一种人们从生活乐趣中取得的不完全的、可怜的、相对的幸福,而是一种在心灵中不会留下空虚之感的充分的、完全的、圆满的幸福。这就是我在圣皮埃尔岛上,或是躺在随波漂流的船上,或是坐在波涛汹涌的比埃纳湖畔,或者站在流水潺潺的溪流边独自遐想时所常处的境界。

在这样一种情况下,我们是从哪里得到乐趣的呢?不是从任何身外之物,而仅仅是从我们自己,仅仅是从我们自身的存在获得的;只要这种境界持续下去,我们就和上帝一样能以自足。排除了任何其他感受的自身存在的感觉,它本身就是一种弥足珍贵的满足与安宁的感觉,只要有了这种感觉,任何人如果还能摆脱不断来分我们的心、扰乱我们温馨之感的尘世的肉欲,那就更能感到生活的可贵和甜蜜了。但大多数人为连续不断的激情所扰,很少能经历这种境界,同时由于仅仅在难得的片刻之间不完全地贪图了这种境界,对它也只留下一种模糊不清的概念,难以感受到它的魅力。在当前这样的秩序下,对社会生活日益增长的需求要求他们去履行社会职责,如果他们全部去渴求那种醇美的心醉神迷的境界,而对社会生活产生厌倦,这甚至还不是件好事。但是一个被排除于人类社会之外的不幸者,他在人间已不可能再对别人或自己作出什么有益之事,那就可在这种境界中去觅得对失去的人间幸福的补偿,而这是命运和任何人都无法夺走的。

不错,这种补偿并不是所有的人,也不是在任何情况下都能感受的。要做到这一点,心必须静,没有任何激情来扰乱它的安宁。必须有感受者的心情和周围事物的相互烘托。既不是绝对的平静,也不能有过分的激动,而是一种均匀的、温和的、既没有冲动也没有间歇的运动。没有运动,生命就陷于麻木状态。运动如果不均匀或过分强烈,它就会激起我们的狂热;如果它使我们想起周围的事物,那就会破坏遐想的魅力,打断我们内心的省察,把我们重新置于命运和别人的轭下,而去念及自己的苦难。绝对的安静则导致哀伤,向我们展现死亡的形象。因此,有必要向欢快的想象力求助,而对天赋有这种想象力的人来说,它是会自然而然地出现在脑际的。那种并非来自外界的运动产生于我们自己的内心。不错,当有轻快甜蜜的思想前来轻轻掠过心灵的表面而不去搅动它的深处时,心中的宁静固然不是那么完全,然而却是十分可喜的。只要有相当的这样的思想,我们就可以忘记所有的痛苦而只记得我们自己。只要我们能够安安静静,这样的遐想无论在何处都能进行;我时常想,如果在巴士底狱,甚至在见不到任何东西的单人牢房里,我都可以愉快地进行这样的遐想。

然而必须承认,在一个跟世界其余部分天然隔绝的丰沃而孤寂的小岛上进行这种遐想却要好得多,愉快得多;在那里,到处都呈现出欢快的景象,没有任何东西勾起我辛酸的回忆,屈指可数的居民虽然还没有使我乐于与之朝夕相处,却都和蔼可亲、温和体贴;在那里,我终于能毫无阻碍、毫无牵挂地整日从事合我口味的工作,或者置身于最慵懒的闲逸之中。对一个懂得如何在最令人扫兴的事物中浸沉在愉快的幻想里的遐想者来说,能借助他感官对现实事物的感受而纵横驰骋于幻想之间,这样的机会当然是美好的。当我从长时间的甘美的遐想中回到现实中来时,眼看周围是一片苍翠,有花有鸟;纵目远眺,在广阔无垠的清澈见底的水面周围的是富有浪漫色彩的湖岸,这时我以为这些可爱的景色也都是出之于我的想象;等到我逐渐恢复自我意识,恢复对周遭事物的意识时,我连想象与现实之间的界限也确定不了了:两者都同样有助于使我感到我在这美妙的逗留期间所过的沉思与孤寂的生活是何等可贵。这样的生活现在为何还不重现？我为什么不能到这亲爱的岛上去度过我的余年，永远不再离开，永远也不再看到任何大陆居民！看到他们就会想起他们多年来兴高采烈地加之于我的种种灾难。他们不久就将被人永远遗忘，但他们肯定不会把我忘却；不过，这又有什么关系？反正他们没有任何办法来搅乱我的安宁。摆脱了纷繁的社会生活所形成的种种尘世的情欲，我的灵魂就经常神游于这一氛围之上，提前跟天使们亲切交谈，并希望不久就将进入这一行列。我知道，人们将竭力避免把这样一处甘美的退隐之所交还给我，他们早就不愿让我待在那里。但是他们却阻止不了我每天振想象之翼飞到那里，一连几个小时重尝我住在那里时的喜悦。我还可以做一件更美妙的事，那就是我可以尽情想象。假如我设想我现在就在岛上，我不是同样可以遐想吗？我甚至还可以更进一步，在抽象的、单调的遐想的魅力之外，再添上一些可爱的形象，使得这一遐想更为生动活泼。在我心醉神迷时这些形象所代表的究竟是什么，连我的感官也时常是不甚清楚的；现在遐想越来越深入，它们也就被勾画得越来越清晰了。跟我当年真在那里时相比，我现在时常是更融洽地生活在这些形象之中，心情也更加舒畅。不幸的是，随着想象力的衰退，这些形象也就越来越难以映上脑际，而且也不能长时间地停留。唉！正当一个人开始摆脱他的躯壳时，他的视线却被他的躯壳阻挡得最厉害！

（冯至　译）

回"尚贝里"

……

不久就要见到我那可爱的妈妈了,我热烈地期待着这一天的到来,这时我的幻想暂时转入休眠状态;实际的幸福既然就在眼前,我也就不必再在胡思乱想中去追求幸福了。我不仅就要再次和她相会,而且由她给我就近找一个惬意的职业。她在信中提到,她为我找到了一个工作,她希望这个工作会对我合适,而且可以使我不离开她。我曾挖空心思猜测究竟是个怎样的工作,但实际上也只能是猜猜而已。我有了足够的旅费,可以舒舒服服地走完这段路程。夏特莱小姐希望我骑马去,我拒绝了,这是对的,我如果骑马,那就失去了我一生中最后一次徒步旅行的快乐了。我住在莫蒂埃①的时候,我虽然常去附近一带地方走走,但我不能把这种走动称之为徒步旅行。

真奇怪,我的幻想只是在我的境遇最不顺利的时候才最惬意地出现在我的脑际,当我周围的一切都是喜气洋洋的时候,反而不那么饶有趣味了。我这执拗的头脑不能适应现实事物。它不满足

---

① 莫蒂埃是瑞士特拉维尔山谷中的一个地方。卢梭于1762至1765年曾在那里居住,他在此地居住的时候,在山中做过多次以采集植物为目的的旅行。

于只美化现实,它还想到要创造现实。现实中的事物充其量不过是按原来的样子展现在我的头脑中;而我的头脑却善于装饰想象中的事物。我必须在冬天才能描绘春天,必须蛰居在自己的斗室中才能描绘美丽的风景。我曾说过多次,如果我被监禁在巴士底监狱,我一定会绘出一幅自由之图。我从里昂动身的时候,我只看到令人惬意的未来。我在离开巴黎的当时心里是多么不快,现在心里又是多么高兴啊!而这种高兴完全是有理由的。然而,我在这次旅行中却丝毫没有上次旅行中的那种甜蜜美妙的幻想。这一次,我的心情确实轻松愉快,然而也只此罢了。我以激动的心情,一步一步地接近了我又要见到的最好的女友。我预先就享受到生活在她身边的快乐了,但是,我并不感到陶醉,这种快乐一直在我意料之中,所以一旦到来,并无任何新奇之感。我为我将去做的工作感到不安,好像那是一件值得十分忧虑的事情一样。我的思想是恬静和甜蜜的,但并不是虚幻缥缈、美妙诱人的。我在一路上所见到的东西样样都能引我注目,所有的景色都使我神往。我留意着树木、房屋、溪流;到了十字路口时,我反复寻思应走的方向,唯恐迷了路,可是我一点也没有迷路。总之,我已不像上次那样,心在九霄云外;我的心有时在我所到的地方,有时在我所要去的地方,没有一刻离开现实。

　　叙述自己的旅行正如同在旅行中一样,我不急于结束它。在快到我那可爱的妈妈身边的时候,我的心高兴得直跳,但是我没有因此而加快步伐。我喜欢从容不迫地走路,想停就停。漂泊的生活正是我需要的生活。在天朗气清的日子里,不慌不忙地在景色宜人的地方信步而行,最后以一件称心的事情结束我的旅程,这是各种生活方式中最合我口味的生活方式。另外,大家也知道什么样的地方才是我所说的景色宜人的地方。一个平原,不管那儿多么美丽,在我看来绝不是美丽的地方。我所需要的是激流、巉岩、苍翠的松杉、幽暗的树林、高山、崎岖的山路以及在我两侧使我感到胆战心惊的深谷。这次我获得了这种快乐,而且在我走近尚贝里的时候,纵情享受了这种迷人的风光。在厄歇勒峡的峭壁悬崖附近的一处名叫夏耶的地方,在山崖中凿成的一条大路下面,有一道涧水在骇人的深谷中滚滚流过,它好像是经过了千万年的努力,才为自己开辟了这条通道。为了防止发生不幸事件,人们在路旁架上了栏杆。正是由于有了这道栏杆,我才敢尽情地往下看,以致看得我头晕目眩,在我对于峭壁陡崖的爱好中,我觉得最有意思的就是这种可以使我头晕目眩的地方,只要我处在安全地带,我是非常喜欢这种晕眩的。我紧紧地伏在栏杆上俯身下望,就这样站了好几个钟头,不时地望着蓝色的涧水和水中激起的泡沫,听着那汹涌澎湃的激流的吼叫声,在我脚下一百土瓦兹[①]的地方,在山岩树丛之间,乌鸦和鸷鸟飞来飞去,它们的啼叫声和水流声相互交织在一起。我走到比较平坦、树丛也不太密的地方,找了一些我能搬得动的大石块,把它们放在栏杆上,然后一块一块地推下去,我望着它们滚动着、蹦跳着落到了谷底,碰碎的无数石片到处乱飞,心里非常快活。

在离尚贝里更近的地方,我见到了与此不同而一样有趣的奇景。这条路经过我一生所见到的最美丽的一条瀑布脚下,由于山势非常陡峭,急流夺道而出,落下时形成弓形,足够让人从岩石和瀑布之间走过,有时身上还可以不被沾湿。然而,如果不注意,是很容易上当的,我那次就上了当:因为水从极高的地方流下,散成蒙蒙细雨,如果离得太近,最初还不觉得自己被淋湿,可是不多久

[①] 法国旧时的长度单位,约等于2米。

就会发现全身已经湿透了。

  我终于到达了目的地,又见到了她。那天,她并不是独自一人,我进门的时候,宫廷事务总管正在她那里。她一句话也没说,就拉着我的手,以她那种叫任何人都倾心的亲切姿态向总管介绍说:"先生,这就是我向您说过的那个可怜的年轻人,请您多加关照吧,他值得您关照多久就关照他多久,这样,我以后就不用为他操心了。"然后她又向我说:"我的孩子,今后你是国王的人了,感谢总管先生吧,他给你找到了饭碗。"我当时目瞪口呆,一句话也说不出来,不知道怎么想才好。

  ……

(黎星　译)

快乐的一天

……

有一天,黎明的景色十分美丽,我赶紧穿上衣服跑到野外去看日出。我尽情地享受了这种快乐,那是圣约翰节以后的那个星期。大地披上了华丽的衣装,花草遍地,色彩斑斓;夜莺啼春已近尾声,唱得仿佛格外卖劲;百鸟用大合唱送别残春和迎接美丽夏日的降临。这是我这样的年纪不可再见的一个美丽的日子,是我现在居住的这块凄凉的土地①上的人们从来没有见过的一天。

我不知不觉地走出了城市,暑热不断上升,我沿着一个小山谷的树阴下踽踽独行,有一条小溪从旁流过。这时后面传来了马蹄声和少女的喊叫声,她们似乎遇到了什么困难,但是,那尽情的欢笑声并未有所收敛。我回过头来,听见她们正喊着我的名字,我走到跟前一看,原来是我认识的两位姑娘:葛莱芬丽小姐和加蕾小姐。她们骑马的技术并不高明,不知怎样让马涉过小溪。葛莱芬丽小姐是个十分可爱的伯尔尼姑娘,因为在家乡做了一些在她那

---

① 这里所说的"凄凉的土地"是指英国斯塔福夏郡的伍顿。卢梭离开瑞士以后,于 1766 至 1767 年在那里继续写他的《忏悔录》。

种年龄易于做出来的蠢事而被赶了出来,她便效仿起华伦夫人的榜样。我在华伦夫人家里见过她几次。她可不像华伦夫人那样领有一份年金,不过她的命运总算不错,得到了加蕾小姐的欢心。加蕾小姐和她很投机,请求母亲同意她在没有找到职业以前给自己做做伴。加蕾小姐比葛莱芬丽小姐小一岁,而且比葛莱芬丽更美些,她的举止有一种说不出来的娴雅大方,同时她还有一副发育得很好的优美身段,这是一个少女所拥有的最大魅力。她们情致绵绵地相互欣赏,而且,从两个人的温柔性格上说,要是没有情人来干扰她们,这种亲密的友谊关系一定会保持很久的。她们对我说,她们要到托讷去,那里有加蕾夫人的一个古堡,她们自己不会驱马过河,求我帮帮忙。我想用鞭子从后面赶,她们怕我被马踢着,又怕自己给摔下来。于是我就采取了另一种办法,我拉住加蕾小姐的马缰绳,牵着它过了河,另一匹马也毫不费事地就跟着过来了,但我的衣服却因此湿过了膝盖。完事以后,我想和两位小姐告别,然后像个傻瓜似的走开。但是,她们俩低声说了几句话以后,葛莱芬丽小姐就向我说:"不行,不行,我们不能这样放你走,你为了帮我们,衣服都弄湿了,我们要是不给你把衣服弄干,那是过意不去的,请你跟我们一起走吧,现在你已经是我们的俘虏了。"我的心怦怦直跳,一双眼睛盯着加蕾小姐。她看到我惊慌失措的样子,笑着补充说:"是呀,是呀,战俘,快上马,骑在她的后边,我们要拿你去做个交代。""不,小姐,我不曾有幸认识你的母亲,她看到我会说些什么呢?"葛莱芬丽小姐接口说:"她的母亲不在古堡,除了我们俩以外,没有别人;我们今天晚上还回来,到时候你再和我们一块回来吧。"

这几句话在我身上发生的效果比电还快。我跳到葛莱芬丽小姐的马上的时候,欢喜得浑身在颤抖。而且,为了能够骑得稳,我不得不搂着她的腰,这时,我的心跳得那样厉害,连她都感觉出来了。她对我说,她因为害怕掉下去,自己的心也跳得很厉害。拿当时我身子的位置来说,这几乎可以说是邀请我摸一摸她的心是不是果真在跳,但我始终没敢那样做。一路上,我只是一直用我的两只胳膊给她当腰带,勒得的确很紧,可是一点儿也没有挪动。有的女人读到这里,也许很想打我几个耳光,这是有道理的。

旅行中的快活,少女们喋喋不休的谈话,也大大刺激了我好说话的毛病,因此一直到晚上,只要我们在一起,就没有片刻住过嘴。她们尽量不让我拘泥,于是我的舌头和我的眼睛全都说起话来了,虽然这两者所表达的意思不一样。只有那么一阵儿,在我和这一位或那一位姑娘单独在一起的时候,谈话才有点儿不太自然,不过,离开的那一位马上就会回来,始终没容我们有足够的时间来摸清彼此发窘的原因。

到达托讷以后,我先烘干自己的衣服,接着我们就吃早点。随后最主要的一件事便是准备午饭。两位小姐做饭的时候,不时地丢下自己的工作去吻佃户们的孩子,我这个可怜的帮手怀着难以忍受的心情只好在一旁瞧着。吃的是早就从城里送去的,做一顿丰盛午餐的东西应有尽有,尤其是点心更丰富;美中不足的是忘记把酒带来了。对于不大喝酒的小姐们来说,这本是不足为奇的,但是,我却感到遗憾,因为我还指望喝点酒壮壮胆子。她们对此也深感不悦,也许是由于同样的原因吧,不过,我不相信是这样。她们那种活泼而可爱的高兴劲儿,简直是质朴、天真的化身;再说,她们俩和我还能出什么事呢?她们派人到附近各处去找酒,但是一点也没有找到,因为这个地方的农民非常俭朴和穷困。她们向我表示歉意;我对她们说,不要为此过分为难,她们不用酒就会把我灌醉的。这是我那天敢于向她们说的唯一一句献殷勤的话,但是,我认为这两个调皮姑娘一定看得很清楚,这不是一句空话。

我们在佃户的厨房里吃午饭,两位女友坐在一张长桌子两头的凳子上,她们的客人坐在她们中间的一只三条腿的小圆凳上。这是多么美味的一顿午餐啊!这又是多么迷人的一段回忆啊!一个人付出那么一点点代价就能享受那样纯洁、那样真实的快乐,何必还去寻找别的欢乐呢?就是在巴黎的任何地方也不会吃到这样的午餐。我这话不单单指它带来的欢乐与甜蜜,也是指肉体上的享受。

午饭后,我们采取了一项节约措施:我们没喝掉早餐留下的咖啡,而把咖啡跟她们带来的奶油和点心一起留待下午吃茶的时候。为了促进我们的食欲,我们还到果园里去用樱桃来代替我们午餐的最后一道点心。我爬到树上,连枝带叶地一把把往下扔樱桃,她们则用樱桃核隔着树枝向我扔来。有一次,加蕾小姐张开了她的围裙,向后仰着脑袋,拉好等着接的架势,而我瞄得那样准,正好把一束樱桃扔到她身上,当时我们是怎样哈哈大笑啊!我自己心里想:"为什么我的嘴唇不是樱桃!要是把我的两片嘴唇也扔到那同样的地方,那该有多美啊!"

这一天完全是在无拘无束的嬉笑中度过,但是,我们却始终规规矩矩。没说一句暧昧的话,也没开一句冒失的玩笑,而且我们这种规规矩矩绝不是勉强的,而是十分自然,我们心里怎样想,也就怎样表现出来。总之,我十分拘谨(别人可能说我这是愚蠢),以致我由于情不自禁而做出的最大的放肆行为就是吻了一次加蕾小姐的手。说真的,当时的情况正好使这种小小的优惠具有特别的价值。房间里只有我们两个人,我的呼吸感到急促,她也不抬头,我的嘴没有说话,就匆匆地吻了一下她的手,她轻轻地把我吻过的手缩了回去,望着我并没有显出一点怒容,我不知道当时我还能对她说出什么话来。可是,她的女伴进来了,在这一刹那间,她在我眼里显得丑了。

最后,她们想起不该等天黑再往回走,这时剩下的时间刚够我们在天黑前赶到城里,于是我们就像来的时候那样启程了。我要是大胆一些,一定会变动一下原来的位置的。因为加蕾小姐的那一眼强烈地搅动了我的心,但是我一句话也不敢说,而改变位置的建议又不能由她来提出。在归途中,我们说这一天就这样结束了真是可惜,不过,我们绝对没有抱怨时光太短,因为我们认为,我们既以种种游戏充实了这一天,我们就已经获得延长这一天的秘密了。

我几乎就是在她们遇到我的那个地方和她们分手的。我们分手时是多么依依不舍啊!我们又是怀着怎样喜悦的心情约定再次见面啊!我们一起消磨掉的十二小时,在我们心里不亚于几个世纪的亲密关系。对这一天的甜蜜回忆不会给这两个可爱的少女带来任何损失;我们三个人之间的温馨的情谊,胜于更强烈的肉感乐趣,而这两者是不能并存的。我们毫无秘密、毫无羞愧地相爱着,而且,我们愿意永远这样相爱。纯洁的品性里有其特有的乐趣,这种乐趣不亚于另一种肉感之乐,因为它不会松弛,不会中断。至于我,对这样一个美好日子的回忆,比我一辈子所享受过的任何欢乐都更使我感动,使我心醉,使我留恋。我不明白自己对这两个可爱的姑娘到底有什么希求,但是我对她们俩都非常关心。可是,这并不等于说,如果由我自己来安排,我的心对两个人是一样的。我的感情上稍稍有一点偏爱;要是葛莱芬丽小姐作我的情人,那固然是我的幸福,然而,如果完全由我选择的话,我更愿意把她当作自己的密友。不管怎么样,在我离开她们俩的时候,我觉得我随便少了哪一个都是活不下去的。可当时谁能说,我今后再也见不到她们,而且我们那短暂的爱情就此结束了呢?

……

(黎星 译)

蒙莫朗西园林

......

　　蒙莫朗西园林不是和舍弗莱特园林那样修在平地上的,而是起伏不平,间有小丘和洼地,那巧妙的艺术家就利用这些陵谷来使丛林、水流、装饰和景色千变万化,把本身相当局限的一片空间,可以说凭艺术和天才的力量扩大了许多倍。这园林的高处是那片平台和府第,底部形成一个隘口,向一个山谷伸展和扩大,拐弯处是一片大水池。大水池的四周都是山坡,被幽丛和大树点缀得非常美丽,隘口宽阔处是一个橙树园,在橙树园与大水池中间就是那个小府第。这座建筑物和周围那块地以前是属于那著名的勒·布伦①的,这位大画师着意用他那修养有素的建筑与装饰的绝妙美感,建筑并装饰了这所房屋。这个府第后来又经重建,但始终还依照原主的图样。房子很小,很简单,但很雅致。因为它是在谷底,介乎橙园的小塘和那个大水池之间,很容易受潮,就在房子当中穿了一个明廊,上下两层排柱,使空气可以在全屋流通,所以虽然地点低湿,还可以保持干燥。当你从对面为房子作远景的那带高地

---

　　① 勒·布伦(1619—1690),路易十四时代的宫廷画师,任绘画院院长,凡尔赛宫装饰工作的主持人,为一代画家,对法国绘画艺术的发展影响极大。

望这所房子的时候,房子就像是被水环绕着一样,你简直以为看见了一个迷人的小岛,或者是看见了马约尔湖内三个波罗美岛当中最美丽的 Isola bella①。

他们叫我在这所幽静的建筑里挑选一套房间——里面的房间一共有四套,楼下一层还有舞厅、弹子房和厨房。我就挑了厨房顶上那最小、最简单的一套,连下面的厨房我也占用了。这套房间十净极了,家具都是白色和蓝色的。我就是在这个深沉恬静的幽境里,对着四周的林泉,听着各种鸟儿的歌声,闻着橙花的香气,在悠然神往中写了《爱弥儿》的第五卷。这卷书的清新色彩,大部分都是得之于写书的环境所给我的那种强烈印象。

每天早晨,在太阳上山的时候,我是多么急于到那条明廊上去呼吸馨香的空气啊!我在那里,和我的戴莱丝面对面,吃到了多么好的牛奶咖啡啊!我那只猫和那只狗都陪着我们。这样的陪伴够叫我一辈子都满足的,绝不会感到一刻的厌烦。我在那里真像是住在人间天堂;我生活得跟在天堂一样纯真,品尝着天堂一样的幸福。

在七月的那次小住期间,卢森堡先生和夫人对我那么关怀,那么亲切,以致我,既然住在他们家里,又备受他们款待,就不得不经常去看他们,作为对盛情的报答。我差不多顷刻不离他们了:早晨我去问候元帅夫人,就在那里吃午餐;下午我又去跟元帅先生一同散步;但是我不在那里吃晚饭,因为贵宾太多,饭又吃得太晚。直到那时为止,一切都还很合适,如果我懂得适可而止的话,就没有什么坏处了。但是我从来就不懂得在情谊上保持中庸之道,不

---

① 意大利文:美丽的岛。按:马约尔湖在意大利与瑞士之间,以风景秀丽著称。

懂得以尽我的社交职责为限。我生平对人不是全心全意,就是无心无意;不久,我就变得全心全意的了。我看我被这样高贵的人们款待着、宠爱着,便超越了界限,对他们产生了一种只有对地位相等的人才允许有的友谊。我在行动中表现了这种友谊的全部亲呢,而他们呢,在他们的行动中却从来不放松他们使我受惯了的那种礼貌。然而,我跟元帅夫人在一起,总是不十分自在,虽然我对她的性格还不怎么放心,可是我对她的性格的害怕还不及对她的才智的害怕。特别是在这方面,她使我肃然起敬。我知道她在谈话中对人非常挑剔,知道她也是有权这样做的。我知道太太们,特别是贵妇人们,要人家取悦她们,而你宁可冒犯她们,也不能叫她们感到厌烦;根据客人走后她对客人说的话所作的评论,我就判断出她对我的语言迟钝会作何感想了。我想起了一个补充办法,以挽救我在她跟前说话时所感到的尴尬;这办法就是念书给她听。她听说过《朱丽》那部书,也知道这部书正在印刷中,就表示急于要看到这部作品。我为了献殷勤,提出要念给她听,她接受了。我每天上午十点左右到她房里去,卢森堡先生也来了,把房门关上,我就坐在她床边念。我的诵读是精心安排了的,即使他们这次小住没有中断①,也够供整个小住期间之用了。

……

(范希衡 译)

---

① 一个大败仗使国王很伤心,迫使卢森堡先生匆匆回朝去了。——卢梭原注。

露天过夜

……

我在露天下过夜,躺在地上或一条长凳上同躺在温暖舒适的床上睡得一样安静。我记得有一次是在城外,不知是在罗尼河畔还是在索纳河畔的一条蜿蜒曲折的小路上过了一个十分愉快的夜晚。对岸的那条路沿途都是一些垒成高台的小花园。那一天白昼非常热,傍晚的景色却令人陶醉:露水滋润着萎靡的花草,没有风,四周异常宁静,空气凉爽宜人;日落之际,天空一片深红色的云霭,映照在水面上,把河水染成了蔷薇色;高台那边的树上,夜莺成群,它们的歌声此呼彼应。我在那里漫步,恍若置身仙境,听凭我的感官和心灵尽情享受;使我稍感遗憾的是我一个人独享其乐。我沉浸在甜蜜的梦幻中,一直走到深夜也不知疲倦。但是最后还是感到疲倦了。我舒舒服服地在高台花园的一个壁龛(那里也许是凹入高台围墙里面的一个假门)的石板上睡下了。浓密的树梢构成了我的床帐,我上面正好有只夜莺,我随着它的歌声进入了梦乡。我睡得很甜,醒来时更觉舒畅。天大亮了,睁眼一看,河水、草木尽在目前,真是一片美妙的景色。我站立起来,抖了抖衣服,觉得有点饿了,我愉快地向市内走去,决心用我剩下的两个小银币好好地吃一顿早饭。我的情绪非常好,唱了一路,我现在还记得我唱的是巴迪斯坦的一个小曲,歌名叫《托梅利的温泉》,那时我会背诵这支歌的全部歌词。应该好好感谢好心的巴迪斯坦和他那首优美的小曲,他不仅使我吃到了比我原来打算吃的还要好的一顿早饭,而且还使我吃了一顿我丝毫没有料到的精美的午饭。在我得意洋洋边走边唱的时候,我听见身后好像有人,回头一看,只见一位安多尼会的教士跟着我,看来他不无兴趣地在听我唱歌。他走到我跟前,向我问了好,接着就问我会不会音乐,我回答说:"会一点",言外之意是"会不少"。他继续询问我,我便向他叙述了我一部分经历。他问我是否抄过乐谱。我对他说:"经常抄。"这也是实话,我学音乐最好的方法就是抄乐谱。于是他对我说:"好吧,你跟我来,我给你找几天活儿干,只要你答应我不出屋子,这几天你什么也不会缺。"我非常高兴,就跟他去了。

……

(柳鸣九　译)

华伦夫人

……

我终于到达了安讷西,见到了华伦夫人。我一生中的这个时期决定了我的性格,我绝不能轻轻地略过不谈。那时我已经十六岁半。我虽然不能说是一个美少年,但是我那小小的身材却很匀称,腿脚纤小玲珑,神态洒脱,容貌清秀,嘴小而可爱,乌黑的眉毛和头发,一双小而微陷的眼睛有力地放射出热血中烧的光芒。然而遗憾的是我当时对于这一切丝毫没有理会,而且我从来也未曾想到过我的风采,只是在以后我已不能拿它取得好处的时候才想到过一下。因此我除了因年龄关系而胆怯以外,同时还因为天生多情而胆怯,我总是怕自己使别人不痛快。此外,虽然我的知识已经相当丰富,但是我从来没有见过世面,对社交方面的礼节习惯完全不懂,我的知识不但不能弥补我的短处,反而使我越发感觉到自己在这方面的缺陷,因此更加胆怯了。

由于担心自己的拜访得不到华伦夫人的垂青,我便采用了别的有利的方法。我以演说家的手法写了一封辞藻华丽的信,在信上把书中看到的名句和小徒弟的日常用语组合在一起,为了博得华伦夫人的好感,我施展了我所有的才华。我把德·彭维尔先生的信封在我的信里,然后带着惶恐的心情进行这次非同小可的拜谒。当时正逢华伦夫人不在家,人们对我说她刚刚出门到教堂去了。这是1728年举行圣枝仪式①的日子。我跑着赶上前去:我看到了她,追上了她,和她谈了话……我想我永远忘不了那个地方。此后我曾多少次把我的眼泪洒在这个地方,用我的热吻吻这个地方啊!哎!我真想用金栏杆把这块幸福的地方围起来②,使全世界的人都来瞻仰它!谁尊重人类得救的纪念物,谁就该跪拜前进到该纪念物的跟前。

她的住宅后面,有一条走道,右边有一条小溪把房舍和花园隔开,左边是院墙,有一个便门通向方济各会③的教堂。华伦夫人正要进入这道门的时候,听到我的声音便转过头来。这一刹那,我真不知惊讶到了什么程度!我本来以为她一定是个面目可憎、老态龙钟的丑老婆子,我认为德·彭维尔先生说的善心的太太只能是这个样子;然而我现在所见到的却是一个风韵十足的面庞,一双柔情美丽的大蓝眼睛,光彩闪耀的肤色,动人心魄的胸部的轮廓——我这新入教的年轻信徒,一眼便把她完全看遍了。我立刻被她俘虏了。毫无疑问,用这样的传教士来传教,一定会把人领进教堂的。我用哆哆嗦嗦的手把信递给她,她笑盈盈地接过去拆开,在德·彭维尔先生的信上瞥了一眼,就来看我写的信,并且从头看到尾,如果不是她的仆人告诉她到了进教堂的时候,恐怕她还要看一遍。她对我说:"哎,孩子,"她的声音使我战栗,"你这样年轻就到处漂泊,实在太可惜了。"她不等我回答又接着说:"到家里去等我

---

① 也称圣枝主日,即复活节前的一个星期日,因为那一天要在教堂拿着树枝举行游堂礼。
② 两世纪以后,即1928年,这个栏杆在德·华伦夫人故宅的基地上(在让-雅克·卢梭街安讷西司教馆的院子里)终于建立起来了。
③ 13世纪初由亚西西的圣方济所创立的天主教苦修会。

吧,叫他们给你预备早饭,弥撒以后我就来和你谈谈。"

路易丝·爱丽欧诺尔·德·华伦是伏沃州佛威市的古老贵族拉图尔·德·比勒家的小姐。她很年轻的时候就和洛桑市罗华家的威拉尔丹先生的长子华伦先生结婚,婚后没有生养子女。由于这桩婚姻不大美满,又受了些家庭纠纷的烦恼,华伦夫人就趁维克多-亚梅德王①到艾维安来的机会,渡过湖去,拜伏于这位国王的膝下;就这样,由于一时的轻率,她抛弃了她的丈夫、她的家庭和她的故乡。她的轻率和我很相似,并且也常常因此而非常懊悔。这位喜欢装作是热心肠的天主教徒的国王便把华伦夫人收留在他的庇护之下,并且给她一千五百皮埃蒙特银币的年金。从一位并不好挥霍的国王手中拿出这样一笔款子,也算是很可观的了。然而,当他得知有人认为他这样收留华伦夫人是对她有爱恋之意的时候,他就派了一支卫队把她护送到安讷西来。在这里,她在日内瓦名誉主教米歇尔-加俾厄尔·德·贝尔奈的主持下,在圣母访问会女修道院里发誓放弃新教,皈依了天主教。

我来到安讷西的时候,她已在这里住了六年,她是和本世纪一同诞生的,当时二十八岁。她的美不在面貌上,而是在风姿上,因此经久不衰,现在仍保有当初少女的风采。她的态度亲切妩媚,目光十分温柔,嫣然一笑好像一个天使,她的嘴和我的嘴一般大小,美丽的灰发也是很少见的,她漫不经心地随便一梳,就增添了不少风韵。她的身材不高,甚至有点矮小,致使她的体态稍嫌矮胖,虽然没有什么不相称的地方,但是,要找比她那样更美的头、更美的胸部、更美的手和更美的胳膊,那是办不到的事。

她所受的教育是非常杂乱的。她也和我一样,生下来就失去

---

① 即撒丁王,1720年以前为萨瓦大公。

了母亲,因而漫无条理地遇到什么就学什么,从她家庭女教师那里学了一点,从她父亲那里学了一点,从她学校的老师们那里学了一点,而且,从她的情人们那里学的更不少,特别是从一位达维尔先生那里学的最多。这位先生是一个又风雅又有学识的人,并以他的风雅和学识美化了他所喜爱的女人。可是,种种不同的教育是要互相干扰的,而她又不曾很好地加以安排,因此,她所学的东西便不能正确发挥她那天赋的智慧。虽然她学到了一些哲学和物理学的原理,但同时也沾染上了她父亲的对经验医学及炼金术的喜好;她制造过各种液体配剂、酊剂、芥香剂与所谓的神奇妙药,并且自以为有一些秘诀。一些江湖术士便利用她的弱点包围了她,纠缠她,使她倾家荡产,在药炉和药剂之中消耗她的才智、天资和风韵。但以她这种才智、天资和风韵本可以在上流社会中受到极大欢迎的。

尽管那些卑鄙的骗子流氓利用她走入歧途的教育来迷惑她的理智,她那高尚的心灵却丝毫没有受影响,始终如一:她那爱人而又温和的性格,她那对不幸者的同情,她那无限的仁慈,她那愉快、开朗而率直的性情从来没有改变。甚至就是在她接近晚年陷入贫困、疾病和种种灾难的时候,她那爽朗的美丽灵魂仍然使她保持着最幸福时日的愉快,直到死亡。

她的一些谬误的根源在于她总想利用她那取之不尽的精力从事各样活动。她喜欢做的不是妇女们那些偷偷摸摸的艳事,而是要创办和主持一些事业,她是生来就想做一番大事的。隆格威尔夫人①要是处在她这种地位只能是一个迷惑人的荡妇,而她要是

---

① 隆格威尔夫人(1619—1679),17 世纪法国统帅康德大公的姐姐,公爵夫人;在投石党时代起过重要作用。

处在隆格威尔夫人的地位，一定会治理国家。她是个怀才不遇的女人，她的那些才能，如果她处在较高的地位，能使她享有盛名，而她实际所处的那种地位，却把她毁灭了。她处理事情的时候，总是好大喜功，好高骛远，因此，她所采用的方法，实际上是心有余而力不足的方法，结果由于别人的过错而告失败。她的计划没有成功，别人几乎毫无损失，而她却毁灭了。这种事业心虽然给她造成了那么多的灾害，但是至少对她有一个很大的好处，那就是在她被劝诱避居女修道院的时候，阻碍了她在修道院里终其余年。没有变化的、单调的修女生活，小客室中无聊的谈话，不能使一个脑筋总在活动的人心满意足，因为她每天都在拟定新的计划，她需要自由，以便完成那些计划。那位仁慈的贝尔奈主教虽然不如弗朗索瓦·德·撒勒那样富于才智，却与德·撒勒有不少相似之点；他把华伦夫人称作他的女儿，而华伦夫人则有许多地方像尚达耳夫人①。要不是她的性情把她从女修道院的闲逸生活中拉出来，而是在那里隐居下去的话，那就更像尚达耳夫人了。新近皈依教会的女教徒，在主教指导下做一些细微的虔诚修行的事情，是应该的，但这个可爱的妇人如果不如此，也绝不能说她缺乏虔诚。不管她改教的动机是什么，她是忠于这个宗教的。她可以悔恨自己犯了一次错误，但绝不希望弥补这个错误。她不仅临死的时候是个很好的天主教徒，而且在真诚的信仰中度过她的一生，我了解她的心灵深处，我敢肯定，她只是因为讨厌装模作样才决不当众表现她是一位虔诚的女信徒，她的信仰非常坚固，用不着装作虔诚。不过，这里不是大谈特谈她的信仰的地方，以后有机会再说。

---

① 弗朗索瓦·德·撒勒是日内瓦的名誉主教，驻在安讷西。他于1610年创立圣母访问会女修道院，并使若讷·德·尚达耳进了该院，以后还让她当了该院院长。他称尚达耳为"他的"女儿。

一切否认心灵感应的人,假使他们能够的话,就请他们讲讲吧,为什么我和华伦夫人第一次会面,第一次交谈,第一次凝视,就不仅令我对她无限钟情,而且产生了一种对她永不磨灭的完全的信赖。假使我对她的感情是真正出自爱情——至少看到我们交往史的人会认为是可疑的,那么,为什么这种爱情一产生,伴随着的却是与爱情无关的内心平静、镇定、宁静、可靠和信赖等等情绪呢?为什么我初次接近一位和蔼、端庄、令人眩惑的女人,接近一位身份比我高而我从未接触过的贵妇人,接近一个能以她对我关心的程度来决定我命运的女人,总之,为什么当我初次去接近这样一个女人的时候,就立刻感到自由自在和轻松愉快,就好像我有充分信心能讨她欢心呢?我为什么一点儿也没感到窘迫、羞怯、拘束呢?我这个天性羞怯、遇事手足无措、从未见过世面的人,为什么第一天、第一瞬间的相处,便和她好像有了十年亲交而自然形成的那种举止随便、言谈温柔和语调亲昵呢?我不谈没有无欲望的爱情,因为我是有欲望的,世界上能有既无挂虑、又无嫉妒心的爱情吗?人不是都想知道一下自己所爱的对象是否爱自己么?可是我一辈子没有想到向她提出这个问题,我只想到问我自己是否爱她;她对我也是如此,对于这个事,她从来没有表现得比我更加关心。我对这位动人的女人的感情中一定有点什么奇异的东西,大家在后面将会看到一些意料不到的怪事。

这时要谈的是关于我的前途的问题,为了从从容容地谈论这件事,她留我共进午餐。这是我有生以来第一次吃饭的时候没有食欲,连她那伺候我们用饭的女仆也说,像我这样年龄、这样体格、远道而来的客人竟这样不想吃饭,这是她从来没有见过的。这些话并没有使女主人对我产生什么不好的印象,倒似乎使那和我们一起进餐的一个大胖子感到难堪,他一个人狼吞虎咽,吃了足够六个人的饭。我完全陷入心神恍惚的状态,不想吃东西。我的心完全被一种新的情绪所占据,我不能再考虑任何其他事物了。

华伦夫人想知道我过去的详情,为了向她述说我那短短的历史,我又恢复了在师傅家中失去的那种满腔热情。我越激起这个杰出的女人对我的关怀,她就越对我即将遇到的不幸表示惋惜。她的神态、眼神和举动,都流露着亲切的同情。她不敢劝我回日内瓦,就她所处的地位说来,如果她这样劝我,那是悖逆天主教的一大罪行,她很知道现在她怎样受监视,她所说的话怎样被注意。然而她以一种极其动人的口吻对我叙说我父亲的痛苦,人们可以清楚地看出:她这是赞成我回去安慰我的父亲。她没想到她这样不知不觉说出来的话对她自己是多么不利。我不仅已经拿定了主意不回日内瓦去——这一点似乎已经说过了,而且,我越感到她善于辞令,富于说服力,她那些话越打动我的心,我就越离不开她。我觉得回日内瓦去就是在她和我之间筑一道几乎不可逾越的障碍,势必再来一次逃跑,那就不如一狠心坚持下来,而我也就这样坚持下来了。华伦夫人看到自己白费劲,也就到此为止,以免连累自己,但是她用一种怜悯的眼光望着我说:"可怜的孩子,你应该到上帝召唤你去的地方,你将来长大成人,就会想起我的。"我相信她自己也没料到这个预言居然残酷无情地应验了。

困难依然没有解决。像我这样小小年纪,远离家乡,怎样生存下去呢?学徒期刚刚过了一半,说起精通那行手艺还差得远呢。而且即使精通,也不能在萨瓦赖以为生,因为这个地方太穷了,养活不起手艺人。替我们吃饭的那个大胖子,由于不得不暂停一会儿,以便歇一歇他的腭骨,于是发表了一个意见,他说这个意见是来自天上的,可是,从结果来看,倒不如说是从反面那里来的。他的意见是让我到都灵去,那里有一个为训练准备行洗礼的新入教者而建立的教养院,他说要是我到那里去,不仅是灵魂和肉体生活都有了着落,等到我领了圣体以后,我还可以依靠善男信女的慈悲,找到一个适当的位置。"至于路费,"那个大胖子继续说,"只要夫人向主教大人把这件善事提出来,他一定会发善心供给的,而且男爵夫人非常慈善,"他一面在他菜碟上颔首致意,一面说,"也一定乐于解囊相助的。"

我觉得所有这些馈赠都非常令人难堪,我心里很不好受,什么话也没说。华伦夫人对采纳这个计划并不像提议人那样热心,只是回答说,对于这个善事,人人都该量力而行,她可以和主教谈谈。但是,我们这位人形魔鬼因为这件事对自己有点小便宜,唯恐华伦夫人不按他的意思去谈,便立即通知那些管事的神职人员,并且跟这些善心的神甫都说好了,所以当华伦夫人不放心我去旅行而要向主教谈这件事的时候,她发现事情已成定局,主教当时就把给我的一小笔旅费交给了她。她没敢坚持叫我留下,因为拿我已届的年龄来说,像她那样年龄的女人要把我这样一个青年人留在身边是不合适的。

我的行程既然由照顾我的人们这样决定了,当然只有服从,甚至我在服从的时候也没有什么反感,虽然都灵比日内瓦远,但我认为:由于它是首都①,和安讷西的关系总比和一个不同国家、不同宗教的城市的关系要密切些;再说,听从华伦夫人的话我才动身,我认为依然是在夫人的指导之下生活,这比在她身边生活更好。而且,这次远途旅行,正适合我那已形成的漫游癖好,我觉得像我这样的年岁就能爬山越岭,登临阿尔卑斯山的高峰俯视朋辈,真是件美事。各处遨游乃是日内瓦人几乎无法抗拒的诱惑,所以我同

---

① 都灵当时是撒丁王国的首都。

意了。那个大胖子两天之后就要和他妻子一同动身,于是我就被托付给他们,由他们来照顾我。我那由华伦夫人给添了不少钱的钱包也交给了他,另外,华伦夫人还私下给了我一点钱和东西,并且周详地嘱咐了我一番,然后我们就在复活节前的星期三启程了。

……

(黎星 译)

巴西勒太太

……

　　有一天清早，我从公特拉诺瓦街经过，透过一家商店的橱窗，看见一个年轻的女店主，她风度优美，相貌动人，尽管我在女人面前很腼腆，我还是毫不犹豫地进去了，主动向她推荐我这小小的技能。她不但完全没有严词拒绝，反而让我坐下，叫我谈一下我的简短的经历，她同情我，劝我鼓起勇气，还说好的基督徒是不会把我扔下不管的。后来，在她叫人到一个邻近的金银器皿店去寻找我所需用的工具的时候，她亲自上楼到厨房给我拿来早点。这样开端似乎是个好兆头，其后的事实也没有否定这个兆头。看来，她对我的那点活儿还满意，而且对在我稍微安下心来后的那阵子海阔天空地闲聊更满意；由于她风姿绰约，服饰华丽，虽然态度和蔼，她的风采仍引起了我的敬意，然而，她那充满盛情的招待、同情的语调以及她那温柔的风度，很快就使我一点也不感到拘束了。我认为我是成功了，而且还会获得更多的成就。然而，尽管她是一个意大利女人，又那么漂亮，在外表上难免显得有些风骚，但是，她却非常稳重，再加上我生来腼腆，事情就很难有迅速的进展。我们没有得到充分的时间完成这项奇遇。每当我回忆起和她在一起的那些短暂时刻，就感到极大的快慰，而且可以说，我在那里尝到了宛如初恋的那种最甜蜜、最纯洁的快乐。

她是个富有风趣的棕发女子,她那美丽的脸上显示出来的天生和善的神情使得她那种活泼劲儿十分动人。她叫巴西勒太太,她丈夫的年岁比她大,醋意相当浓,在他出远门的时候,把她托给一个性情忧郁、不会讨女人欢心的伙计照管。这个伙计也有自己的野心,不过他只是用发脾气的方式来表示罢了。他笛子吹得很好,我也很喜欢听他吹,但是他却非常讨厌我。

这个新的埃癸斯托斯①一看见我到他的女主人店里来,就气得嘴里直嘟囔,他以轻蔑的态度对待我,女主人也毫不留情地以同样的态度对待他。她甚至好像为了自己开心,故意在他面前对我表示亲昵,叫他难堪。这种报复方法非常适合我的胃口,如果我们单独在一起的时候,她对我也是这样,那就更合我的胃口了。但是她却并不把事情发展到这种程度,或者至少是方式不一样。也许是她认为我太年轻,也许她不知道该怎样采取主动,也许她确实愿意做一个贤淑的女人,她对我采取一种保留态度,固然这种态度并不拒人于千里之外,我却不知道为什么竟感到畏缩。我对她感觉不到像对华伦夫人那种真心实意、情致缠绵的尊敬,而是感到更多的畏惧,同她远不像同华伦夫人那样亲密。我又窘又战战兢兢,我不敢盯着她看,在她跟前甚至屏着呼吸;可是要我离开她却比叫我死还难受。在不至于引起她注意的当儿,我用贪婪的目光凝视着她身上所能看到的各个部分:衣服上的花,美丽的小脚尖,手套和袖口之间露出的那段结实白皙的胳膊,以及在脖子和围巾之间有时露出的那部分。她身上的每个部分都使我对其他部分更为向

---

① 当阿伽门侬去参加特洛亚战争时,曾把妻子托埃癸斯托斯照应,巴西勒同阿伽门侬一样,把妻子托给他的伙计,这里埃癸斯托斯即这个伙计。

往。由于我目不转睛地看那些所能看见的部分,甚至还想看那些看不见的部分,这时我眼花缭乱,心胸憋闷,呼吸一阵比一阵急促,简直不知如何是好。我只能在我们中间经常保持的沉默中暗暗发出非常不舒服的叹息。幸亏巴西勒太太忙于自己的活计,她没有理会这些,至少我认为她没有理会。但是我有时看到,由于她的某种同情以及她的披肩下面的胸膛不时起伏,这种危险的情景更使我神魂颠倒。当我热情迸发到几乎不能自持的时候,她便以平静的声音向我说句话,我便立即清醒过来。

有不少次我和她单独在一起,她总是这样,从来没有一句话、一个动作,甚至一个带有过分表情的眼色,显示我们相互间有半点心心相印之处。这种情况使我非常苦恼,却也使我感到甜蜜。在我那天真的心灵中也弄不清我为什么会有这种苦恼。从表面上看,这种短短的两人独处,她也并不讨厌,至少是她屡次提供这样的机会。当然,这在她那方面并不是有意的,因为她并没有利用这样的机会向我表示些什么,也没有容许我向她表示些什么。

有一天,她听腻了那个伙计枯燥无味的谈话,就上楼到自己的房间去了,我把我正在店铺后柜做的那点活儿赶完,连忙去找她。她的房门半开着,我进去的时候她没有理会,她正在窗前绣花,面对着窗口,背对着门。她既不能看见我,而且由于街上车马的嘈杂声,也没听到我进去。她身上穿的衣服一向是非常考究的,那一天她的打扮几乎可以说是有点妖冶诱人,她的姿态非常优美,稍微低垂着头,可以让人看到她那洁白的脖子;她那盘龙式的美丽发髻,戴着不少花朵。我端详了她一会儿,她的整个面容都有一种迷人的魅力,简直使我不能自持了。我一进门就跪下了,以激动的心情向她伸出手臂,我确信她听不见我的声音,也没想到她能看见我。但是壁炉上的那面镜子把我出卖了。我不知道我这种激情的动作在她身上产生了什么效果。她一点也没有看我,也没跟我说一句话,只是转过半个脸来,用她的手简单地一指,要我坐在她跟前的垫子上。颤抖、惊惧、奔往她指给我的位置上,这三桩事可以说同时并进,但是人们很难相信我在这样的情况下,竟没有做出进一步的举动。一句话也不说,也不敢抬头看她,甚至不敢利用这个局促的姿势挨一挨她,在她膝上趴一会儿。我变成哑巴了,一动也不动,当然也不是很平静的;在我身上所表现的只有激动、喜悦、感激,以及没有一定目标和被一种怕招她不高兴的恐怖心情所约束住的热望,我那幼稚的心灵对于她是否真地会恼我,是没有什么把握的。

她的表现也不比我镇静,胆怯的程度也不比我小。她看我来到她面前,心里就慌了,把我引诱到那里以后,这时有些不知所措。她开始意识到那一手势的结果,无疑地,这个手势是没有经过考虑冒然做出来的。她既不对我表示欢迎,也不驱逐我,她的眼光始终不离自己手里的活计,尽力装出没有看见我在她跟前的样子。尽管我无知,也可以断定她不仅和我一样发窘,也许还和我有同样的渴望,只是也被那种和我相同的羞涩心情束缚住了。但这并没有给我增加克服这种羞涩的力量。她比我大五六岁,照我看来,她理应比我更大胆一些。我想,既然她没用什么表示来鼓舞我的胆量,那就是她不愿意我有这样的胆量。即使在今天,我还认为我的这个判断是正确的,可以肯定的,是她非常聪明,一定知道像我这样一个初出茅庐的孩子不仅需要鼓励,而且需要加以指导。

要是没有人来打扰我们,我真不知道这个紧张而无言的场面将怎样结束,也不知道我会在这种可笑而愉快的情况下一动不动地待多久。正在我的激情达到顶点的时候,我听到隔壁的厨房门开了。于是巴西勒太太惊慌起来,用激动的声音和手势向我说:

"快起来，罗吉娜来了。"我赶紧站起来，同时抓住了她伸给我的一只手，热烈地吻了两下，在我吻第二下的时候，我觉得她那只可爱的手稍稍按了一下我的嘴唇。我一生也没经历过这样愉快的时刻，可惜良机不再，我们这种青春的爱情也就到此为止了。

也许正是因为这样，这个可爱的女人的形象才在我的心灵深处留下了令人迷醉的印象。以后我对社会和女人了解得越深，在我心灵中，也就越觉得她美丽。如果她稍微有点经验的话，她一定会用另一种态度来激励一个少年。虽然说她的心是脆弱的，但却是纯朴的，她会无意中向引诱她的倾向让步；从一切现象来看，这是她不贞的开端，可是我要战胜她的害羞心情，恐怕比战胜我自己的羞涩心情还要困难。我并没有做到这一点，却在她跟前尝到了不可言喻的甜蜜。在占有女人时所能感到的一切，都抵不上我在她脚前所度过的那两分钟，虽然我连她的衣裙都没有碰一下。是的，任何快乐都比不上一个心爱的正派女人所能给予的快乐。在她跟前，一切都是恩宠。手指的微微一动，她的手在我嘴上的轻轻一按，都是我从巴西勒太太那里所得到的恩宠，而这点轻微的恩宠现在想起来还使我感到神魂颠倒。

其后两日，我尽力寻找能和她单独在一起的机会，但未能如愿以偿。在她那一方面，我一点也看不出有想安排这种机会的意思；并不是她的态度比以前冷淡了，而是她比以往谨慎了。我觉得她老躲避我的视线，唯恐她不能充分控制住自己的目光。那个可恶的伙计比任何时候都更可恼了，他甚至冷嘲热讽起来，说我在女人跟前前途无量。我生怕一时粗心会泄漏了风声，我那点兴趣，到此为止，原用不着掩掩藏藏的，但现在我认为和巴西勒太太已经算是心心相印了，便想用一种神秘气氛把它隐蔽起来。这使得我在寻找满足这种兴趣的机会时变得比较谨慎了，我老想找十分安全的机会,结果一次也没有找到。

我另外还有一种迄今尚未医好的恋爱怪癖,这种怪癖和我天生的胆怯加在一起,就大大否定了那个伙计的预言。我敢说,由于我爱得太真诚,太深挚,反倒不容易得手了。从来没有过像我这样强烈却同时又这样纯洁的热情,从来没有过这样温柔、这样真实,而又这样无私的爱情。我宁肯为我所爱的人的幸福而千百次地牺牲自己的幸福,我看她的名誉比我的生命还要宝贵,即使我可以享受一切快乐,也绝不肯破坏她片刻的安宁;因此我在自己的行动上特别小心,特别隐秘,特别谨慎,以致一次都没有成功。我在女人跟前经常失败,就是由于我太爱她们了。

现在返回来谈谈那个吹笛人埃癸斯托斯吧,奇怪的是这个密探虽然变得越发令人难以忍耐,但他显得更殷勤了。他的女主人从对我垂青的第一天起,就想法使我成为商店里一个有用的人。因为我懂得一点儿算术,她曾跟那个伙计商量,叫他教我管账,但是,那个坏家伙对这个建议坚决反对,他也许是怕我夺去他的饭碗吧。因此,我所有的工作只不过是在做完了我那镂刻活计以后,去抄写几张账目和账单,誊几本账簿,把几封意大利文的商业函件译成法文而已。可是,突然间,我那个对头又想重新考虑那个一度提出而被否定过的建议了,他并且说愿意教我记复式簿记,愿意使我在巴西勒先生回来的时候,就可以有一套在他手下做事的本领。他说话的语气和神态里的那种虚伪、狡猾和讽刺的成分,我无法细说,总之使我很难信任他。但是没等我回答,巴西勒太太就冷冷地对他说,我对他这种热心帮忙当然是很感激的,但她希望我的命运终于会使我有机会发挥我的才干,她并说像我这样有才干的人仅作一个伙计未免太可惜了。

她曾经多次对我说,她要给我介绍一个可以对我有所帮助的人。她的考虑十分明智,她感觉到这时已经到了应该叫我离开她的时候了。我们默默无言彼此感到倾心的这件事是在星期四发生的。星期天她请了一桌客,其中有我和一位相貌和善的教士,她就把我介绍给这个人了。这位教士对我非常亲切,对我的改教表示庆贺,并且问了不少关于我个人经历的事情,从这儿我就知道巴西勒太太曾经把我的经历详详细细地告诉了他。接着,他用手背在我的面颊上轻轻地拍了两下,对我说,要做一个善良的人,要有勇气。他还让我去看他,以便彼此更从容不迫地谈一谈。从大家对他表示的敬意看来,我可以断定他是一个有地位的人,再从他同巴西勒太太说话时那种慈父般的口吻,还可以推定他是她的忏悔师。我也清楚地记得,在他那适合身份的亲切中,夹杂有对他的忏悔者所表示的尊敬和钦佩,可是这种表现在当时给我的印象,不如我今天回想起来时在我脑际留下的印象深。如果那时我更聪明一些的话,能够了解到,像我这样一个人,竟能使一个受到忏悔师尊敬的年轻女人动情,我将会多么感动啊!

由于我们人数较多,餐桌不够大,必须另外加一个小桌子,于是我就在小桌上和那个伙计愉快地对坐了。但是,从关心和菜肴的丰富程度来看,我坐在小桌上丝毫未受损失。往小桌上送来的菜真不少,可以肯定,这些菜并不是为了那个伙计送来的。一直到这时为止,一切都进行得非常顺利:女人们活泼愉快,男人们殷勤高雅,巴西勒太太以动人的亲切态度款待客人。饭吃到一半的时候,人们听到有辆马车停在门口,有个人走上楼来了,这是巴西勒先生。他走进来的那种样子,我至今还记得清清楚楚,他穿着一件带金扣子的大红上衣,从那一天起我对这种颜色就讨厌起来了。巴西勒先生身材魁伟,长得漂亮,风度很好。他脚步声音很重地走进来,脸上的表情好像要把大家都给吓住似的,虽然在座的都是他的朋友。他的妻子奔过去,搂住他的脖子,抓住他的双手,向他百般表示亲热,而他却毫无反应。他向客人们打了一个招呼,有人给他送来一份食具,他便吃起来了。人们刚刚提到他这次旅行的事时,他便向小桌上看了几眼,用一种严肃的口吻问,坐在那边的小孩子是什么人。巴西勒太太直率地回答了他。他问我是不是住在他家里,有人告诉他说我不住在他家里。他接着粗野地反问说:"怎么会不呢?既然他白天可以在我这里待着,晚上当然也可以在我这里。"这时,那位教士发言了,先对巴西勒太太作了一番严肃而真实的称赞,也用几句话把我夸奖了一番。他补充说,他不仅不应该责备他太太诚意救济贫困的好心,而且也应该积极参加才对,因为这里没有丝毫越礼的事情。丈夫用一种愤怒的口吻反驳了一下,可是由于教士在场,总算把气压住了一半,但是这也足以使我知道他对我的情况已经有所了解,而且也明白了那个伙计曾怎样按照他自己的方式给我帮了倒忙。

客人们刚刚退席,这个伙计就奉了他的老板的指示,显出胜利的神气,通知我立即离开他家,永远不准再进这个门。他在执行这项任务时,还增添了不少冷言恶语,使这个任务具有很大的侮辱性而且十分残暴。我一句话没说就走了,但是心里十分悲伤,我所以悲伤主要并不是因为离开了这个可爱的女人,而是因为叫这个可爱的女人成了她那粗暴的丈夫的牺牲品。他不愿意听任妻子丧失贞操,当然是对的。然而,尽管她很贤惠,并且是良家之女,她毕竟是个意大利女人,这就是说:多情而好复仇。在我看来,他是失策了,因为他对她所采取的手段,适足以给自己招来他所害怕的不幸。

这就是我第一次奇遇的结局。我曾经有两三次故意经过那条街,希望至少再见一见我心里不断想念的那个女人,但是我没有见到她，只看见过她的丈夫和那个认真当看守的伙计。那个伙计看到我，便用店铺里的大木尺向我做出怪样子，要说那种样子是在欢迎我，不如说是在向我示威。我既被如此严加防范，也就泄气了，我再也不到那条街上去了。我曾打算至少去拜访一次她给我引荐的那位教士，可惜我又不知道他的名字。我曾在修道院的周围徘徊过好几次，希望能碰见他，但也毫无结果。最后，我因为又遇到了别的事情，便把我对巴西勒太太的动人的回忆丢开了。不久我就把她完全忘掉了。我甚至又像从前那样，恢复为纯朴和稚气十足的人，连看到美丽的女人也不动心了。

（黎星　译）

维尔塞里斯夫人

……

　　维尔塞里斯夫人不仅富于才华,而且心灵既高尚又刚强。一直到她病死,我都在她身旁。我曾亲眼见她忍受病痛和死亡,她从没有表现出片刻的懦弱,从来没有显示出用力克制自己的样子,也从来没有失去过妇女应有的仪态;她连想都没想到这里面有什么高深的哲学道理,因为哲学这一名词,在当时还不流行,而且她甚至还不了解哲学这两个字在现时代所包含的意义。这种刚强的性格,往往近于冷漠无情。在我看来,她不管是对自己还是对别人都不大动感情,即使她对不幸的人做些善举,也不是出于真正的怜悯,而主要是因为这样做本身就是好事。我在她的身旁待了三个月,对她这种冷淡的性格是有所感受的。她对于一个经常在她眼前,而且前途颇有希望的年轻人难免会产生怜爱之心,在她感到自己要死的时候,一定也会想到在她死后这个年轻人需要帮助和支持,这本来都是很自然的事。但是,也许她认为我还不配受她的特殊照顾,也许因为纠缠着她的人们过于关心自己,叫她只想到他们,而没有容她考虑到我的问题,总之,她什么也没有给我办。

　　然而我记得非常清楚,她曾表现出某种好奇心,想对我进行了解。她也问过我几次;她很喜欢我把我写给华伦夫人的信给她看,跟她谈谈我的心事。但是，她为了解我的心事所采取的办法，显然不是好办法，因为她一向不肯暴露自己的心事。我的心是乐于倾诉的，但必须感觉到别人的心也乐意听我的倾诉。但她只是冷淡而枯燥地询问，对于我的回答既不表示赞成，也不表示反对，这就不能取得我的信赖。在我不了解我那好说话的毛病是使人高兴还是使人讨厌的时候，我总是感到恐惧，于是我就不大愿意暴露自己的思想，而只是想到凡是对自己不利的话一句也不说。以后我理会到，那种通过询问去了解别人的冷淡态度，是自以为有学识的女人的通病。她们想丝毫不暴露自己的心事，而达到洞悉别人心事的目的；但是她们不了解，这样做会打消别人向她们暴露心事的勇气。一个男人只要受到这种询问，马上便会提防起来；如果他认为这并不是对他真正的关心，而只是要套他的话，那么，他的反应不是说谎就是一言不发，或者更加戒备；他宁肯让别人把他当作傻瓜，也不愿意受那好奇者的哄骗。一方面隐瞒自己的心事，一方面要了解别人的心事，这终究是个坏方法。

维尔塞里斯夫人从来没有向我说过一句表示好感、怜悯和亲切的话。她冷淡地询问我，我也以有保留的态度回答她。我的回答非常谨慎，难免使她觉得乏味而感到厌烦。后来，她就不再询问我了，只在叫我给她做点事的时候才跟我说话。她不是按照我本来是什么样的人来看待我，而只是按照她让我变成的那个样子来看待我。因为她看我只不过是一个仆人，结果就使我在她面前不能不以仆人的身份出现了。

我觉得我从这时候开始，便对使我一生不断深受其害的那种为了隐蔽的利己之心而耍的狡猾手腕有所领会了，因而对产生这种利己之心的事物本能地感到厌恶。维尔塞里斯夫人一个儿女也没有，她的财产将由她的外甥德·拉·罗克伯爵继承。罗克伯爵一直不断地逢迎她。除此以外,她的那些亲信家仆看到她已接近死亡,谁都忘不了自己的利益,争先恐后地纷纷向她献殷勤,使她很难有时间想到我。她家的总管,人称罗伦齐先生,是一个非常机灵的人;他的妻子比他还机灵,在女主人面前非常得宠,在夫人家里,她与其说是夫人花钱雇来的女仆,不如说是夫人的一位女友。她把她的侄女朋塔尔小姐介绍给夫人当了侍女,她的侄女是个极狡猾的女人,装出一副贵妇人的侍女的神气,也帮着她的伯母去控制女主人,以致女主人只通过这三人的眼睛来看人,只通过这三人的手来行事。我没有得到上述三个人的欢心,我服从他们,却不巴结他们,因为我想象不到在伺候我们共同的女主人以外,还得当她仆人的仆人。此外,在他们看来,我是个令人不能放心的人物,他们清楚地看到我并不是个做仆人的人,这种做仆人的身份对我是不适当的。他们担心夫人也会有同样看法,生怕夫人对我的安排会减少他们分得的那部分钱。他们这种人太贪婪了,不可能公正无私,他们认为遗嘱上所有分给别人的一切遗赠,都好像是从他们的私产中抽出来的。因此,他们串通好了,设法不叫夫人看到我。她喜欢写信,拿她当时的情况来说,这本是一种病中消遣,他们却设法打消她这种兴趣,并且还叫医生来劝她不要写,说这会使她劳累。借口我不会服侍人,就叫两个抬轿子的粗汉代替我伺候她。最后,在她写遗书的时候,他们安排得那么巧妙,竟使我一个星期没能进她的房间。一个星期过后,我就又和先前一样出入她的房间了,而且比任何人都勤快,因为这个可怜女人的痛苦使我非常难过,她那种忍受痛苦的坚强精神使我对她产生了极大的钦佩和敬爱,我在她的房间流下了既没有让她本人看见也没有叫任何别人看见的真情的眼泪。

我们终于失去了她。我眼瞧着她咽气。她的一生是有才华有见识的妇女的一生，她的死是一位哲人的死。我可以说，看到她以恬静的心灵毫不松懈、毫不伪装地履行天主教徒的一切义务，令我感到天主教之可爱。她的为人本来是很严肃的，在她垂危的时候，竟显出一种快乐的表情，这种表情始终如一，不像是假装的。这纯粹是理智战胜了悲惨处境的表现。她只是在最后两天才躺在床上；就在这两天，她也没有停止安安静静地和大家谈话。最后，她不说话了，陷入了死亡的痛苦里，她放了一个响屁。"好！"她转了一下头说，"会放屁的女人并没有死。"这是她最后的一句话。

她在遗嘱中给她的下等仆人们留出一年的工资作为遗赠。因为她家的人口簿上没有登上我的名字，所以我什么也没有得到。不过，罗克伯爵给了我三十个利勿儿，还允许我穿走身上那套新制服，要依罗伦齐先生的意思，是要从我身上扒下去的。伯爵甚至答应给我谋个事儿，并且叫我去找他。我曾去过两三次，都没能和他谈上话。我是个一碰钉子就泄气的人，以后就不再去了。我错了，我的错不久就可以看出来。

关于我在维尔塞里斯夫人家逗留期间发生的事，我还没有说完！我离开她家时，虽然从表面上看来是依然故我，但是和我进她家门的时候心情迥然不同。我从那里带上了难以磨灭的罪恶的回忆和难以忍受的良心谴责的沉重负担。

……

（黎星　译）

乌德托夫人

……

正是这个时候，出乎意料，乌德托夫人第二次来访。她的丈夫是近卫队军官，不在家，她的情人也正在服役，她就到奥博纳来了，在蒙莫朗西的幽谷中租了一座相当漂亮的房子。她就是从那里到退隐庐来作一次新的远足。这次出游，她骑着马，扮作男装。虽然我平生不喜欢这种蒙面舞式的乔装，但对她那种乔装的传奇风度却有些一见倾心，这一次可真是爱情了。因为这段爱情是我平生第一遭，又是平生唯一的一遭，又因为它的后果使它在我的记忆里将永远是既难忘而又可怕，所以请容许我把这件事说得稍微详细点。

乌德托伯爵夫人快三十岁了，根本说不上美，脸上还有麻子，皮肤又不细腻，眼睛近视，眼型有点太圆。尽管如此，她却显得年轻，容貌又活泼，又温柔，老是亲亲热热的。一头乌黑的长发，天然鬈曲，一直拖到膝弯。身材娇小玲珑，一举一动都显得又笨拙又有风韵。她的禀性极自然，又极隽雅：愉快、轻率和天真在她的身上结合得非常巧妙。她有的是那种讨人喜欢的妙语，不假思索，有时竟夺口而出。她多才多艺，会弹钢琴，舞跳得很好，还能写几句相当漂亮的小诗。至于她的性格，简直是天使一般：心肠好是它的基础，而除了谨慎与坚强以外，她一切美德都兼而有之。特别在为人方面，她是那么可靠，在社交方面，又是那么忠诚，纵然是她的仇敌，做事也不瞒她。我所说的她的仇敌，是指恨她的男人或女人，因为，就她自己来说，她是没有一颗能够恨人的心的，而且我相信我们这点相同之处曾大有助于我对她的热恋。在最亲密的友情的倾诉之中，我从来没有听到她背后说过人家的坏话，就连她嫂子的坏话，她也从来不说。她不能对任何人掩饰她心里所想的事，甚至不能抑制她的任何感情；我深信，她就是在丈夫面前也谈她的情人，正如她在朋友面前、熟人面前、所有的人面前都谈她的情人一样。最后，有一点不容置辩地证明她那善良天性的纯洁与真诚，那就是她可以心不在焉到无以复加，轻率到十分可笑的地步，常常于无意之中说出些话或做出些事来，对她自己可谓不慎之至，但从来没有冒犯过别人。

她很年轻的时候就被勉强嫁给乌德托伯爵了①。乌德托伯爵有地位，是个好军人，但是喜欢赌博，喜欢闹事，很不亲切，她从来就没有爱过他。她在圣朗拜尔先生身上发现了她丈夫的一切优点，再加上许多可爱的品质，既聪明，又有德，又有才能。在本世纪的风俗中如果还有一点东西可以原谅的话，毫无疑问，就是这样一种依恋之情：它的持久使它变得纯正，它的效果使它受人钦仰，它之所以能巩固起来，只是由于双方的相互尊敬。

我猜测，她来看我，固然也有点儿出于兴趣，但更多的还是为了博得圣朗拜尔的欢心。他曾敦促她来，他相信我们之间开始建立起来的友谊会使我们三个人对这种交往还都感到愉快。她知道

---

① 乌德托夫人（1730—1813）十八岁出嫁，引起卢梭的热恋是在二十七岁的时候，卢梭当时四十五岁。

我了解他们俩的关系,她既然能在我面前无拘无束地谈他,自然就表明她喜欢跟我相处。她来了,我见到她了。我正陶醉于爱情之中而又苦于没有对象。这陶醉就迷住了我的眼,这对象就落到了她的身上。我在乌德托夫人身上看到了我的朱丽,不久,我就只看到乌德托夫人了,但这是具备了我用来装饰我的心头偶像的那一切美德的乌德托夫人。为了使我痴情到底,她又以炽热的情侣身份跟我谈着圣朗拜尔。多么巨大的爱情感染力啊!我听着她说话,感到自己在她身边,竟幸福得不由自主地浑身颤抖起来,这是我在别的女人身边都从来没有体会过的。她谈着,谈着,我自己也就感动了。我还以为我只是对她的感情感兴趣呢,其实这时我自己也已经产生了同样的感情了;我大口大口地吞下这毒汁,可是我当时只感到它的甜美。总之,在我们两人都没有觉察的情况下,她用她对情人所表现的全部爱情,激发起我对她的爱情来了。唉!为着一个心中已经别有所恋的女人而燃烧起这样既不幸而又炽烈的爱情,真正是为时已晚,也真正是太令人痛苦了!

虽然我在她身边已经感到了那些异常的冲动,但我先还没有觉察到我心里究竟发生了什么变化。只是在她走了以后,当我开始想朱丽的时候,我才吃惊地发现,我想来想去都只能想到乌德托夫人。这时候我的眼睛睁开了,我感到了我的不幸,我为此而哀叹,但是我还料想不到这个不幸将要产生的许多后果呢。

我今后对她持什么态度呢?我迟疑了很久,仿佛真正的爱情还能留下足够的理智让你去深思熟虑似的。我正在举棋不定,她又一次出乎意料地来找我了。这一下我心里可有数了。伴随邪念而来的羞涩之心使得我哑口无言,在她面前直发抖,我既不敢开口,也不敢抬起头来,我心头的慌乱简直无法形容,而她不可能看不出来。于是我就决定向她承认我心里慌乱,并让她猜测慌乱的原因：这等于把原因相当明白地告诉她了。

如果我年轻而又可爱，如果乌德托夫人后来软弱了，我在这里就应该谴责她的行为，然而，事实并不是这样，所以我对她只有赞美，只有钦佩。她作出的决定是既大方又谨慎的。她来看我，是圣朗拜尔叫她来的，她不能突然疏远我而不向圣朗拜尔说明原因，因为这样就可能使两个朋友绝交，也许还会闹得满城风雨，而这是她要避免的。她本来是对我既敬重而又怀有善意的，所以她就怜悯我这点痴情，但是不予以逢迎，而是表示了惋惜，并且努力要医好我的痴情。她很乐意为她的情人和她自己保留一个她看得起的朋友。她说等我将来变得理智了，我们三人之间很可以构成一种亲密而甜美的关系，而她每跟我谈到这一点，便显得再愉快也不过的。她并不只是限于这种友好的劝告，必要时她也不惜给我一些由我自己招来的较严厉的责备。

我也同样严厉地责备我自己。等到我独自一人的时候，我就清醒了，我把话说出了之后，心里也就比较平静了。大凡一个人的爱情，被激起爱情的女方知道了之后，就变得好受些。我用来责备自己的那种力量理应医好我的爱情的，如果事实是可能的话。我把所有强有力的理由都找来帮助我扼杀我这份爱情。我的操守呀、我的感情呀、我的原则呀、可羞可耻呀、不义不忠呀、罪在不赦呀、负友之托呀，最后还有个理由：以我这样的年纪，还让最荒唐的热情燃烧起来，而且对方又已经心有所恋，既不能对我的爱有所回报，又不能让我保留任何希望，未免太惹人笑话了，而且这样荒唐的热情不但不能由坚持而得到任何好处，反而变得一天比一天更苦痛难堪。

谁能相信啊！这最后一种考虑，原该给所有其他的考虑增添分量的，却反而把它们都抵消掉了！"一段痴情，"我想，"只于我个人有害,那又有什么可顾忌的呢?我难道是个要让乌德托夫人小心提防的轻狂小生吗?别人看到我这样煞有介事的悔恨,不会说是我的殷勤、仪表和打扮在诱使她走入歧途吧?嘿!可怜的让——雅克啊,你自由自在地去爱吧,心安理得地去爱吧,别担心你的叹息会有损于圣朗拜尔。"

读者已经看到,我就是在年轻的时候也从来没有自命不凡过,上面那种想法正合我一贯的心理倾向,它使我的激情感到安慰;这样一来,我就无保留地沉溺于激情之中,甚至笑我那种不合时宜的顾虑是出于虚荣而不是出于理智了。对一颗正直的心来说,这是一个多么重大的教训啊!邪恶进攻正直的心灵,从来不是那么大张旗鼓的,它总是想法子来偷袭,总是戴着某种诡辩的面具,还时常披着某种道德的外衣。

我既怙恶而又无悔意,不久就毫无节制地为恶了;请读者看看我的激情是怎样循着我的天性的故辙,最后把我拖下了深渊吧。最初,为了使我放心,它采取谦卑的态度,后来,为着使我放手做去,它把这种谦卑转变成为疑惧。乌德托夫人不断提醒我,叫我勿忘本分,保持理智,她从来也没有片刻迎合我的痴情,不过待我总是极其温存,对我总是采取最亲切的友谊的态度。我敢保证,如果我相信这份友谊是真诚的话,我一定也就感到满足了,但是我认为它太热烈了,不会是真正的友谊,因而我脑子里就不免产生了这样的想法:这种与我的年龄和仪表太不适合的爱情,使我在乌德托夫人眼里的地位降低了,这个轻狂的少妇只是要拿我和我这过时的热情来取乐,她一定把心里话都告诉圣朗拜尔了,她的情郎恨我对不起朋友,便赞成她耍弄我,两人串通一气要把我逗得晕头转向,好叫人家嗤笑我。这种愚蠢的想法曾使我二十六岁时在我所不了解的拉尔纳热夫人身边说了许多糊涂话,现在我是四十五岁的人了,又是在乌德托夫人身边,假如我不知道她和她的情郎都是不至于开这样残忍的玩笑的正派人,那么我这种愚蠢的想法倒也还是情有可原的。

乌德托夫人继续来拜访我,我不久也就回拜她了。她欢喜步行,我也是一样,我们在迷人的景色中作长时间的散步。我爱她,又敢于说出我爱她,我已经心满意足了,如果不是我的糊涂言行毁了其中的全部妙趣的话,我当时的处境实在是再甜蜜不过了。她起先一点也不明白为什么我在接受她的爱抚时会那么傻气,但是我的心从来就不会对自己所想的事丝毫有所隐瞒,所以我不久就把我的猜疑对她说明了。她起先想一笑置之,但这个办法不成功,她的笑会激起我的狂怒的,她便改变了口吻。她那种怜惜的温存真是战无不胜的,她对我说了些直沁入我心脾的责备的话,她对我那些不正确的畏惧表示担忧,我就抓住这种担忧而加以滥用,我要求用事实来证明她不是戏弄我。她明白,没有任何别的办法能够使我放心。我就越逼越紧,这一步是微妙的。一个女人已经被迫到了讨价还价的地步了,竟还能那么便宜了事,真是惊人,也许可说是空前绝后的一遭吧。凡是最缠绵的友情所能给予的,她都不予拒绝;任何足以使她失节的事,她都绝不放松,并且我很惭愧地看到,每逢她稍微给我一点好处就把我的感官烧得炽热难熬,而这种炽热在她的感官上却引不起半点火星。

我曾在某处①说过,如果你不想给感官什么东西,你就绝不能让它先尝到一点甜头。要想知道这句箴言对乌德托夫人说来是多么不正确,要想知道她是多么能够自持,那就必须详细了解我们那些频繁的、长时间的密谈,把我们那四个月当中的热烈的密谈从头

---

① 见《新爱洛伊丝》第 3 部第 18 函。

到尾都回顾一番。我们在一起度过的那四个月是在两个异性朋友之间无与伦比的亲密中度过的,而双方又都把自己限制在我们始终不曾逾越的那个范围里。唉!我体会到真正的爱情确实是太迟了,可是一经体会,我的心灵和感官为了偿付这笔拖欠的情债,又付出了多大的代价啊!单方面的爱情尚且引起这样的狂热,那么,一个人若是处在他所爱并博得其爱情的那个对象身边,他所感到的狂喜该是多么剧烈啊!

但是,我说单方面的爱情是说错了,我的爱情在一定程度上是有回报的,它虽然不是相互的,却是两方面的。我们两人都陶醉在爱情之中:她爱她的情郎,我爱她;我们的叹息,我们的甘美的泪水都交融在一起了。彼此都是多情的知心人,我们的情感太相投了,不可能没有相合的地方。不过,在这种危险的陶醉之中,她从来没有一刻忘形;而我呢,我保证,我发誓,虽然我有时被感官迷惑了,曾企图使她失节,却从来也不曾真正蓄意打她的主意。我那热情的激烈,本身就控制了这份热情。克己的义务荡涤了我的灵魂。一切美德的光辉都装饰着我心头的偶像,玷污它那神圣的形象就等于把它毁灭。我很可能犯这个罪,我在心里犯了这个罪不下百余次;但是,真正要玷污我的索菲①么?这样的事情是可能的吗?不,不!我把这话对她说过千百遍了,即使我有满足欲望的权力,即使我能支配她自己的意志,除了若干短暂的狂热时刻以外,我都会拒绝以这种代价来求得快乐的。因为我太爱她了,我才不想占有她。

从退隐庐到奥博纳,将近一法里,在我频繁前往的旅行中,我有时也在那里住宿。有一天晚上,两人面对面地用过晚餐之后,我

---

① 乌德托夫人的名字。

们就到花园里，在美丽的月色下散步。这花园的深处有个相当大的剪修过的树林，我们穿过树林去找一个幽美的树丛，树丛里还造了一挂瀑布点缀着，这是我给她出的主意。永世难忘的无邪与享受的回忆啊！就是在这树丛里，我和她坐在一片细草地上，头上是一棵花儿盛开的槐树，为着表达我心头的感情，我找到了真正无愧于这种感情的语言。这是我平生第一次，也是唯一的一次达到崇高的境地——如果人们可以把最缠绵、最热烈的爱情所能输进男人心灵的那种亲切而又富有魅力的东西称为崇高的话。我在她的膝上流下了多少令人心醉的眼泪啊！我又使她情不自禁地流了多少这样的眼泪啊！最后在一阵不由自主的激动之中，她叫道："不，从来没有像你这样可爱的人，从来没有一个情人像你这样爱过！可是，你的朋友圣朗拜尔在叫着我们，我的心是不能爱两次的。"我一声长叹，就不说话了；我拥抱她——这是一次怎样的拥抱啊！但是，仅此而已。她独自一人生活着，也就是说，远离她的情人和丈夫，已经有六个月了；我差不多天天都去看她，而且爱神始终伴随着我们也已经有三个月了。我们时常先面对面地用过晚餐，然后两人到树丛深处，在那月光之下，经过两小时最热烈、最缠绵的私语之后，她又在半夜里离开树丛和朋友的怀抱，身和心都和来时一样无瑕、一样纯洁。读者们，衡量衡量所有这些情景吧，我不再加半句话了。

人们可别以为在这种场合下，我的感官能让我安静，就像在戴莱丝和在妈妈身边一样。我已经说过，这次是爱情，而且是以其全部力量和全部狂热迸发出来的爱情。至于我不断感觉到的不安、战栗、心悸、痉挛、昏厥，我都不去描写了：人们单凭她的形象在我心头所产生的效果，就可想而知了。前面已经说过，退隐庐离奥博纳相当远，我常从昂蒂里那一带山坡边上走过，那里的景色是极其引人入胜的。我一边走,一边梦想着我即将见到的那个人,梦想着她将给我的亲热的接待,梦想着在我到达时等着我的那一吻。单是这一吻,这不祥的一吻,在没有接受之前就已经把我的血点燃起来了,使我头脑发昏,眼睛发花,两膝颤抖,站立不住;我不得不停步坐下来,整个身体仿佛都乱了套,我几乎要晕过去了。我意识到这种危险,所以出门时总是力求分心,想别的事情。可是我还没走二十步,那同样的回忆,以及随之而来的那一切后果,就又来侵袭我,绝对无法摆脱;并且,不问我用什么办法,我不相信我有哪一次能逍遥自在,一个人走完这程路。我走到奥博纳时,疲惫不堪,有气无力,简直要倒下去了,站都站不住。可是一见到她,我就完全恢复过来了,我在她身边只感到精力无穷却又不知如何使用的苦恼。我来的路上,在望得见奥博纳的地方,有一片风景宜人的高岗,叫奥林匹斯山,有时我们俩各自从家里走到这里相会。如果是我先到,当然要等她;但是这个等候又叫我多么受罪啊!为了有所自遣,我总是用我带的铅笔写些情书,这些情书,简直是用我最纯粹的血液写出来的:我从来没有能把一封情书写完而字迹依然可以辨认清楚的。当她在我们两人约定的壁橱里找到这样的情书的时候,她从中看到的,除了我写情书时那副可怜的样子外,别的什么也看不到。这种样子,特别是拖了那么久,经过二个月不断的刺激和绝望,就使我疲惫得好几年都恢复不过来,最后还使我得了疝气病,将来我是要把它,或者说,它是要把我带到坟墓里去的。我这个人的气质,也许是大自然所曾产生的最易激动而又最易羞怯的气质。我这种气质的人所能得到的唯一的爱情享受就是如此。我在人世间最后的好日子也就是如此。下面开始的就是我一生中一大串几乎从未间断的灾难。

在我整个一生中,人们已经看到,我的心像水晶一样透明,从来不会把藏起来的一个稍微强烈的感情隐瞒一分钟,请大家想想,要我把对乌德托夫人的爱情长久隐瞒起来,那是可能的吗？我们的亲密关系所有人都看得一清二楚,我们也不稍加隐讳,或故弄玄虚。这种亲密关系并不属于需要保密的那一类。乌德托夫人对我怀着她自觉是无可指责的最亲密的友谊,而我则对她满怀着谁也没有我知道得更清楚的正当的敬佩。她坦率、心不在焉、有点冒冒失失；我真诚、笨拙、高傲、急躁、狂热,我们就在自以为平安无事的假想中贻人以口实,远超过我们真正有什么越轨行动。我们都到舍弗莱特去,我们常在那儿见面,有时甚至还是事先约好了的。我们在那里和平时一样生活着,天天并肩散步,就在那片园林里,正对着埃皮奈夫人的房子,并且就在她的窗下谈我们的爱情、我们的义务、我们的朋友、我们的纯洁的计划。埃皮奈夫人就从窗口不断地窥视我们,她自以为被人欺上脸了,便用两只眼睛往心里灌足了怒气和愤恨。

  有一天,我又到奥博纳去看乌德托夫人。她常到巴黎去,这次是刚从巴黎回来,我发现她愁眉苦脸的,并且看出她曾经哭过。我不能不克制自己,因为她丈夫的姊妹伯兰维尔夫人在场；但是我一有机会,就向她表示我心头的不安。"唉!"她叹口气对我说,"我恐怕你的痴情把我一辈子的安宁都葬送掉了。有人告诉圣朗拜尔了,但是讲的不是实情。他倒能为我说公道话,但是他有点发脾气,而最坏的是他有些话又藏着不讲出来。幸而我们之间的关系我一点也没有瞒他,我们的关系本来是他促成的。我在给他的信上尽讲起你,就如我的心里充满了你一样；我只向他瞒住了你那种糊涂的爱情,我原是想医好你这种爱情的,而他,话虽没有说,我看出他是把你的爱情当作我的一个罪过的。有人陷害我们,冤枉了我；不过管它呢,要么我们从此一刀两断,要么你就老老实实的,该怎么就怎么。我不愿再有一点事瞒住我的情人了。"

到这时候我才感觉到,我在原该充当其导师的一个少妇面前受到了她的严正的责备,自知过失,满面羞惭,真是一件难堪的事。我痛恨我自己,这种痛恨,如果不是受害者给我引起的那种亲切的同情又使我的心软了下来,也许足以把我的懦弱克服下去的。唉!我的心已经被从四面八方钻进来的眼泪渍透了,这时它还能硬起来么?这一阵心软很快就化为对告密人的愤怒了。那班卑鄙的告密人只看到一个虽然有罪却是不由自主的情感的坏的方面。他们根本就不相信,甚至也想象不到有颗真诚的清白的心在补赎着这个方面。至于是谁给我们来了这一手的呢,我们处在疑团中的时间也并不长久。

……

(范希衡　译)